El gran libro de la masonería

Apreciado lector:

A quienquiera que me conozca no ha de sorprenderle que esta clase de misterios continúen intrigándome. Agréguele un poquito de historia y controversia y ahí estoy yo, con todo. Debo ser franca: no soy miembro de ninguna organización de masonería y por tanto no estoy parcializada con respecto a los masones o a información histórica de carácter antimasónico o de conspiraciones en contra de ellos. Soy sencilla y llanamente una periodista y escritora de carrera que en algún momento quedó atrapada entre las percepciones de la lógica de Spock y las de Emily Dickinson. En este caso sí que me sirvieron.

El estudio de la masonería ha resultado ser un callejón que se bifurca en muchos otros de rituales, alegorías, simbolismos, historia y controversia. Sin importar cuáles sean las opiniones que se tengan sobre la masonería, no deja uno de admirar a un grupo que se las ha arreglado para acercar a tantas personas fuertes y motivadas que al mismo tiempo han soportado una gran adversidad. Lo que sinceramente espero es que usted encuentre, al igual que lo he hecho yo, que el tema es tremendamente apasionante, desde su rica historia hasta las supuestas conspiraciones, y logre tener una mejor comprensión del fascinante mundo de la masonería.

BARB KARG Y
JOHN K. YOUNG, Ph.D.

El gran libro de la masonería

Desentrañe los misterios de esta antigua y misteriosa sociedad

Barb Karg y
John K. Young, Ph.D.

Colombia • México • Perú

Karg, Barb
    El gran libro de la masonería / Barb Karg, John K. Young ; traductora Lilia
Guerrero.-- Bogotá : Panamericana Editorial, 2011.
    312 p. ; 23 cm.
    Incluye bibliografía e índice.
    Título original : *The Everything Freemasons Book.*
    ISBN 978-958-30-3813-6
            1. Masonería – Historia 2. Sociedades secretas 3. Ritos y ceremonias
            4. Masones 5. Conspiraciones I. Young, John K. II. Guerrero, Lilia, tr.
            III. Tít. IV. Serie
366.1 cd 22 ed.
A1308396

    CEP-Banco de la República. Biblioteca Luis Ángel Arango

Segunda reimpresión, septiembre de 2015
Primera edición en Panamericana Editorial Ltda.,
marzo de 2012
Título original: *The Everything ® Freemasons Book*
© 2012 Panamericana Editorial Ltda.,
de la traducción al español
Calle 12 No. 34-30, Tel.: (57 1) 3649000
Fax: (57 1) 2373805
www.panamericanaeditorial.com
Bogotá D. C., Colombia

© 2006 F+W Publications, Inc.
Adams Media, an F+W Publications Company
57 Littlefield Street, Avon, MA 02322 U.S.A.
www.adamsmedia.com

Editor
Panamericana Editorial Ltda.
Edición en español
César A. Cardozo Tovar
Traducción del inglés
Lilia Guerrero
Diagramación
Henry Ramírez Fajardo
Diseño de carátula
Diego Martínez Celis

ISBN 978-958-30-3813-6

Impreso por Panamericana Formas e Impresos S. A.
Calle 65 No. 95-28, Tels.: (57 1) 4302110 - 4300355
Fax: (57 1) 2763008
Bogotá D. C., Colombia
Quien solo actúa como impresor.
Impreso en Colombia - *Printed in Colombia*

Contenido

Agradecimientos

Muchas personas contribuyeron a este libro. Me gustaría agradecer a los distinguidos profesionales en Adams Media, Inc., particularmente a la editora de Adquisiciones, Paula Munier, a quien adoro, y a la editora de Desarrollo, Rachel Engelson, quien estuvo metida de lleno en la pomada. ¡Chicas, ustedes son fantásticas! También agradezco a Laura Daly, Brett Palana-Shanahan, Sue Beale, Kate Powers, Andrea Norville y Holly Curtis. Asimismo, a John Young por sus contribuciones.

Igualmente, doy las gracias a George y a Trudi Karg y a mi hermana Chrissy por su respaldo, a Jeans por toda su ayuda, a Ellen y Jim, Dale, Anne y Terry, Kathy, Jim S., Jim V., Karla, y a mi amada Tribu Amanuense. A todos los amo más que al chocolate.

Más especialmente, me gustaría expresar mis agradecimientos y mi amor a mi media naranja, Rick Sutherland, quien, dos horas después de haber hecho yo entrega de este texto, sufrió un terrible accidente automovilístico. La investigación que él hizo para el libro, especialmente para el capítulo 16, cae de lleno en el terreno de lo increíble. Y, además, a mi querido papi, quien esa misma semana sobrevivió a su propia y angustiosa experiencia médica. Ustedes dos de veras son increíbles.

BARB KARG

Las diez cosas más importantes que
usted conocerá sobre los masones al leer este libro

1. La masonería es la organización fraternal más grande y antigua del mundo y cuenta con muchos miembros famosos.

2. Los verdaderos orígenes de la masonería son un misterio. ¿Evolucionaron a partir del Templo de Salomón, los Caballeros Templarios o las sociedades masónicas medievales?

3. La masonería no es solo cosa de hombres. Miles de mujeres y de adultos jóvenes pertenecen a organizaciones masónicas.

4. Durante la Segunda Guerra Mundial, masones provenientes de toda Europa sufrieron persecuciones y fueron asesinados, sus templos saqueados y su orden fraternal desterrada.

5. Quienes están contra los masones especulan que estos son satanistas y luciferistas, pero actualmente eso ha sido desmentido.

6. En el mundo entero, las organizaciones masónicas entregan más de dos millones de dólares al día para obras de caridad.

7. La masonería no es una religión ni un culto religioso, pero su creencia común en un Ser Supremo ha mantenido unidos a miles de hermanos durante siglos.

8. Muchos masones tomaron parte en la revolución norteamericana, entre ellos patriotas, estadistas y fundadores de los Estados Unidos.

9. El ojo y la pirámide truncada que aparecen en el billete de dólar americano no tienen relación con la masonería, pero la hermandad sí está repleta de todo tipo de símbolos, entre ellos, muchas herramientas de los antiguos picapedreros.

10. Muchas de las prácticas de las que los masones han sido acusados son tergiversaciones.

Prólogo

Ser masón es un honor, no solo porque se trata de la organización fraternal más grande y antigua del mundo, sino porque ella ayuda a que las personas avancen en su desarrollo en la búsqueda de conocimiento, realización y enriquecimiento espiritual. Los masones son personas provenientes de todos los sectores, consagrados a sus familias y comunidades y dedicados al Culto, que estudian toda su vida.

Según su definición clásica, la masonería es un "sistema moralista, con un velo de alegoría e ilustrado por símbolos". Para los no masones, la frase puede sonar confusa, pero, en realidad, deja ver a un grupo de personas benevolentes que se reúnen para realizar eventos sociales y de caridad, mientras aprenden sobre el verdadero espíritu y la historia de la fraternidad.

Contrariamente a la creencia popular, la masonería no es una religión ni un culto, aunque uno de los requisitos primarios de la hermandad es la creencia en un Ser Supremo. El Culto no es sectario y, antes bien, se encuentra abierto a todos los individuos que deseen aprender más sobre sí mismos, sus familias y su sociedad. Los masones buscan el conocimiento estudiando la historia del Culto y se elevan a diversos niveles tomando parte en los ritos y rituales históricos. En rigor, no hay nada misterioso en la masonería, que por muchos siglos ha llevado el peso del discutible título de "sociedad secreta". Con excepción de algunos modos de distinción entre los hermanos, casi todo lo que hay que conocer sobre el Culto puede encontrarse en los libros y en Internet.

Lo que la mayoría de la gente no comprende es que la masonería no solo cuenta con diversos organismos abiertos a los hombres, sino que incluye también otros muchos para mujeres, adultos jóvenes y niños, entre ellos la Orden de la Estrella de Oriente, las Hijas del Nilo, la Orden de las Niñas del Arco Iris, las Hijas del Trabajo y la Orden De Molay.

Todas las organizaciones que comprenden la familia masónica, tanto nacionales como internacionales, están dedicadas a causas de caridad. Algunos grupos, como la Antigua Orden Árabe de los Nobles del Santuario Místico, comúnmente conocido como el de los Santuarios, son altamente reverenciados por sus incansables contribuciones. Diversas organizaciones entregan diariamente millones de dólares para obras de caridad, con la esperanza de aliviar la vida de los necesitados.

El estudio de la masonería es un viaje fascinante a través de la historia, desde la construcción del Templo del rey Salomón hasta la Leyenda de Hiram Abiff y los renombrados Caballeros Templarios. Sus rituales y la iniciación de los mismos están repletos de simbolismos que rinden homenaje a la antigüedad de la masonería y al trabajo duro de los masones durante la Edad Media. Pero, como lo puede atestiguar cualquiera que haga parte del Culto, la base de la masonería es la amistad, que perdura a pesar de las circunstancias o el entorno. Eso, junto con el hecho de que la hermandad está envuelta en la historia, y quizá en un toque de misterio, hace del viaje por la masonería una experiencia enriquecedora que comparten todos aquellos que optan por unírseles.

Introducción

¿Qué piensa usted cuando oye la palabra "masonería"? ¿Le viene a la mente la religión o un culto religioso? ¿O piensa en algo misterioso, secreto, conspiraciones o juramentos de sangre? ¿Quizá siente escalofrío al pensar en satanismo, en veneración a Lucifer y en Jack el Destripador? Si es así, entonces, este libro calmará definitivamente sus temores y tal vez arroje una nueva luz acerca de un tema que merece examinarse no solo por sus triunfos y tragedias históricas, sino también por su tenaz supervivencia en los tiempos modernos.

A quienes no están familiarizados, la palabra "masonería" podría muy bien traerles a la memoria imágenes de una sociedad secreta cuyos devotos seguidores veneran a los dioses paganos, hacen reuniones en las que se susurra a puerta cerrada y se comunican utilizando claves y gestos secretos. Pero estarían equivocados. No hay nada maligno, conspiratorio o satánico en relación con los masones.

La masonería es la organización fraternal más antigua del mundo, un grupo caritativo y ávido de conocimiento. Sus integrantes se esfuerzan por ilustrarse moral y espiritualmente mientras buscan hacer del mundo un lugar mejor para sus familias y comunidades. No son una religión o un culto o un grupo sospechoso de hombres que complotan para dominar el mundo. Son seres humanos que honran a sus familias, a Dios, a su país, cumplen sus deberes y se apoyan el uno al otro. Lo hacen y lo han hecho durante siglos.

A menudo, se utiliza el término "sociedad secreta" para describir a la hermandad, lo cual es inexacto. Si se compara con la mayoría de las organizaciones, son casi tan secretas como el banco local del que usted es cliente. Una descripción más apropiada se logra utilizando el término "privada" o, quizá, el de sociedad con secretos muy similares a los de una fraternidad de preuniversitarios. Es cierto que sus reuniones de logia se llevan a cabo en privado, pero ¿qué mesa redonda de funcionarios corporativos no cierra la puerta cuando hace sus reuniones?

Este libro examina todos los aspectos de la hermandad, desde sus supuestos orígenes hasta su estructura, historia, membrecía, simbolismo, leyendas, conspiraciones y todo lo que haya en medio. La historia del Culto es un fascinante estudio que, dependiendo de la opinión que cada uno abrigue, puede remontarse a la extraordinaria construcción del hermoso Templo de Salomón, los valientes Caballeros Templarios de las Cruzadas o la industriosa Edad Media de los picapedreros. Sin importar cuál sea el verdadero origen de la masonería, ni las teorías y especulaciones que la rodean, su historia es un fantástico incentivo de lectura.

Lo mismo sucede con los rituales masónicos, las ceremonias y las enseñanzas, que forman una obra maestra espléndidamente pintada sobre el lienzo del Culto. En muchos aspectos, los masones son una institución educativa, cuyos miembros aprenden sobre sí mismos y sobre la humanidad e imparten sabiduría a quienes necesitan de ella. Lo anterior es bastante obvio si uno se da cuenta del número de organizaciones que hacen parte de la familia masónica y de los millones de hombres, mujeres y adultos jóvenes que integran la masonería.

Quizá, en cierto sentido, lo más sorprendente es la forma como han sido perseguidos los masones a lo largo de los siglos, especialmente en tiempos de guerra. Al parecer, el grueso de esa información se deja por fuera en los estudios sobre la masonería, especialmente si se tiene en cuenta que se trata de una organización con tanta historia. Pero, una vez más, es de esperarse que así sea cuando a uno lo cargan con el sobrenombre de "sociedad secreta". Este libro detalla cabalmente su historia desde la Antigüedad hasta los tiempos modernos, con la atención que se merece un grupo que ha sobrevivido tanto a épocas buenas como a períodos tumultuosos, y que aún continúa floreciendo.

El legado masónico incluye a muchas personas famosas y a librepensadores que pasaron por la vida llevando el mensaje de que el mundo y cada persona en él son capaces de alcanzar los más grandes empeños sin límite alguno. Eso habla ampliamente sobre la hermandad, independientemente de cuántas conspiraciones le lluevan de los cielos. La historia ha sido contada por quienes sobreviven y por aquellos que encuentran sus relatos cautivantes e inspiradores. Y, de seguro, no hay nada malo en que haya un toque de misterio durante el recorrido.

Capítulo 1

¿Quiénes son los masones?

La masonería es la organización fraternal más antigua y grande del mundo. Es un grupo social y educacional bien conocido por su trabajo filantrópico con numerosas obras de caridad. A menudo tildada como "sociedad secreta", podría decirse que la fraternidad ha sido más incomprendida que elusiva. Aun así, ha atraído y alimentado el pensamiento de miles de personas y comunidades a lo largo de los siglos. A pesar de toda la especulación y las conspiraciones que rodean a la hermandad, o, tal vez, debido a ello, el vínculo entre los masones ha perdurado y florecido.

Velo de misterio

A todos nos fascina un buen secreto, especialmente si somos los receptores. No obstante, si usted no está al corriente, la sola mención de la palabra "secreto" comienza a hacerle devanar los sesos sobre cómo abrirse paso entre la indiferencia y el deseo febril de penetrarlo, hasta alcanzar la paranoia total. La masonería ha vivido con el sobrenombre de "sociedad secreta" durante mucho tiempo, y, aunque se puede argumentar que en la Antigüedad y en la Edad Media era más reservada, esto no necesariamente vale para la Edad Moderna. ¿O sí?

Hecho

Según la definición clásica, la masonería es un "sistema moralista, rodeado de un velo de alegoría e ilustrado mediante símbolos".

Es exacto decir que su reputación de misteriosa obedece a que la mayoría de las personas no saben mucho de la masonería. Empero, lo que realmente no es la masonería puede exponerse con facilidad. No es una religión ni un culto religioso. Sus miembros no son satanistas ni luciferinos. Sus rituales no son juramentos de sangre hasta el día de la muerte. La hermandad no guarda relación con el Santo Grial ni con los Caballeros Templarios de las Cruzadas. No son una organización política ni un grupo secreto de hombres poderosos empeñados en dominar el mundo.

Lo que sí es la masonería, resulta mucho más fácil de expresar. En su definición más simple, es una organización social y de beneficencia dedicada a la caridad, cuyos miembros buscan aprender más sobre sí mismos con el fin de beneficiar a sus familias y a sus comunidades. Los masones buscan alcanzar el conocimiento, y su educación fraternal se enfoca hacia aquellas lecciones que los ayuden a alcanzar una mayor ilustración moral y espiritual. No son sectarios y, aunque su membrecía les exige profesar la creencia en un Ser Supremo, ello puede referirse a cualquier deidad. Son bienvenidas las personas de todas las creencias.

Entonces, ¿qué es toda la bulla? ¿Por qué se conoce tan poco sobre una organización tan antigua? ¿Por qué tanta controversia? En realidad, hay información completa sobre la masonería, tanto impresa como en la Red, pero muy a menudo es confusa o está limitada a una sola opinión o a una teoría específica. La raíz del problema es, quizá, su supuesto carácter secreto, aun cuando todos los masones son libres de hacer conocer su membrecía. Además, se ha escrito públicamente acerca de todas sus reglas, constituciones, rituales y ceremonias. Como es apenas lógico, si los masones fuesen en realidad una sociedad secreta, nada de esta información se conocería.

Información esencial

A menudo se hace referencia a la masonería como a la hermandad o el Culto. Sus miembros se conocen como hermanos, y a la membrecía dentro de una logia se hace referencia como al hermano.

Inmerso en la historia

Al leer estas páginas uno ve que no hay respuestas definitivas cuando se busca el origen de la masonería. A pesar de la asombrosa cantidad de información disponible sobre la hermandad, que incluye literatura, registros históricos y documentales, archivos, sitios en la Red, leyendas, comentarios de expertos, conjeturas antimasónicas y especulaciones sobre complicidad, aún quedan muchas y muy diversas opiniones sobre qué son realmente, qué hacen y cómo evolucionaron.

Desde Salomón hasta el Nuevo Mundo

Los historiadores, estudiosos, escritores e investigadores han dedicado una cantidad nada desdeñable de tinta y energía en el intento por descubrir el verdadero origen de la masonería. Es un tema que aún hoy sigue siendo fuente de constante debate. Una teoría se remonta hasta la construcción del Templo del rey Salomón en Jerusalén durante el siglo VIII a. C. Una leyenda, presente en los rituales y enseñanzas masónicas, gira alrededor del masón Hiram Abiff, maestro de Salomón. Su historia y su muerte trágica desempeñan un gran papel en la masonería.

Muchas personas han especulado que, de alguna manera, la masonería está ligada a los valientes Caballeros Templarios, orden de monjes guerreros que lucharon en las Cruzadas. Aunque no se ha probado que hubiera habido vínculos, mucho se ha escrito acerca de los masones y de su posible conexión con los Templarios y, por asociación, con leyendas como las del Santo Grial y del Arca de la Alianza.

Otra escuela de pensamiento habla de cómo los masones evolucionaron a partir de las asociaciones medievales de picapedreros, pero el comienzo generalmente aceptado de la masonería se remonta a 1717, con la Gran Logia de Inglaterra.

Fraternidad controvertida

Ha habido épocas en la historia masónica en las que la controversia ha asediado a la hermandad, y fue una de ellas la que resultó en una nueva generación de críticos, conocidos como los antimasones, que han demostrado ser una fuerza constante, a veces mortífera.

En el pasado ha habido no pocas teorías que abordan los escritos y prácticas de la hermandad. Mucho se ha elucubrado sobre los supuestos "juramentos de sangre" hechos al inicio, los que en realidad eran estrictamente simbólicos y guardan relación con la leyenda de Hiram Abiff.

Hecho

Famosos antimasones han sido Adolfo Hitler, Benito Mussolini, Millard Fillmore, el papa Pío IX, Edgar Allan Poe, Hermann Göring, Francisco Franco y Pat Robertson.

Los conspiradores y grupos religiosos han hecho un verdadero festín con los escritos masónicos, que han elegido analizar y, en última instancia, malinterpretar hasta representar a la hermandad como veneradora de Satán y de Lucifer.

Infortunadamente, estos malentendidos son claros resultados de alegorías y semánticas tomadas fuera de contexto.

Principios de la masonería

Los masones se esfuerzan por hacer del mundo un mejor lugar para ellos mismos, para sus familias y para sus comunidades. Para hacerlo, se suscriben a ciertos principios y virtudes que les dan fortaleza como individuos mientras que, a la vez, solidifican su vínculo de hermandad.

Los masones son hombres independientes que trabajan por la paz, el amor y la fraternidad y rechazan todas las formas de ignorancia y tiranía. Creen firmemente en Dios, en la familia y en el país, y toman muy en serio valores morales y espirituales, como el amor fraternal, la ayuda al otro y la verdad.

Amor fraternal, ayuda y verdad

Hay tres grandes principios de la masonería: amor fraternal, ayuda y verdad. La fraternidad abarca el concepto de la igualdad entre los seres humanos, especialmente en una organización en la cual hombres de todas las clases, profesiones y creencias religiosas se unen alrededor de la tolerancia y el respeto por el prójimo. Esa muestra de amor fraternal es particularmente fuerte con respecto a la religión, puesto que en privado cada miembro practica su propia fe, aunque esté unido a la hermandad por la creencia en un Ser Supremo.

Los lazos fraternales se hacen más fuertes por el concepto de ayuda al otro. Los hermanos trabajan conjuntamente para apoyar a aquellos que se encuentran en zozobra. De hecho, es deber de todos los masones mostrar compasión y simpatía por quienes sufren, y ayudar, sin importar la causa, no solo a los hermanos, sino a todas las personas que requieran asistencia en tiempos de dificultad.

Información esencial

El amor fraternal, la ayuda y la verdad son altamente simbólicos. El amor fraternal representa un sólido pilar que busca ligar los lazos de hermandad entre los miembros, como en una gran familia. La ayuda está simbolizada por la columna de la belleza, adornada con lágrimas de alegría y oraciones de gratitud. La columna de la sabiduría representa la verdad, que penetra la santidad de la logia.

La verdad es, quizá, la piedra de toque de los tres principios, puesto que filosóficamente domina todos los aspectos de la masonería. Como principio significa la base de todas las virtudes, y exige al hombre ser sincero, honesto y franco. Para los masones, la verdad es un atributo divino que rige la conducta de cada uno de los hombres. Ser fiel a uno mismo, con la familia, con la humanidad y con Dios mueve a la persona hacia la verdad del espíritu puro. La búsqueda de la sabiduría, la comprensión y, a la larga, el conocimiento no pueden coronarse sin la verdad.

Las tres virtudes

Los masones se rigen por todas las virtudes, en especial, por las tres más importantes: la fe, la esperanza y la caridad. Las enseñanzas masónicas de estas virtudes comienzan desde la ceremonia de iniciación del candidato, con el "rito de la destitución" (véase el capítulo 5). Durante la lectura del ritual, el aprendiz conoce la Escala de Jacob y tres de sus virtudes: "La más grande de ellas es la caridad, porque la fe se pierde en la vista y la esperanza termina en complacencia, pero la caridad se extiende más allá de la tumba a través del reino sin fronteras de la eternidad".

Hecho

En la Antigüedad, la esperanza era simbolizada por una doncella que sostenía un ramo de flores. En la masonería moderna, se representa con una virgen inclinada contra un ancla.

Para un iniciado, la fe es sinónimo de confianza, especialmente en Dios. La afirmación de que la fe se está "perdiendo de vista" hace referencia al hecho de que la fe no se ve, pero puede demostrarse. Una vez que una persona afianza su fe en Dios, logra la esperanza, que en este escenario representa la inmortalidad. La caridad, como virtud masónica, es una extensión de la gracia, un don que los hermanos entregan libremente a todo aquel que requiera ayuda. Los masones creen firmemente en estas virtudes y en la práctica de ellas hacia el logro de estándares morales más altos.

El Ser Supremo

Uno de los principales requisitos que una persona debe llenar, con el fin de unirse a la masonería, es la creencia en un Ser Supremo y en la inmortalidad del alma. Con el término Ser Supremo, la masonería se refiere a la divinidad, y, siendo no sectaria, las personas de todas las religiones son bienvenidas. Así, el Ser Supremo es diferente para cada masón. El término más comúnmente utilizado por la hermandad es el de Gran Arquitecto del Universo. Las únicas personas que no son elegibles para presentarse como candidatos al Culto son los ateos.

Pregunta

¿Qué significa la G? Uno de los símbolos masónicos más visibles es aquel en que aparecen una escuadra y un compás con la letra G en la mitad. Originalmente, esta letra representaba la geometría, pero posteriormente llegó a significar Dios. También significa Grandioso o Gran Arquitecto del Universo.

La masonería no es una religión ni ofrece la salvación, pero sus miembros sí tienen fe. Una de las reglas fundamentales del Culto es que la hermandad no discuta jamás sobre religión y política dentro de la logia. Los masones creen que la forma en que cada persona elija venerar es privada y debe hacerlo por sí sola. La organización estimula a sus miembros a perseverar en su fe, pero jamás interfiere en los caminos religiosos que cada uno emprenda. Dentro de cada logia hay un volumen de la Ley Sagrada. En los Estados Unidos es la Santa Biblia, pero el texto sagrado varía dependiendo de la membrecía de la logia. Durante los ritos de iniciación, una persona puede tener abierto sobre el altar o sobre una mesa cualquier texto sagrado, el que él mismo elija.

Cánones de la masonería

Como muchas organizaciones predominantes, la masonería reúne símbolos que la definen y le sirven de guía para sus propósitos fraternales. La primera lista de regulaciones generales fue compilada en 1720 por el gran maestro de Inglaterra, y aprobada por la Gran Logia tres años más tarde. No obstante, en esas regulaciones no se definieron claramente los hitos.

En 1858, el venerable escritor masón Albert Gallatin Mackey destacó 25 cánones que posteriormente publicó en el *Libro de texto de la jurisprudencia masónica*. Muchos de ellos fueron adoptados por diversas logias, pero desde entonces se han ido adaptando según las circunstancias.

Como punto de referencia, las grandes logias y la mayoría de las demás están de acuerdo con respecto a siete de los cánones de Mackey:

1. El dogma único de la masonería es el monoteísmo.
2. La lección fundamental de la filosofía masónica es la inmortalidad del alma.
3. El volumen sobre la Ley Sagrada es parte indispensable de una logia.
4. Parte integral del Culto masónico es la leyenda del tercer grado, la cual habla de la construcción del Templo de Salomón.
5. Habrán de mantenerse inviolados los modos de reconocimiento de los masones.
6. El simbolismo derivado del arte operativo de la masonería, o sus herramientas de intercambio, habrá de mantenerse intacto.
7. El masón tiene que ser un hombre adulto, nacido libre.

Por definición, los cánones son preceptos históricos e invariables, pero pueden variar, dado que las logias masónicas se autogobiernan.

¿Por qué ingresar a una fraternidad "secreta"?

Quienes se vinculan a la masonería se mueven en medio de una compañía nada desdeñable. A lo largo de los siglos, miles de personas provenientes del mundo entero y de todos los caminos de la vida han tomado parte en este Culto. Su histórica membrecía está repleta de personas de la realeza, aristócratas, presidentes, políticos, científicos, aventureros, inventores, gentes del mundo del espectáculo, escritores, filósofos, revolucionarios y pioneros. Muchos de estos masones cambiaron la historia: otros, la vida de sus comunidades, el gobierno del país y hasta los sistemas sociales.

Pero no es esa la razón principal por la que alguien decide vincularse a la masonería. En verdad, muchas personas se unen a la fraternidad o a alguna de sus organizaciones filiales, tales como los Sublimes Masones del Santuario o las Hijas de la Estrella de Oriente, por razones sociales y de caridad. La familia masónica es enorme, con instituciones establecidas alrededor del mundo entero. Las vidas de miles de hombres, mujeres y adultos jóvenes se han enriquecido mediante su asociación con la masonería, e, independientemente de su tarea, han marcado una diferencia y continúan haciéndolo hasta nuestros días.

Información esencial

Los dos santos patronos de la masonería son san Juan Evangelista y san Juan Bautista. Los masones celebran un festival anual para conmemorar a sus patronos. La conmemoración de san Juan Bautista tiene lugar en junio y la de san Juan Evangelista en diciembre.

La masonería es, asimismo, una vía por la que las personas pueden enfocar su desarrollo personal. Muy parecido a las organizaciones basadas en membrecías, el Culto busca enseñarles a personas buenas cómo ser mejores para que puedan utilizar sus destrezas en beneficio propio, en el de sus familiares y en el del mundo en general. La forma en que una persona lo hace es ascendiendo varios niveles en la estructura fraternal.

Grados

Al ingresar a la hermandad, un iniciado comienza su viaje ganándose un grado o nivel. Hay tres grados básicos en la masonería: Aprendiz Ingresado,

Compañero de Culto y Maestro Masón. Comúnmente, se hace referencia a ellos como a los tres grados de la masonería o Masonería del Culto Antiguo o, en los Estados Unidos, a la Logia Azul Masónica. Una vez que la persona ha completado los tres grados, se considera que es un masón oficial.

Pregunta

¿Quién tiene el grado 33 de masón es más importante que otros masones? Para ganarse el grado 33, un masón deberá haber completado los grados adicionales que otorga el Rito Escocés, y será entonces un masón del Rito Escocés. No es más importante que una persona que se haya convertido en Maestro Masón, considerado por muchos como el nivel más alto de la masonería.

Las ceremonias de grado contienen rituales altamente alegóricos y simbólicos. Cada grado sirve para educar espiritual y moralmente a un iniciado y para profundizar en el conocimiento y en la historia del Culto. Hay muchas lecciones, o lecturas, asociadas a cada nivel. En los grados de la masonería, hay un ritual central que simbólicamente se enfoca en la construcción del Templo de Salomón y los acontecimientos que rodearon al maestro arquitecto y masón Hiram Abiff.

Una vez que una persona se ha convertido en Maestro Masón, puede elegir entre permanecer en ese nivel, ingresar a alguno de los cuerpos más importantes de la masonería —el Rito Escocés Antiguo y Aceptado o el Rito de York, que otorgan grados adicionales— o ingresar a uno de los grupos sociales masónicos, como la Antigua Orden Árabe de los Nobles del Santuario Místico o a los Sublimes Masones del Santuario.

Simbolismo masónico

La masonería está envuelta en alegorías, rituales y, especialmente, en simbolismos. Muchos de los símbolos del Culto rinden homenaje a los picapedreros medievales e incluyen las herramientas con las que laboraban. Cada símbolo está dotado de ciertos significados. Entre los altamente reverenciados están:

- La escuadra
- El compás
- La plomada
- El nivel

- El mazo
- La paleta
- El calibrador
- El mandil

Estos y otros símbolos representan muchos de los aspectos científicos y artísticos del comercio, como geometría, matemáticas y arquitectura, que están entretejidos en el tapiz de las enseñanzas masónicas (para mayor información sobre los símbolos masónicos, véase el capítulo 14).

Hecho

La masonería se rige por una sola entidad. Las grandes logias supervisan todas las logias masónicas, pero cada cual asume su propia autoridad. Todas las grandes logias son iguales.

Suele ocurrir que la masonería, sus intenciones, rituales, principios y acciones son malinterpretados, y que, a menudo, se manipulan para ajustarlos a alguna teoría o conspiración. El término "sociedad secreta", en este caso, se ajusta más al de sociedad privada o sociedad con secretos, pues la única cosa que los masones realmente mantienen en secreto son sus enseñanzas y sus modos de reconocerse unos a otros.

Capítulo 2
¿Historia o habladurías?

A menudo son quienes están en el poder los que escriben la historia. Y cuando se trata de la historia antigua es difícil y controvertible determinar el verdadero origen y el curso de los acontecimientos. Durante años, con argumentos plausibles, diversas teorías y leyendas, se ha debatido el origen de la masonería. Tal vez nunca llegue a saberse si los masones evolucionaron a partir de los grandes constructores del Templo de Salomón, de la valiente Orden Monástica de los Caballeros Templarios o del gremio de los rudos trabajadores de la época medieval, pero, independientemente de ello, los masones se han asegurado un lugar fascinante y enigmático en la historia.

El origen de la masonería

El origen de la masonería es un tema que ha desencadenado inspirados debates a lo largo de los siglos. No solo se discute sobre ella entre historiadores y eruditos, y en teorías sobre conspiraciones, sino que también es sujeto de debate entre los mismos masones. Con la discutible etiqueta de "sociedad secreta" que la masonería lleva a cuestas, no es de extrañar que su compleja historia sea sistemáticamente fuente de inspiración de cuentos y teorías que recorren toda la gama, desde lo épico hasta lo absurdo.

Dicho esto, es difícil precisar la verdadera historia de la masonería. Envuelta en un manto de leyenda, rituales y simbolismos, la hermandad se convierte en todo: desde monjes guerreros hasta asesinos políticos o hasta tipos que usan sombreros chistosos en asados de caridad. Solo algo es cierto: la masonería jamás es aburrida, e, independientemente de la teoría o de los hechos históricos a los que el estudioso se suscriba, la verdadera esencia de este grupo filosófico resulta fascinante.

Hay una miríada de orígenes asociados a la hermandad y al Culto, que van desde el legendario Templo de Salomón y los Caballeros Templarios hasta los aspectos astronómicos de los tiempos megalíticos. Cientos de libros y artículos se han escrito sobre estas y otras teorías, y, aunque algunos han sido descartados por pura falta de pruebas, o quizá sean simplemente el fruto de los buenos deseos, otros han expuesto sólidos argumentos. Que el origen propuesto de la masonería sea cierto o falso tal vez jamás llegue a probarse, pero las leyendas y el simbolismo que la impregnan, muy seguramente han sido escritos a partir de acontecimientos históricos.

El Templo de Salomón

Uno de los supuestos orígenes de la masonería se remonta a la construcción del Templo de Salomón en Jerusalén, entre 970 y 931 a. C. Considerado tanto por la Biblia como por la Tora como el primer templo oficial en la Ciudad Santa, fue una empresa masiva que requirió miles de hombres, enormes recursos y la destreza de muchos artesanos maestros.

Se dice que el rey Salomón, hijo de David y de Betsabé, necesitaba desesperadamente un artesano maestro, y consultó a uno de sus amigos, Hiram, rey de Tiro, para ver si podía ofrecerle algún hombre que trabajara en el gran templo. Ansioso por ayudar a construir una casa de Dios, el rey de Tiro despachó a su obrero maestro, un diestro artista llamado Hiram Abiff, deletreado también como Abif.

Hecho

El Templo de Salomón fue destruido por los babilonios en 586 a. C. Fue reconstruido 70 años más tarde, solo para ser destruido por los romanos como castigo a los judíos cuando se rebelaron contra ellos.

Tanto el Templo de Salomón como la leyenda que rodea a Hiram Abiff desempeñan un papel importante en los rituales, leyendas y retórica de la masonería. Un templo construido por los picapedreros de la era parece el paso lógico en la historia evolutiva de la masonería, pero, tal como sucede con la mayoría de las teorías que envuelven el origen masónico, las conexiones entre los constructores del templo y el relato de Hiram, así como su destino, continúan arraigados en la especulación.

La leyenda de Hiram Abiff

El carácter de Hiram Abiff y su relación con el Templo de Salomón es quizá una de las más grandes leyendas que rodean a la masonería. Hay poca información en la Biblia que confirme su verdadera identidad, pero la sola mención es suficiente para provocar un gran debate sobre su papel en la construcción del gran templo.

El trabajo de Hiram y su destino posterior están profundamente vinculados al ritual masónico. Su historia suele contarse en textos, rituales y ceremonias masónicas, y hasta ocupa el escenario central en teorías de la conspiración, como las que rodean los crímenes horrendos del asesino en serie del siglo XIX, Jack el Destripador.

Según la leyenda, Hiram era hijo de una viuda muy diestra en el trabajo con oro y plata, artesanía muy útil dentro del templo sagrado en la elaboración de diversos objetos. Hiram era hábil en el trabajo en piedra, y presuntamente conocía secretos valiosos de la masonería maestra. Como supervisor de la construcción del templo, Hiram tenía el poder de ascender a los albañiles a rangos más altos de destreza y comprensión divina del Culto masónico —de aprendices a compañeros picapedreros y desde ese punto a masones maestros.

Un trío criminal

Se dice que Hiram murió a manos de tres compañeros picapedreros —Jubela, Jubelo y Jubelum—, cuyo objetivo era aprender los secretos de Hiram y conquistar la posición de masones maestros. Durante la sesión diaria de oraciones, Hiram fue abordado por los tres hombres, quienes le exigieron ser promovidos. Cuando Hiram rehusó revelarles los secretos, Jubelo lo atacó con una escuadra de arquitecto, Jubela le cortó la garganta con un calibrador y Jubelum utilizó un mazo.

Hecho

¿Qué tienen que ver los asesinos de Hiram Abiff con Jack el Destripador? Quienes adhieren a la llamada teoría de la conspiración, aseguran que el Destripador era un masón, y alegan la existencia de un vínculo del asesino londinense con los tres rufianes, Jubela, Jubelo y Jubelum. Exhiben como prueba el mensaje garabateado en una de las paredes de la escena del cuarto crimen. El mensaje se refería a *Juwes*.

Tras enterrar a Hiram en la oscuridad de la noche, los tres conspiradores intentaron escapar, pero fueron capturados y devueltos al rey Salomón. Los hombres confesaron el asesinato y fueron ejecutados sumariamente (más información sobre las ejecuciones en el capítulo 13). Finalmente, el cuerpo de Hiram fue recuperado y puesto a descansar en el templo, donde se construyó un altar en su honor.

Verdad y Luz Divinas

La leyenda de Hiram Abiff figura en forma destacada en el rito de iniciación del tercer grado de masón, o Maestro Masón (véase el capítulo 5). El ritual está fuertemente ligado a la leyenda hirámica. En él, los tres rufianes sirven como símbolos de ignorancia, en contraste con la Verdad Divina, conocida únicamente por el rey Salomón, el rey de Tiro e Hiram Abiff.

Los masones, en su búsqueda del conocimiento, la Luz y la Verdad Divinas, vinculan simbólicamente la muerte violenta de Hiram a una gran pérdida, a la resurrección y, en últimas, a un estado de inmortalidad. Como tal, es fácil ver por qué el Templo de Salomón, con su gloriosa arquitectura y legendaria artesanía, figura con gran presencia en la historia y tradiciones masónicas.

Los Caballeros Templarios

Cuando uno piensa en los Caballeros Templarios, a menudo se le vienen a la memoria sus guerras legendarias. Eran hombres valientes que, montados en sus pesados corceles, parecían más grandes que la vida misma. Por supuesto la imaginación, con ayuda de libros y películas, tiene su manera de hacer que todo lo histórico parezca glamoroso, mientras minimiza la crudeza de la realidad y la brutalidad de los guerreros. Los Caballeros Templarios sí existieron y, aunque su leyenda se torna romántica con facilidad, sus objetivos trascendían el de la guerra. Pese a que eran conocidos por su ferocidad en la batalla, especialmente durante las Cruzadas, se hicieron también célebres por la destreza en el manejo de las cuentas bancarias y por su visión para los negocios.

Los Caballeros Templarios eran monjes guerreros, una orden militar y religiosa integrada solo por hombres, fundada en 1118 por el caballero francés Hughes de Payens. Desde su inicio hasta cuando fueron prácticamente borrados de la faz de la tierra en 1307, los Templarios sirvieron como protectores de los peregrinos europeos que viajaban al Reino de Jerusalén. Tomando el nombre de su cuartel general situado al lado del legendario Templo de Salomón, los "Pobres Caballeros de Cristo y el Templo de Salomón" fueron una orden monástica que disfrutó de enorme poder y riqueza.

¡Alerta!

Una de las grandes polémicas de la historia tiene que ver con la ubicación del Santo Grial. Los Caballeros Templarios han estado fuertemente involucrados en ese misterio, con muchas teorías que los rodean como supuestos protectores del Grial y su posible ubicación bajo la Capilla Rosslyn, en Escocia.

Aunque su historia se extiende a lo largo de dos siglos, los Caballeros Templarios son más conocidos por su participación en las Cruzadas, por haber creado quizá el primer sistema bancario formal y por el misterio que rodea su participación en las leyendas del Santo Grial y el Arca de la Alianza. Para comprender su ascenso al poder, su caída en desgracia y su posible relación con los masones, es importante examinar el papel que desempeñaron en las Cruzadas entre los siglos XI y XIII.

Las Cruzadas

Vistas en su forma más simplista, las Cruzadas fueron una serie de campañas militares aprobadas por la Iglesia católica para recuperar Tierra Santa y Jerusalén de las manos de los musulmanes. Esta serie de expediciones tuvo lugar entre 1096 y 1291, aun cuando cada una se enfocó en una meta diferente. El origen de las Cruzadas fue el resultado de un discurso pronunciado por el papa Urbano II durante el Concilio de Clermont, en 1095. La propagación del islam estaba demostrando ser una amenaza para el Imperio bizantino, agravada por las versiones sobre los maltratos que recibían los cristianos a manos de los musulmanes.

La respuesta a la solicitud del papa Urbano para que fuera liberada la Ciudad Santa de Jerusalén fue abrumadora, y los cruzados, en solidaridad, cosieron cruces rojas a sus vestuarios. Se desconoce cuál fue la verdadera razón que llevó al Papa a lanzar las Cruzadas, pero la especulación apunta a razones religiosas, como también a la necesidad de unir a las facciones guerreras dentro de Europa.

Tras tomarse exitosamente la Ciudad Santa en 1099, Godofredo de Bouillon se convirtió en el primer gobernante del recientemente creado Reino de Jerusalén. En 1100, el Gobierno pasó a manos del hermano de Godofredo, Balduino I, quien se autoproclamó primer rey de Jerusalén. A su muerte, la corona pasó a su primo Balduino II.

En 1118, nueve caballeros se aproximaron a este último en busca de su aprobación para fundar una nueva orden, cuya misión sería proteger a las personas durante sus peregrinajes a Tierra Santa. Fue entonces cuando nacieron los Caballeros Templarios, una orden estricta de hombres que hacían votos de pobreza, castidad y obediencia.

Hecho

Quienquiera que se uniera a los Caballeros Templarios tenía que adherir a rigurosas reglas. Además de sus votos, dormían en colchones de paja, se les prohibía cortarse la barba y solo se les permitía comer carne tres veces a la semana.

En 1128, durante el Consejo de Troyes, los Caballeros Templarios recibieron aprobación de la Iglesia, con la ayuda de san Bernardo de Claraval, quien contribuyó a crear las reglas de la orden. Cincuenta años después, más de 300 caballeros usaban orgullosamente el manto blanco, hábito tradicional de los Templarios. La orden amasó grandes riquezas con donaciones de propiedades y dinero, entregados a ella cuando sus ricos miembros hicieron voto de pobreza.

Éxito bancario

Hacia 1135, los Caballeros empezaron a prestar dinero a quienes hacían peregrinaciones a Tierra Santa. El dinero se mantenía en los templos a lo largo de la ruta, bien custodiado, y los viajeros podían depositar tranquilamente sus fondos a cambio de recibos escritos, para luego recuperarlos más adelante, en otro templo. Comenzó así un rudimentario sistema bancario, el cual, sumado a las donaciones, hizo a la orden muy poderosa. Hacia 1239, los Templarios poseían 9000 castillos y feudos, y eran más ricos que cualquier gobierno continental. Contaban, además, con más de 15 000 miembros.

Como la historia lo atestigua, grupos como este se convirtieron en blanco de quienes querían usurpar su riqueza y su poder. Infortunadamente, los Caballeros Templarios fueron víctimas de dicha persecución. Como es lógico, esta provenía de sus creadores mismos, la Iglesia y la Corona.

Persecución a los Templarios

El rey francés Felipe IV, conocido también como Felipe el Justo, fue quien deshizo la Orden de los Caballeros Templarios, que, al final, sucumbió a una burda mezcla de acusaciones de herejía y torturas. Felipe, miembro de la realeza, quien despilfarró los fondos a manos llenas, se vio en serios conflictos con Roma cuando en 1296 comenzó a gravar con impuestos las propiedades eclesiásticas para reponer sus propias arcas. Cuando el papa Bonifacio VIII amenazó con excomulgar al francés, el rey Felipe ordenó secuestrarlo, solo para verlo morir tras un corto cautiverio.

Según se dice, el inescrupuloso Rey solicitó entonces convertirse en Caballero Templario, pero mediante juicio sumario se rechazó su ingreso a la orden. Felipe se dedicó entonces a manipular la elección del siguiente Papa, Clemente V, quien trasladó la sede del papado de Italia a Francia. Se desconoce la razón por la cual estos dos hombres se entregaron con tanta saña a la tarea de destruir a los Caballeros Templarios, pero se especula que el Rey envidiaba el poder y la riqueza de estos, o que había pedido dinero prestado y trataba de salvarse de las deudas contraídas con la orden. Cualquiera que sea la razón, la caída de los Caballeros Templarios comenzó con un citatorio hecho al gran maestro Templario Jacques de Molay.

Jacques de Molay

Jacques de Molay, de 21 años de edad, se había convertido en Templario en 1265. Francés ambicioso, fue ascendiendo en los rangos hasta llegar a ser gran maestro de la orden. Habiendo reemplazado al gran maestro anterior,

Teobaldo Gaudin, De Molay se atrincheró en el cuartel general de los Templarios en Chipre. En 1307, se enteró de que debía regresar a Francia por orden del rey Felipe y del papa Clemente, que lo instaron a abandonar el fuerte, presumiblemente con la excusa de lanzar otra cruzada.

De Molay obedeció la citación y regresó a Francia ignorante del horrendo destino que les esperaba a él y a sus parientes. En lo que resultaría ser una fecha irónica, 13 de octubre de 1307, él y los Caballeros Templarios en toda Francia fueron detenidos. Lo que siguió fue una andanada de torturas y amenazas de muerte que forzaron a los caballeros a confesar mala conducta, herejía, veneración a ídolos, perversión sexual y culto satánico.

Hecho

Se dice que la superstición de nuestros días acerca del viernes 13 hace referencia al fatídico día de 1307, cuando los Caballeros Templarios fueron torturados, sometidos a juicios sumarios y asesinados.

Bajo coacción, De Molay ofreció una confesión de la que posteriormente se retractó. Como resultado, él y un compañero Templario fueron quemados vivos en 1312 frente a Notre Dame. Muchas leyendas giran en torno a los Caballeros Templarios. Una de ellas refiere que, poco antes de morir, De Molay profetizó que tanto el rey Felipe como el papa Clemente morirían pasado un año. Resultó que ambos hombres murieron al año siguiente, pero el Papa, antes de su muerte, les dio un golpe fatal a los Templarios con una disposición final por la cual cualquier persona que se uniese a la orden sería excomulgado por herejía.

Éxodo a Escocia

No hay consenso sobre lo que ocurrió con los Templarios tras la persecución del rey Felipe IV. Una de las versiones prevalecientes asegura que un número de ellos escaparon al arresto y a la ejecución, y se fueron a Escocia en busca de refugio seguro. Puesto que el rey de Escocia, Robert Bruce, ya había sido excomulgado por la Iglesia, es lógico pensar que la alianza entre Templarios y escoceses fortalecía militarmente a ambos.

Tras una exitosa batalla contra los ingleses, se dice que a los Templarios se les concedió refugio en una isla escocesa, donde permanecieron durante los siguientes 80 años. Ciertos teóricos e historiadores aseguran que estos solitarios Templarios se convirtieron con el tiempo en una hermandad, conocida como los masones.

Conexiones masónicas

La relación entre los Caballeros Templarios y los masones es un tema que aún se debate con vehemencia, con argumentos de mucho peso de parte y parte. Muchos consideran que los Templarios refugiados en Escocia dieron lugar al Rito Escocés, una de las mayores ramas de la masonería. Otros historiadores argumentan que los masones optaron simplemente por asumir como propia la historia romántica y caballerosa de los Caballeros Templarios, que definitivamente les daría más fibra y drama.

Dado el clima reinante en aquella época, uno podría suponer que una orden monástica perseguida, como lo fue la de los Templarios, derivara por simple inercia hacia una organización fraternal secreta. Sea como fuere, no hay prueba definitiva de la relación entre los masones y los Caballeros Templarios. Existe, no obstante, multitud de hechos y mitos que hacen de la orden un relato muy atractivo.

El Rito Escocés

Una vez que una persona ha pasado los tres grados principales o niveles de la masonería —Aprendiz Ingresado, Compañero de Culto y Maestro Masón (véase el capítulo 5)—, continúa su educación con otras ramas de la masonería. La hermandad se compone de dos ramas principales, una la del Rito de York y la otra, el Rito Escocés Antiguo y Aceptado. El Rito Escocés se compone de 33 grados, cada uno de los cuales se encarga de propagar el conocimiento del Culto de los masones.

¡Alerta!

La persona que desee llegar al grado masón 33 del Rito Escocés no puede solicitarlo. Los masones que ejercen un liderazgo ejemplar sobre la comunidad y quienes ejemplifican los principios de la hermandad han de ser elegidos por voto unánime.

El origen del Rito Escocés parece encontrarse perdido en el tiempo, pero una escuela de pensamiento sugiere que encuentra sus raíces en los Caballeros Templarios que se exiliaron en Escocia cuando la orden cayó en desgracia. También se dice que el rito surgió cuando unos escoceses expatriados crearon una logia en Francia. Los registros muestran que no fue sino en 1804 cuando el nombre de Rito Escocés Antiguo y Aceptado apareció por primera vez en documentos entre la Gran Oriental de Francia y el Consejo Supremo de Francia. En los Estados Unidos, el Rito Escocés está dividido en las jurisdicciones del norte y del sur, gobernadas por consejos supremos.

El *Manuscrito de Halliwell*

El *Manuscrito de Halliwell* o *Poema regio* es considerado como uno de los más antiguos y, quizá, el más importante documento de la masonería. Descubierto en 1839, en la Biblioteca del Rey del Museo Británico, el poema contiene 794 líneas en verso inglés, y fue publicado por James O. Halliwell en 1840. Según los expertos, el documento posiblemente date de 1390. No obstante, en él se citan acontecimientos históricos acaecidos mucho antes de esa fecha.

El *Manuscrito de Halliwell* es importante en términos de la historia masónica y de las leyendas asociadas a ella. Contiene también reglamentaciones del Culto. Quizá el aspecto más importante del poema sea lo que dice sobre la introducción de la masonería en 924 por el rey Athelstan de Inglaterra. Esta noticia le da a la rama de la masonería, conocida como el Rito de York, un admirable y legendario linaje del cual se derivan importantes conclusiones.

Rey Athelstan

Considerado el primer rey de toda Inglaterra, Athelstan gobernó desde 925 hasta 939 d. C. Nieto de Alfredo el Grande, sentía gran admiración por el arte de la albañilería y el tema de la geometría. Muchos castillos, fortalezas, monasterios y abadías se construyeron bajo su patrocinio. En un franco esfuerzo por continuar mejorando el comercio, Athelstan expidió los estatutos de la construcción para que los albañiles pudiesen llevar a cabo una asamblea anual en la ciudad de York.

Gran Logia de York

La primera reunión de una gran logia se llevó a cabo en 926 d. C., y en ella el hermano del rey Athelstan, el príncipe Edwin, sirvió como gran maestro. Según la leyenda que aparece en el *Manuscrito de Halliwell*, fue en esa gran logia donde se estableció la constitución de la masonería inglesa, sobre la base de antiguos documentos escritos en griego y en latín. El hecho de que el Rey y su hermano estuvieran estrechamente involucrados sugiere que fueron dos de los primeros especulativos, o no masones, introducidos a la hermandad.

A lo largo de los pocos milenios que siguieron, muchas personas de sangre real se convertirían en masones, y algunos especulan que el patrocinio de Athelstan y su participación sentaron el precedente.

El Rito de York

El Rito de York, que deriva su nombre de la ciudad de York, al norte de Inglaterra, constituye el segundo organismo concordante de la masonería. Hay tres organismos dentro del Rito de York: el Capítulo del Arco Real, el Consejo de la Masonería Críptica y las Comandancias de los Caballeros Templarios. Estos grupos confieren grados adicionales a los masones interesados en mayor ilustración y estudio sobre la hermandad (véase el capítulo 7).

Como uno bien puede imaginar dado el contenido del *Manuscrito de Halliwell* y la leyenda de Athelstan, el origen del Rito de York ha sido una fuente fascinante de estudio y debate para historiadores y eruditos y para los mismos masones. Es comprensible que los grados conferidos a los masones a través del Rito de York y de sus organismos asociados estén profundamente arraigados en la historia y tradiciones y representen gran fuente de orgullo para toda la hermandad.

Capítulo 3

Nace una fraternidad

Antes de que se formara una masonería organizada, los picapedreros de la Edad Media iban dejando su huella a través de toda Europa, y el arte esplendoroso de sus obras es altamente reverenciado por los masones. Fue una época que no se vio libre de conflictos laborales, pues los masones hubieron de soportar muchos reveses a raíz de la Reforma protestante. Pero resucitaron, al igual que el ave fénix, para elevarse a nuevas alturas y ganar mayor notoriedad, hasta formar lo que ahora es una legendaria hermandad.

Irrupción en nuevos terrenos

Para nadie es un secreto que los orígenes de la masonería son fuente de debate. Mientras algunos eruditos, historiadores y masones creen que el Culto se remonta a épocas tan antiguas como las del Templo de Salomón, otros sostienen que la masonería solo evolucionó a partir de los gremios de albañiles medievales. Aun esta última aseveración encuentra impugnadores. Los comerciantes masones de la época, argumentan algunos, no tenían necesidad del secreto, puesto que estaban siempre disponibles para viajar adondequiera que saliese trabajo.

Los picapedreros fueron afinando sus destrezas, su arte y su pasión por la arquitectura desde la era megalítica hasta los tiempos medievales y los del Nuevo Mundo, para acabar creando un magnífico legado de formas y estructuras. Con herramientas cada vez más perfectas, fruto del intercambio de conocimientos, fueron quienes levantaron viviendas, edificios y monumentos desde épocas tan remotas como la del antiguo Egipto.

Constructores maestros de la época

A lo largo de milenios, los albañiles construyeron gran variedad de monumentos y edificaciones imponentes. Aún pueden observarse su esplendor, su magia y su calidad artística en infinidad de ciudades y naciones alrededor del mundo, que van desde el paisaje inglés de Stonehenge hasta los grandiosos castillos europeos y la residencia presidencial de los Estados Unidos, la Casa Blanca. Podría decirse que una de las estructuras más famosas construidas por los masones es el Puente de Londres, que conecta los dos lados de la ciudad sobre el río Támesis.

Hecho

La popular canción *El puente de Londres se está cayendo* fue concebida durante la construcción. Los lugareños les cantaban ese estribillo a los albañiles que trabajaban en la empresa. Dos de las líneas tienen raíces en la masonería: "Constrúyela tan fuerte como la piedra" y "Piedra tan sólida perdurará durante siglos".

El Puente de Londres tuvo muchos antecedentes, comenzando por el viaducto de madera construido por los romanos en 46 d. C. Se reconstruyó después en muchas oportunidades. Fue solo en 1176, durante el reinado de

Enrique II, cuando los albañiles emprendieron la enorme tarea de cimentar una estructura más permanente. El trabajo tomó 33 años, culminó en 1209 y fue la primera construcción hecha en piedra en Inglaterra.

Catedrales y grandeza

Los masones florecieron durante la Edad Media a lo largo y ancho de Europa, especialmente en Gran Bretaña, Francia y Alemania, dando realce a la fe y utilizando su destreza para crear asombrosos íconos de esplendor religioso. La competencia entre las jerarquías regionales de la Iglesia católica trabajó a favor de los masones, puesto que cada facción deseaba construir iglesias y catedrales más imponentes que las del vecino o el antecesor.

Cuando se piensa en estructuras tan sólidas y en el peligro que implicaba la mampostería, es fácil entender por qué las catedrales construidas por los masones eran consideradas obras de arte tremendamente inspiradoras.

La abadía de Westminster, en Inglaterra, y las catedrales de Notre Dame, en Francia, y de Santiago de Compostela, en España, son recordatorios siempre actuales de la artesanía gótica, medieval y moderna de los picapedreros.

La Reforma protestante

Uno podría preguntarse qué tiene que ver con la masonería una perturbación religiosa de tal magnitud como lo fue la Reforma protestante. Ocurre que esta repercutió en forma directa sobre los masones de la época, empleados de preferencia por la Iglesia católica en la construcción de muchas grandes catedrales, iglesias y monasterios.

Durante el siglo XVI, la Iglesia católica romana de Europa occidental sufrió un cambio radical. Para nadie es un misterio que los cismas teológicos, a lo largo de la historia, han derivado en persecución, guerra y caos generalizados. A nombre de Dios, para citar un solo caso, se perdieron incontables vidas durante las Cruzadas.

La Reforma protestante, a comienzos de ese siglo, fue una rebelión religiosa que buscaba reformar de raíz la religión cristiana. El resultado fue el luteranismo, convertido en Iglesia luterana. El movimiento de protesta comenzó como una audaz acción individual para incitar a la renovación de la fe y las costumbres.

Información esencial

El protestantismo es, por definición, la fe fundada en los principios de la Reforma, la aceptación de la Biblia como la verdadera fuente de la revelación y el sacerdocio universal e igualitario de todos los hombres. En su forma más esquemática, es una escisión de la Iglesia católica romana.

Martín Lutero

Quien desencadenó la Reforma protestante fue un monje agustiniano y teólogo alemán, llamado Martín Lutero. Profesor en la Universidad de Wittenberg, Lutero empezó criticando la venta de indulgencias, protesta que tomó el camino categórico de la rebelión. El 31 de octubre de 1517, llegó hasta la iglesia del Castillo de Wittenberg y clavó a la puerta sus 95 tesis para que todos las debatieran.

No tardó en estallar el descontento. Las tesis fueron traducidas a diversos idiomas y ampliamente distribuidas a todo lo largo y ancho de Europa, gracias al nuevo avance de la imprenta. En solo dos meses, las palabras basadas en la fe de Lutero recorrieron el continente y canalizaron el descontento popular contra el papado y la Iglesia católica. Durante este período, los masones británicos permanecieron leales a esta última institución hasta cuando ascendió al trono el rey Enrique VIII, quien se puso a la cabeza de un movimiento religioso contra Roma.

El rey Enrique VIII

Quizá Enrique VIII sea más conocido por su afición a las esposas —seis, en total— y por la decapitación de dos de ellas, Ana Bolena y Catherine Howard, las números dos y cinco, respectivamente. El amoroso Rey también dejó una marca histórica perdurable con respecto a la Reforma protestante.

Todo empezó cuando la Iglesia rechazó la solicitud del Rey, que pedía al Papa disolver su primer matrimonio, con Catalina de Aragón, para casarse con su amante de entonces, Ana Bolena. En 1533, Enrique hizo a un lado la doctrina católica y se casó con Ana. Varios meses más tarde hizo anular el matrimonio con Catalina y validar el nuevo enlace. Como resultado de las argucias de Enrique, el papa Clemente VII excomulgó al Rey. En respuesta, este expidió en 1534 la ley de Supremacía, que de un plumazo lo convirtió en cabeza de la Iglesia de Inglaterra, separada del Vaticano.

Pregunta

¿Era Shakespeare masón? ¿William Shakespeare hizo parte de la hermandad? La pregunta ha dado pie a mucha especulación. Innumerables teóricos han hallado referencias masónicas en las obras de Shakespeare, como estas palabras: "La nobleza piensa desdeñosamente antes de ponerse delantales de cuero".

Como resultado de la proclama del Rey, los monasterios y tierras de la Iglesia pasaron a la Corona, lo que, de hecho, paralizó la construcción de nuevas iglesias y dejó sin trabajo a multitud de albañiles. Se dice que este revés marcó el comienzo de la masonería especulativa, en reemplazo de la operativa. Se inició así una nueva fase en lo que hasta entonces operaba como hermandad no oficialmente reconocida.

La masonería antes de 1700

La primera gran logia oficial fue creada en 1717, fecha que generalmente se acepta como el comienzo de la masonería en cuanto fraternidad organizada, aun cuando muchas pruebas demuestran que la hermandad quizá pudiera haber existido desde mucho antes. A menudo, los historiadores datan en 1356 la formación de la compañía de masones, pero no existe prueba sólida. Otras fuentes posibles que indicarían un origen anterior son el *Manuscrito de Cooke,* los Estatutos de Schaw y los escritos de Elias Ashmole, un supuesto y temprano iniciado en la hermandad, que se dio a conocer en 1646.

El *Manuscrito de Cooke*

En 1851, Matthew Cooke transcribió un documento que, según se cree, tuvo su origen alrededor de 1450. Este documento fue escrito, supuestamente, por un masón especulativo, y se dice que contiene la Constitución de los Picapedreros Alemanes. Se refiere también a las siete ciencias que utilizaba George Payne, quien servía como gran maestro cuando compiló su versión de las reglamentaciones generales. Sea coincidencial o no, el número siete es uno de los que favorecen los masones (véase el capítulo 13).

Según una transcripción, estas son las siete ciencias:

- La primera, llamada la base de todas las demás, es la gramática, que enseña a escribir y a hablar correctamente.
- La segunda es la retórica, que nos enseña a hablar elegantemente.

- La tercera es la dialéctica, que nos enseña a discernir entre lo verdadero y lo falso, usualmente denominada arte o sofistería (lógica).
- La cuarta es la aritmética, que nos instruye en la ciencia de los números, a calcular y a hacer cuentas.
- La quinta es la geometría, que nos enseña todo sobre la medición, medidas y pesos, de todo tipo de figuras.
- La sexta es la música, que enseña el arte de cantar con notas para la voz, además de órgano, trompeta y arpa y todo lo que con ellos se relaciona.
- La séptima es la astronomía, que nos enseña el curso del Sol, de la Luna y de las demás estrellas y planetas en el cielo.

Los Estatutos de Schaw

Con los Estatutos de Schaw se hizo un intento de organizar la estructura de la masonería. En 1583, el rey Jaime VI de Escocia, quien al final se convirtió en el rey Jaime I de Inglaterra, designó a William Schaw como maestro del trabajo y guardián general. Schaw expidió entonces en 1598 el primero de sus estatutos, que trazaba los deberes de todos los miembros masónicos y estaba dirigido tanto a los miembros de la logia como al público.

Hecho

Como asunto de interés histórico, el rey Jaime fue famoso porque, además de haber designado a William Schaw, le encargó la versión de la Biblia, llamada "del rey Jaime", publicada por primera vez en 1611.

En 1599, Schaw creó un segundo estatuto, cuya importancia guarda relación con la existencia de un conocimiento esotérico o secreto. El estatuto también hace referencia a la Logia Madre de Escocia, la Logia Madre Kilwinning, N° 0, presuntamente activa en esos años. Los escritos de Schaw suministraban a todas las logias un conjunto de instrucciones sobre ciertas actividades, tales como mantener por escrito el registro y la fecha de las reuniones. Según algunas teorías, Schaw fue el padre fundador de la masonería moderna.

Elias Ashmole

El nombre de Elias Ashmole sale a relucir a menudo cuando se discuten la masonería y su historia. Fue admitido en la logia en 1646 como masón especulativo, práctica que se inició, según algunos, mucho antes de esa época.

Se decía que la admisión de no masones a la fraternidad operativa provocó cierto pánico, que llevó a que estas logias destruyeran los registros para evitar que la información cayese en manos equivocadas.

Ashmole era un político, coleccionista y anticuario con sed de conocimiento, especialmente en lo relacionado con la alquimia y la astrología. Era, de hecho, un estudiante ávido. Hacia 1650 logró compilar y publicar muchos manuscritos que hacían parte de colecciones privadas. Ashmole llegó a ser consejero del rey Carlos II y su corte, que le consultaban sobre asuntos astrológicos.

La reconstrucción de Londres

El 2 de septiembre de 1666, Thomas Farrinor, el panadero del rey Carlos II, olvidó apagar el horno antes de retirarse a descansar en la noche. Horas más tarde estalló un incendio que resultó ser uno de los más letales en la historia británica. Cuatro días después el fuego había destruido 13 000 hogares, más de 80 iglesias y 44 locales de empresas. El fuego consumió 373 acres y destruyó todo a su paso. Fue una catástrofe que superó todo lo previsto.

Al arquitecto, matemático y científico inglés Christopher Wren se le confió la titánica tarea de reconstruir la gran ciudad. Wren, miembro fundador de la Sociedad Real, diseñó y construyó más de 50 iglesias y edificios en Oxford y Cambridge. Uno de sus más grandes logros fue la edificación de la Catedral de San Pablo, que dirigió personalmente desde 1675 hasta 1710. Fue masón y gran maestro de una logia operativa, iniciado, según consta en los documentos, en 1691.

El incendio de Londres fue una enorme tragedia, pero, aun siendo tan infortunado, les dio a los albañiles años y años de trabajo estable. La decisión de Wren de reconstruir la ciudad con ladrillo y piedra demandó un fuerte contingente de albañiles británicos, que, bajo la guía de Wren, se reunieron en logias durante la gigantesca y masiva reconstrucción, incluida la de la Catedral de San Pablo, que tomó 35 años.

Masonerías operativa y especulativa

Los términos "operativo" y "especulativo", muy comunes cuando se lee sobre el tema de la masonería, arrojan a menudo confusión. En pocas palabras, los masones operativos se formaron en el comercio. Comúnmente, se presume que los masones de los tiempos modernos evolucionaron a partir de los masones operativos. Los masones de nuestros tiempos pertenecen en su mayoría a la hermandad especulativa. En resumen, son personas que no forman parte del comercio masón.

En caso de duda, es el latín el que en últimas ayuda a comprender esta importante distinción masónica. "Operativo" deriva de *operarius*, o "trabajador". "Especulativo" viene del verbo *specere*, que significa "ver" o "mirar alrededor". Los operativos fueron los trabajadores del comercio. A los especulativos se les enseñaba acerca del conocimiento, la comprensión y las teorías del intercambio, a menudo a través de alegorías, rituales y simbolismos.

Información esencial

Los masones operativos se distinguen de los especulativos en parte por el uso de símbolos. El grueso de los símbolos masónicos son herramientas relacionadas con el masón y su trabajo, incluidos la escuadra, el compás, la plomada y el nivel.

También son comunes los términos "arte operativo" y "ciencia especulativa". Arte operativo hace referencia a la Edad Media y a las prácticas de los picapedreros. La ciencia especulativa guarda relación con las prácticas modernas de la masonería.

Masones operativos

Los masones operativos fueron los picapedreros manuales, cuyas herramientas habrían de convertirse en símbolos e íconos de la masonería. Su arte operativo refleja un alto nivel de destreza. Construyeron estructuras tanto para uso privado como comercial, así como iglesias, monasterios, templos y catedrales. Como grupo, se parecían mucho a los de cualquier otro oficio. Viajaban a donde el trabajo fuera más abundante. Allí donde ha habido edificios y monumentos, también ha habido albañiles talladores de piedra.

La etimología de la masonería

Irónicamente, nada está escrito en la piedra cuando se llega al tema de la masonería y sus comienzos. Ni siquiera se conoce el origen de la palabra actual "masón". Hay numerosas definiciones, algunas más aceptadas que otras.

Según una de las más comunes, el término designaba un material conocido como piedra libre, una caliza suave que se endurece con el tiempo hasta alcanzar la durabilidad. A los masones que trabajaban con este material se les llamaba, naturalmente, masones de piedra libre, palabras que después, se presume, evolucionaron hasta la expresión "masón libre".

Hecho

Una posible traducción del término "masón libre" es de origen francés: *frère mason* (hermano masón), que pudo haber evolucionado hacia la palabra inglesa *freemason* (masón libre).

El calificativo de "libre" ha sido causa también de prolongadas disputas. Algunos especulan que el adjetivo deriva de las piedras no empotradas con las que trabajaban los albañiles. Otros conjeturan que los masones no estaban bajo el control de gremios locales, por lo que eran, de hecho, albañiles libres.

Masones especulativos

Hacia 1600, la masonería había entrado en decadencia. El vuelco religioso al protestantismo promovido por el rey Enrique VIII hizo que se construyeran menos catedrales y se inició la caída. Factor no menos grave fue la gran peste, que en 1665 causó la muerte a unas 100 000 personas, una quinta parte de la población de Londres. Solo un año más tarde sobrevino el incendio de la ciudad. Hubo un resurgimiento del oficio, pero no fue de larga vida.

La masonería llegó a verse virtualmente paralizada hasta el siglo XVIII. Solo unas cuantas logias operativas continuaron vigentes, y sus miembros no se decidían a permitir el ingreso de personas ajenas al oficio. La situación cambió en 1716, al morir el arquitecto y gran maestro Christopher Wren. Al año siguiente, cuatro logias de Londres resolvieron formar una gran logia.

La decisión marcó definitivamente el giro de la masonería operativa a la masonería especulativa. Se creó entonces una fraternidad más filosófica, cuyos miembros buscaban mejorar su propia educación y espiritualidad. Como resultado, una amplia gama de personas ingresaron al Culto, desde políticos y artistas hasta exploradores y aristócratas.

La Gran Logia de Inglaterra

Hay consenso en que la formación de la Gran Logia de Inglaterra marcó el comienzo oficial de la masonería organizada. En febrero de 1717, cuatro logias de Londres, más de 100 masones, se reunieron por primera vez. Las logias eran:

- Logia N° 1: La Casa de Cervezas Goose y Gridiron, en el camposanto de San Pablo.
- Logia N° 2: La Casa de la Cerveza Crown, en el Sendero de Parker, cerca al Sendero de Drury.
- Logia N° 3: La Taberna del Árbol de Manzano, en la Calle Charles, Jardín de Covent.
- Logia N° 4: La Taberna de Rummer y Grapes, en el Canal Row, West-minster.

Durante la reunión que tuvo lugar en la Taberna del Árbol de Manzano, los masones decidieron unirse y conformar oficialmente la Gran Logia de Inglaterra. Se convirtieron en la autoridad central y reconocieron tres grados simbólicos. Cuatro meses más tarde, el 24 de junio de 1717, día de san Juan Bautista, se llevaron a cabo una asamblea y un festín, esta vez en Goose y Gridiron. Durante la reunión, los masones eligieron a Anthony Sayer, miembro de la Logia N° 3, como su primer gran maestro.

Pregunta

¿Cuánto tiempo transcurrió antes de que se crearan otras grandes logias? Cuatro logias siguieron a la de Inglaterra, dos en Europa y dos en Norteamérica. La Gran Logia de Irlanda se formó en 1725, seguida, en 1731, de la Gran Logia Provincial de Pensilvania y de la Gran Logia Provincial de Massachusetts, dos años más tarde. En 1736 nació la Gran Logia de Escocia.

En 1718, al ser elegido gran maestro, George Payne comenzó a compilar los antiguos manuscritos, rituales, mapas y todo tipo de textos pertinentes a la masonería. Además de los documentos recogidos por la Logia de San Pablo, Payne tenía suficiente información para escribir un código de leyes y doctrinas. Jean-Theophilus Desaguliers sirvió como gran maestro en 1719, pero hacia 1720, cuando Payne nuevamente fue elegido en el cargo, se crearon las Regulaciones generales (comúnmente conocidas como el *Libro de las constituciones*), aprobadas por la Gran Logia al año siguiente. El Dr. James Anderson las publicó en 1723, y por ello son conocidas hoy como las *Constituciones de Anderson*.

En 1721 se dio un viraje interesante cuando John, duque de Montagu, fue elegido por la logia como el siguiente gran maestro. El hecho puso en marcha una tendencia que se mantuvo durante los siguientes 278 años. Ningún "plebeyo" podía servir como gran maestro de la Gran Logia de Inglaterra. Todos aquellos que ostentaran la prestigiosa posición debían pertenecer a la nobleza o a la familia real. La próspera asociación de la alta burguesía y la aristocracia dio pie a un aumento en la membrecía fraternal. El número de logias pasó en 18 años de 4 a 126.

El *Libro de las constituciones de Anderson*

James Anderson, oriundo de Aberdeen, Escocia, se convirtió en ministro de la Iglesia presbiteriana de Escocia cuando solo tenía 23 años de edad. A partir de 1709, comenzó su ministerio en los alrededores de Londres, en capillas protestantes que estaban por fuera de la Iglesia anglicana. Según se dice, era un hombre con muchas dotes literarias. Se le conoce más, sin embargo, por haber escrito el *Libro de las constituciones de la honorable fraternidad Antient de Masones Libres y Aceptados,* que escribió en 1723 para la Gran Logia de Inglaterra. Trabajó, asimismo, en una segunda edición, más elaborada, que se publicó en 1738.

Hecho

No hay una gran logia con autoridad sobre las demás, y Europa no es el único lugar donde existen grandes logias. De hecho, hay una gran logia en cada una de las divisiones territoriales de los Estados Unidos y en la mayoría de los países.

Fue en 1721 cuando el gran maestro, el duque de Montagu, reclutó la ayuda de Anderson para escribir las *Constituciones,* en un esfuerzo por rescatar la historia dispersa y compilar las regulaciones de los antiguos comités de la fraternidad, de tal manera que todas las logias pudieran utilizarlas como código universal. Aún se consideran las *Constituciones de Anderson* como la base de la masonería con respecto al gobierno de la fraternidad. Anderson se convirtió en 1723 en uno de los grandes vigilantes de la Gran Logia, y, posteriormente, sirvió como gran capellán.

Esta constitución de los masones tuvo en cuenta las antiguas comisiones de la masonería, pero adaptándolas a los objetivos de los tiempos modernos. Los comités de Anderson trataron los siguientes aspectos:

- Dios y religión
- El magistrado civil, supremo y subordinado
- Logias
- Maestros, vigilantes, compañeros y aprendices
- El manejo del Culto en el trabajo
- Comportamiento

Controversia deísta

Las *Constituciones de Anderson*, aunque históricas para la masonería, no estuvieron exentas de controversia. Los historiadores y eruditos debaten si Anderson propugnó el deísmo —la existencia de Dios o la creencia en un Ser Supremo, pero sin religión revelada—, una creencia de la razón a la "luz de la naturaleza".

El comité en cuestión abordó lo concerniente a Dios y a la religión, como sigue:

Un masón está obligado por su ejercicio a obedecer la ley moral; y si él comprende apropiadamente el Arte, nunca llegará a ser un estúpido ateo o un libertino religioso. Pero, aunque en tiempos antiguos los masones fueron obligados en cada país a seguir la religión imperante en él o en su nación, cualquiera que fuera, ahora se piensa de manera más oportuna que solo se hallan obligados a seguir esa religión en la que todos los hombres están de acuerdo, dejando sus opiniones particulares para sí mismos: esto es, a ser hombres buenos y honestos, hombres de honor y honestidad, pero sin denominaciones o persuasiones que los separen. La masonería se convierte así en el centro de la unión y en el medio de conciliar la verdadera amistad entre las personas que de otro modo permanecerían perpetuamente distanciadas.

Históricamente, los masones estaban acostumbrados a obedecer las reglas y formas de la cristiandad, en particular, las de la Iglesia católica romana. La sugerencia de que todas las demás religiones serían también abrazadas por el Culto debe haber horrorizado a los miembros más tradicionalistas. Las revisiones hechas por Anderson a las comisiones de la masonería parecen reflejar una notable tolerancia hacia la diversidad religiosa de aquellos tiempos. Deliberadamente, fueron tan vagas las referencias a cualquier religión específica, que las *Constituciones de Anderson* abrieron la masonería a cualquier persona que creyera en Dios, independientemente de la fe religiosa que hubiese elegido.

En términos de precisión histórica con respecto a la hermandad, gran parte de lo que Anderson escribió aún se debate intensamente. La segunda edición de estas *Constituciones* amplió la historia de la masonería hacia un territorio no documentado y cuestionable. Aun así, Anderson sigue siendo altamente reverenciado por la fraternidad por haber establecido un parámetro para los principios básicos de las creencias masónicas.

Capítulo 4

Una gran división

Como organización autónoma, con independencia y libertad de pensamiento, sorprendería que el Culto no hubiese sufrido cambios en su larga y variada historia. Muchas de las divisiones en la hermandad se produjeron por diferencias en los rituales. Otras se desencadenaron como reflejo de la inevitable evolución de las sociedades y estructuras sociales. En los cismas, empero, ha habido siempre una constante, el deseo innato de los masones de subsanar las escisiones y seguir adelante como hermanos.

Antigua masonería libre y aceptada

A menudo los términos "masonería antigua" y "masonería aceptada" han sido utilizados por las grandes logias y por las diversas logias que las constituyen para denotar sus lazos históricos recíprocos. El presente capítulo está dedicado a describir la escisión entre la masonería y la masonería inglesa, que resultó en la creación de grandes logias separadas. Puesto que los nombres formales de estas grandes logias son un trabalenguas, es mejor referirse a ellas en términos abreviados y reconocibles, e incluir sus sobrenombres comunes.

La Primera Gran Logia de Inglaterra (los Modernos)

La Gran Logia formada en Inglaterra en 1717 fue la primera gran logia de la historia. Formalmente llamada "Gran Logia de Masones Libres y Aceptados" bajo la Constitución de Inglaterra, llegó a ser designada como la logia de los "Modernos" o Primera Logia, tras el establecimiento de una gran logia rival en 1751. Por razones de claridad, en esta sección se hará referencia a ella designándola como Primera Gran Logia de Inglaterra o los Modernos.

Masones antiguos o Antient

La Gran Logia que se estableció para competir con la Primera Gran Logia de Inglaterra fue denominada formalmente "Gran Logia de Masones Libres y Aceptados de Inglaterra según las Antiguas Instituciones". A esta gran logia se hará aquí referencia por su ya bien establecido sobrenombre: los Antients.

Hecho

Las antiguas logias se extendieron a lo largo y ancho de Escocia e Irlanda, como también en la milicia británica, sobre la que ejercieron una gran influencia. Gracias a los militares la masonería Antient se abrió paso hacia las colonias norteamericanas.

Fisuras en la hermandad

La masonería se hizo popular en Inglaterra desde comienzos del siglo XVIII y rápidamente se extendió por el mundo entero. La primera logia de los Países Bajos se fundó en 1721, seguida por las de España (1728), Polonia (1730), las colonias de Norteamérica (1731), Suiza (1736), Francia (1738), Prusia (1740), Austria (1742), Dinamarca (1743), Noruega (1749) y Suecia (1753).

En 1751 se presentó una importante división, irónicamente en el país de origen. La Primera Gran Logia de Londres y las logias de su jurisdicción habían venido haciendo cambios graduales e innovaciones en su forma de reconocerse y habían ampliado de dos a tres el sistema de grados.

Los cambios se produjeron, según varios historiadores, por una combinación de factores: de un lado, las "revelaciones" publicadas y, del otro, el constante arribo de inmigrantes provenientes de Escocia e Irlanda. A muchos de estos inmigrantes les era difícil encontrar empleo. Algunos fueron lo suficientemente hábiles como para explotar versiones impresas de simbolismos masónicos en un intento por disfrutar de los privilegios que deparaba la fraternidad, sobre todo, el de la ayuda mutua. Tales intentos, exitosos o no, amenazaron las prerrogativas que los masones se otorgaban entre sí. También, es probable que el gran número de inmigrantes masones que solicitaban ayuda ejerciera demasiada presión sobre las logias inglesas.

Lealtad y agitación

Los cambios en los rituales y símbolos de reconocimiento apuntaban a bloquear la participación de inmigrantes masones en las logias locales, y produjeron un enorme resentimiento que se extendió a los países de origen. Como resultado, los masones discriminados establecieron sus propias organizaciones. Además, muchas logias inglesas, simplemente, optaron por no reconocer de ninguna manera a la Primera Gran Logia.

Suele anotarse una causa paralela de carácter tanto filosófico como cultural. En Inglaterra, por su misma naturaleza, la masonería original era revolucionaria y audaz y podría decirse que ayudó a propagar el Siglo de las Luces, que finalmente permeó a toda Europa, desde los plebeyos hasta la nobleza gobernante, sacudiendo las estructuras sociales y políticas de naciones enteras. A través de la masonería, el statu quo estaba siendo ampliamente cuestionado, dados los principios que sugería, según los cuales, la igualdad entre los hombres era un derecho inalienable y alcanzable, y el conocimiento y la autoconciencia eran conceptos aplicables a todos.

Cambios culturales en la masonería

La masonería del siglo XVIII les ofrecía una salida a las emergentes clases medias inglesas en su aspiración a vincularse a la política y al debate abierto. La búsqueda de comprensión filosófica y científica ya no era exclusiva de la jerarquía elitista. La atracción ejercida por esta novedosa y poderosa forma de expresión se extendió rápidamente a todas las clases, y no tardó en alimentar conflictos internos en la masonería misma.

¡Alerta!

Dentro de las fronteras de la logia, los masones no estaban sujetos a ningún régimen coactivo y, de hecho, se convirtieron en ciudadanos con voz. Este cambio tan grande en la conciencia social dejó una marca indeleble en el destino de Inglaterra, Europa y las colonias de Norteamérica.

En efecto, la masonería creció hasta convertirse en un microcosmos de sociedad democrática. Allí donde el individualismo se tenía en la más alta estima, el autogobierno se volvía un principio fundamental. Las leyes, constituciones, simbolismos y rituales estaban todos abiertos al debate y podían alterarse a voluntad mediante la mayoría de los votos.

A medida que se expandían las logias hacia las clases medias y altas, la jerarquía de la Primera Logia de Inglaterra se volvía cada vez más elitista. El trasfondo religioso de la masonería tradicional se hacía más opaco y viraba hacia el deísmo filosófico. En el plano intelectual, la Primera Logia de Inglaterra comenzó a perder buena parte del control y la influencia sobre el hombre común y corriente.

Los Antiguos y los Modernos

La primera en competir con la Primera Logia de Londres fue la "Gran Logia de Masones Libres y Aceptados de Inglaterra, según las Antiguas Instituciones", establecida en 1751. Puesto que este grupo eligió adherir a las antiguas y largamente establecidas contraseñas, costumbres y rituales de la masonería, la Gran Logia de Masones Libres y Aceptados de Inglaterra según las Antiguas Instituciones asumió el sobrenombre de "los Antients" o Antiguos. En contraposición, la Primera Logia de Londres, a pesar de ser mucho más antigua, llegó a conocerse como "los Modernos".

Los Antiguos se presentaban a sí mismos como alternativa tradicional frente a la masonería moderna. Los Antiguos buscaron activamente el respaldo de la nobleza y se volvieron expertos en lanzar una nube antirreligiosa sobre los Modernos, lo que de inmediato despertó enorme atracción entre las clases trabajadoras.

La fisura en la masonería británica continuaría inmodificable durante 60 años. A principios del siglo XIX, hubo acercamientos entre las dos ramas, que en 1813 culminaron con la unión. Se convino en restablecer los modos de reconocimiento previos a la división, aunque el texto se redactó de un modo tan ambiguo que simultáneamente ofrecía elementos a las dos partes.

El arreglo no llegó a estandarizar todos los rituales, lo que permitió que las logias continuaran incorporando sus propias costumbres a escala individual. De la unión nació la Gran Logia Unida de Antiguos Masones de Inglaterra. Actualmente, la logia se conoce formalmente como la Gran Logia Unida de Masones Libres y Aceptados de Inglaterra, e informalmente como Gran Logia Unida de Inglaterra.

El efecto colonial

La división entre Antiguos y Modernos no tuvo gran impacto en las colonias norteamericanas. Aunque las dos ramas ya existían allí, tendían a actuar por separado una de otra. En las colonias se formaron diversas logias también independientes por completo de las grandes logias inglesas. La primera gran logia constituida en las colonias se fundó casi 20 años antes de presentarse la fisura en Inglaterra, pero muy pronto sufriría su propia escisión.

La primera gran logia en las colonias fue establecida en Boston, en 1733, por un inglés de nombre Henry Price, a quien luego se conocería como el padre de la masonería norteamericana. Aunque hay poca información sobre la fecha de nacimiento de Price o sobre su juventud, se sabe que era un comerciante y sastre de éxito que había emigrado al Nuevo Mundo en 1723.

Información esencial

Henry Price fue designado en Londres como gran maestro provincial de Nueva Inglaterra, lo que, de hecho, le dio autoridad para establecer una nueva gran logia en las colonias y para constituir otras según él mismo lo estimara apropiado.

Price se asoció con unos masones de la Primera Gran Logia de Inglaterra que operaban sin carta de constitución, establecidos unos años atrás. Y en 1732 regresó a Londres, con la esperanza de obtener el aval de la Primera Gran Logia para formar en Boston una logia debidamente constituida y presidida por él mismo.

La primera gran logia norteamericana

Ya en Boston, Henry Price organizó de inmediato la nueva Gran Logia Provincial, que recibió el nombre de Gran Logia de San Juan. El mismo día, la Gran Logia de Inglaterra le otorgó escritura de constitución al grupo de masones de Boston, lo que los convirtió en la primera logia oficialmente establecida en las colonias, conocida después como Primera Logia.

La autoridad de Price se amplió hasta cubrir toda Norteamérica, por donde se fundaron decenas de nuevas logias. La de Filadelfia designó en 1743 a Benjamín Franklin como gran maestro. En Boston, además de la Primera Logia, se establecieron otras cuatro.

El desdén alberga rivalidad

Por pura coincidencia, la Primera Gran Logia de Boston siguió una ruta muy similar a la que tomara la Primera Gran Logia de Inglaterra (los Modernos). La membrecía se había vuelto decididamente elitista, y solo se admitía a la próspera clase alta, en buena parte leal a la Corona británica. La clase trabajadora era rechazada. La respuesta de los sectores excluidos fue casi idéntica a la de los Antiguos de Inglaterra privados del derecho de representación.

Pronto formaron su propia logia. Así como los Antiguos de Inglaterra habían cosechado el respaldo de las grandes logias de Irlanda y Escocia, la nueva logia norteamericana solicitó estatuto de constitución ante la Gran Logia de Escocia. Con gran regocijo, esta última la aceptó en 1756, el día de san Andrés, con la sugerencia de que fuera bautizada Logia de San Andrés.

El estatuto para la nueva logia llegó en 1760 y la Logia de San Andrés adquirió carácter oficial.

Hecho

Una de las primeras órdenes de negocio emitidas por la recién creada Logia de San Andrés fue admitir en sus filas a un orfebre platero de 25 años, de nombre Paul Revere.

Se unen los rivales

La Logia de San Andrés se sumó en 1769 a tres logias militares británicas estacionadas cerca de Boston y tramitó con éxito ante la Gran Logia de Escocia la designación de su propio líder, el doctor Joseph Warren, quien se posesionó como gran maestro Provincial de la nueva Gran Logia de Massachusetts el 27 de diciembre de 1769, día de san Juan Evangelista. Según especulaciones no corroboradas, ese día se escogió precisamente para irritar a la rival Gran Logia de San Juan.

Joseph Warren, graduado en Harvard, era uno de los médicos más prominentes de Boston. Su entusiasmo y estatura social le dieron publicidad y éxito a la Gran Logia de Massachusetts durante los cinco años que él actuó como gran maestro.

El revolucionario Joseph Warren

Durante el mismo período, Warren fue uno de los más abiertos críticos de la autoridad británica en Massachusetts. Desarrolló una estrecha relación con John Hancock y con Samuel Adams y publicó diversos artículos, incluyendo el "Suffolk Resolves" ("Suffolk decide"), considerado sedicioso por las autoridades británicas.

Fue Warren quien se ofreció voluntariamente a hablar en la Antigua Iglesia del Sur luego de oír a funcionarios británicos que habían asegurado que quien se atreviera a hacerlo perdería la vida. Y fue también Joseph Warren quien el 18 de abril de 1775 despachó a William Dawes y a Paul Revere a su famoso recorrido. En mayo, Warren fue elegido unánimemente como presidente del Congreso Provincial de Massachusetts.

El 14 de junio de 1775, Warren fue designado segundo brigadier general de las fuerzas militares de Massachusetts. Presidió el Congreso Provincial de Massachusetts el 16 de junio, y, al enterarse del ataque de las tropas británicas a Charlestown, viajó al Bunker Hill para ofrecer sus servicios a las fuerzas patriotas. Los norteamericanos fueron aplastados tras repeler dos asaltos y Warren cayó muerto alcanzado por una bala de mosquete.

Pregunta

¿Qué pasó con el cuerpo del héroe Joseph Warren? Warren fue enterrado por las tropas británicas sin ceremonia alguna en una fosa común, pero su cuerpo fue recuperado meses más tarde por Paul Revere.

Perdura el legado

Joseph Warren fue reemplazado por Joseph Webb, quien desempeñó durante cinco años la posición de gran maestro provincial, hasta ver el fin de las hostilidades entre los Estados Unidos y Gran Bretaña.

En 1782, los miembros de la Logia de San Andrés se dividieron, pues hubo una facción que se negó a mantener su lealtad hacia la Gran Logia de Escocia.

En 1784 se sometió a votación el punto conflictivo. 29 votos escogieron conservar la lealtad a Escocia y 23 prefirieron la independencia. Como la mayoría les retiró la membrecía, los 23 rebeldes conformaron de inmediato una nueva logia bajo la jurisdicción de la Gran Logia de San Juan. El resultado fue una enorme animosidad entre los antiguos miembros de la Logia de San Andrés, la Gran Logia de Massachusetts y la Gran Logia de San Juan.

Finalmente, en 1792, las logias rivales llegaron a un acuerdo diplomático y formaron una sola gran logia, que actualmente se conoce como la Gran Logia de los Masones de Massachusetts. Paul Revere sirvió como gran maestro desde 1794 hasta 1797.

Tantas discordias acabaron provocando una gran confusión en el sistema numérico. Tradicionalmente, las logias constitutivas son números asignados según las fechas de su escritura de constitución. Con 81 logias constitutivas en el momento de la unión, las complicaciones resultaron insalvables. Se optó al final por el pragmatismo. Simplemente, se descartaron los números, y las logias permanecieron sin numerar.

¡Viva la masonería!

La primera logia documentada de manera confiable en Francia se registra alrededor de 1738, con el nombre de Gran Logia Inglesa de Francia. Se desconocen sus orígenes exactos, aun cuando se presume que la masonería fue importada a Francia por ingleses, irlandeses o escoceses hacia 1730. En Francia, convertida en un modelo del Siglo de las Luces, la popularidad de la masonería fue en aumento a partir de 1740. Campeó, no obstante, la confusión, con maestros que gobernaban logias y otorgaban estatutos según les parecía.

La masonería francesa dividida en facciones

La Gran Logia de Francia cambió su nombre en 1772 por el de la Gran Oriental de Francia, y adoptó los estatutos de la Real Orden de la Masonería de Francia. Los masones que no estaban de acuerdo con los cambios, simplemente, se escindían y continuaban como Gran Logia de Francia. Los dos grupos pelearon sin tregua hasta cuando la Revolución francesa clausuró la masonería en 1789. Diez años más tarde se unieron otra vez las dos facciones, y la Gran Logia de Francia se volvió a sumar a la Gran Oriental de Francia.

Bajo Napoleón Bonaparte, la masonería se expandió y su popularidad continuó creciendo. No obstante, las variaciones considerables en los requisitos de membrecía, rituales y filosofía finalmente condujeron a que la masonería francesa se separara de la inglesa y de la norteamericana. Hacia 1870, Inglaterra rompió sus lazos con la Gran Oriental de Francia para permitir que los ateos pudieran ingresar a la masonería y suavizar las relaciones con el Gran Arquitecto. A casi todos los niveles, las logias francesas habían recibido autonomía completa con respecto a la inclusión de simbolismos religiosos en sus rituales.

Hecho

A los ojos de los ingleses, la masonería francesa había llevado el Culto a extremos insostenibles. Esa visión se mantiene hasta nuestros días.

Masonería francesa moderna

Hoy, casi la mitad de los masones operan en Francia bajo diversas jurisdicciones. La Gran Oriental de Francia es la más numerosa, con cerca de 44 000 miembros. La segunda es la Gran Logia de Francia, con aproximadamente 30 000 integrantes. La tercera es la Gran Logia Nacional de Francia, con un número estimado de 20 000 adeptos. La Gran Logia Nacional de Francia es actualmente la única gran logia reconocida por las grandes logias en los Estados Unidos.

Capítulo 5
Solo para miembros

Quizá los aspectos más incomprendidos de la masonería sean los grados que los miembros obtienen, como también los rituales y ceremonias asociados. En realidad, no hay nada misterioso sobre los rituales masónicos. Quien se esfuerce por comprenderlos dentro del contexto hallará que se trata de un estudio fascinante, pleno de alegorías y simbolismos. Los tres grados del antiguo Culto masónico son los fundamentos de la organización con los que se lanza al iniciado al viaje por el Culto.

¿Qué caracteriza a un masón?

Cuando a una hermandad le estampan el término agorero de "sociedad secreta", no dejarán de preguntarse algunos cómo hace una persona para ingresar a la masonería. ¿Fue nominada? ¿Sobornada? ¿Tuvo que entregar a su primogénito o venderle el alma al diablo? O, sin tanto misterio, quienes solicitan el ingreso a la fraternidad, ¿simplemente desean mejorar su propio conocimiento espiritual y hacer un aporte a su propio bienestar personal y al de la comunidad?

Hay diversos factores que entran en juego cuando una persona presenta su solicitud a la hermandad, pero realmente no hay nada secreto ni siniestro en ello. Cientos de organizaciones exigen que las personas califiquen para obtener la membrecía y que observen ciertas normas y regulaciones una vez han sido inducidos. La masonería es una de ellas.

Separando a los hombres de los chicos

Debe aclararse que las normas y regulaciones para la admisión a la fraternidad varían en cada una de las jurisdicciones masónicas. Un error muy generalizado es creer que la organización recluta personal. Es todo lo contrario. Las reglas varían, y, por tanto, es posible que algunas jurisdicciones exijan que un miembro potencial sea altamente recomendado, pero, en general, a las personas no se les pide que ingresen. Son ellas más bien las que deciden unirse *motu proprio* a una logia. La mejor forma de comprobarlo es preguntándoselo a un masón.

Información esencial

A menudo, la gente se deja confundir por el término "logia". El edificio en el que se reúnen los masones se llama logia. Como grupo, también se llaman logia. El término "Logia Azul" hace referencia a muchas logias en los Estados Unidos, cuyo techo se pinta de azul.

Hay diversos requisitos de carácter moral, espiritual y físico que deben llenarse para poder unirse a la masonería. Las directrices morales hacen referencia a los ideales de la sociedad. Las de carácter físico son viables en la medida en que cada individuo debe ser responsable de sus propias acciones y pueda tomar decisiones con respecto a su vida. Las espirituales sirven para realzar la estructura de la hermandad, tolerante con todas las religiones que profesen sus miembros.

Los requisitos para hacerse masón son:

- El hombre interesado en hacerse masón debe solicitarlo a la organización por su propio libre albedrío.
- Las personas deben profesar una creencia en un Ser Supremo y en la inmortalidad del alma.
- Las personas deben estar en pleno uso de sus facultades mentales y físicas y ser de buena moral.
- Deben ser hombres y de determinada edad. Esto varía entre las jurisdicciones, pero, en general, la edad mínima en cualquier sitio varía entre los 18 y los 25 años.
- Los hombres deben haber "nacido libres", no siervos ni esclavos. Naturalmente, este requisito ya no es necesario en el mundo moderno.

Uno de los errores más generalizados sobre el Culto es que se trata de una religión. Ciertamente, la masonería no es una religión y no hay ninguna deidad o Ser Supremo en particular al que los miembros estén obligados a venerar. Los miembros pueden adherir a la religión que cada uno elija. La hermandad acepta todas las teologías y creencias, aparte de las ateas, aun cuando en algunas jurisdicciones y países hasta a los ateos se les permite el ingreso.

Aprobación e inducción

Cuando un hombre solicita el ingreso, la logia masónica primero lo investiga y luego la membrecía vota su admisión empleando balotas secretas. Esta histórica costumbre, conocida como la "ordalía de la balota secreta", se cumple utilizando cubos negros y blancos (en algunos casos, bolas). Los miembros depositan el voto seleccionando uno de los cubos. Aunque las reglas de votación pueden variar ligeramente dependiendo de la jurisdicción, para que un masón potencial pueda ingresar a la hermandad debe recibir una votación unánime.

¡Alerta!

Algunas logias o jurisdicciones permiten que, así el candidato haya recibido votos negativos, sea inducido en la orden masónica.

La fraternidad masónica se enorgullece de admitir miembros de todas las actividades de la vida y de cualquier fe religiosa. Una vez aceptado en el

Culto, el miembro comienza su viaje a través del primero de los grados de la masonería, también llamada Masonería del Antiguo Culto.

Grados de masonería

Hay varios grados o niveles principales a los que un miembro puede ascender. El primero es el de Aprendiz Ingresado, el segundo el de Compañero de Culto, y el tercero el de Maestro Masón. Cualquier miembro puede completar los tres grados en una de las dos ramas de la masonería y continuar ascendiendo en el Rito Escocés o en el de York. Quien suele ser llamado masón es la persona que ha alcanzado los tres grados. Los grados de la masonería son similares a una escalera. En cada escalón, la persona asciende a un nivel más alto de educación e ilustración espiritual.

Una vez aceptado, el individuo toma parte en una ceremonia de iniciación y comienza su recorrido fraternal en calidad de Aprendiz Ingresado. Cada grado está diseñado para ilustrar al iniciado mediante la utilización de alegorías, rituales y símbolos, la mayoría concebidos por los masones operativos y acompañados con las herramientas del oficio, pero ya muy evolucionados.

Se dice que los tres grados son el rito de paso en que se celebran juventud, hombría y edad madura. Durante el primer grado, el miembro nace a la hermandad y comienza el proceso de aprendizaje. Durante el segundo, adquiere mayor ilustración en cuanto a las formas del Culto. Y durante el tercero, aquilata su valor moral y sus virtudes.

Los tres grados suelen también ser descritos como cuerpo, mente y alma. El primer grado gira alrededor del cuerpo, puesto que guarda relación con un mundo pleno de actividad y mide la habilidad del hombre para afinar su relación con el entorno. En el segundo grado se busca el perfeccionamiento de la mente a través de las humanidades y la ciencia. En el tercero se procura la perfección del alma como resultado de la comprensión de los misterios del Culto.

Información esencial

Se dice que un miembro potencial de la fraternidad es aquel que está preparado desde su corazón. Ingresa a la hermandad con el fin de descubrir la "luz" o el conocimiento.

Aprendiz Ingresado

El Aprendiz Ingresado es el primer grado de la masonería, y en muchos aspectos simboliza el nacimiento espiritual del individuo a la fraternidad. En esta fase, la persona comienza su búsqueda de la "luz" o el conocimiento. Es un grado preliminar que sirve de preparación para el segundo y el tercero, que elevarán su nivel de educación, comprensión e ilustración fraternales.

Para obtener cada grado, el miembro debe participar en un ritual simbólico antes de continuar hacia el siguiente. Se comienza con una catequesis de iniciado, por el método de preguntas y exámenes. Se acostumbra que el nuevo miembro trabaje con uno antiguo que lo ayude en la memorización de las preguntas y respuestas relacionadas con el grado. Una vez finaliza la catequesis, el iniciado puede pasar al siguiente grado.

Cada uno de los grados atesora un acervo de simbolismos. Los diversos símbolos o herramientas de trabajo representan la moral y la fuerza necesarias para construir y reconstruir la naturaleza de la humanidad. Filosóficamente, las herramientas, por su misma naturaleza, apuntan a mostrar que es factible el trabajo bien encaminado y gratificante si se cuenta con una guía apropiada. Las herramientas de trabajo del grado de Aprendiz Ingresado son el mazo (herramienta de fuerza) y el calibrador de 24 pulgadas (herramienta de cálculo y medición).

Como aprendiz, el individuo es introducido a la logia y a la estructura interna de la fraternidad. Las lecciones que aprende comienzan con el rito de iniciación. El aprendiz deberá estar preparado para embarcarse en un viaje personal de realización educativa y espiritual. Una vez listo el individuo para aceptar su viaje, procederá el camino hacia el segundo grado, el de compañero.

Hecho

En las logias masónicas del mundo entero, el Aprendiz Ingresado es el primer grado. En alemán se le denomina *Lehrling*; en francés, *apprentiz*; en español, *aprendiz*; y en italiano, *apprendente*. En todos los casos la palabra aprendiz encuentra su etimología en "aprender".

Compañero de Culto

Quienes obtienen el segundo grado de masonería, conocidos como Compañeros de Culto, están ingresando simbólicamente a la fase adulta. En esta etapa, los miembros buscan conocer las herramientas espirituales necesarias para desarrollar su carácter y mejorar la sociedad. El simbolismo del segundo grado difiere del primero en que el individuo se acerca más a la ciencia. Las alegorías y símbolos sirven para incrementar todavía más la destreza intelectual y la capacidad de razonamiento.

El grado de Compañero de Culto simboliza la vida y el surgimiento a la edad adulta. De conformidad con esta educación fraternal progresiva, al iniciado se le ayuda a profundizar en la historia del Culto y en el legado de la masonería operativa desde los tiempos bíblicos hasta los medievales. Durante este período simbólico de hombría, el Compañero de Culto empieza a utilizar las lecciones asimiladas como Aprendiz Ingresado para ampliar sus horizontes.

Información esencial

El símbolo primario asociado al masón Compañero de Culto es una escalera curva, que se utiliza para ascender a nuevas alturas espirituales. También se le introduce a los pilares y a la letra G, que guarda una especial importancia para la hermandad.

Maestro Masón

Es creencia común en toda la fraternidad que no se concede un grado más alto que el de Maestro Masón. Los grados que se obtienen más allá del de maestro en alguno de los organismos concordantes, como los Ritos de York y Escocés suelen considerarse educativos y simbólicos.

El Maestro Masón está ligado simbólicamente al alma y a su propia naturaleza interna y sistema de creencias. Su crecimiento espiritual y físico se intensifica al alcanzar este grado, a medida que sube por la escalera de la edad adulta en un esfuerzo por conocer más sobre la Verdad Divina. El grado está ricamente cargado de alegorías y simbolismos que datan de la época de la construcción del Templo de Salomón, y los ritos asociados se toman muy en serio en las enseñanzas espirituales y educativas de un hermano más antiguo.

Grados adicionales

Una vez que una persona ha culminado sus primeros tres grados y se ha convertido en Maestro Masón, queda en libertad de continuar la educación vinculándose al Rito Escocés o al de York. El Rito Escocés consta de 32 grados y un grado honorario, el 33, que únicamente se obtiene por invitación. Lo confiere el Consejo Supremo.

En el Rito de York destacan tres organismos masónicos adicionales —la Masonería del Arco Real, la Masonería Críptica y los Caballeros Templarios—, que confieren grados dentro de sus rangos. Los maestros masones también tienen la opción de unirse a uno de los grupos sociales de la masonería, tales como los Santuarios, de los que se habla detalladamente en el capítulo 19.

Rituales masónicos

Los ritos masónicos son ceremonias serias, dignas, ricas en alegorías y simbolismos. La masonería no es una religión. No obstante, sus rituales se realizan con el mismo respeto con el que uno asiste a las ceremonias y ritos asociados a las diversas iglesias y religiones. Cada alegoría, símbolo o leyenda utilizados en los rituales masónicos y las ceremonias gozan de un significado especial dentro de la hermandad. Algunos símbolos, como el delantal o el mazo, podrían parecer fuera de contexto, pero el significado es altamente simbólico para la masonería antigua: son las herramientas del oficio.

Cuando un miembro es iniciado en la hermandad, ingresa a un mundo repleto de rituales, alegorías, simbolismos e historia. A medida que avanza en los tres grados principales de la masonería aumentan su conocimiento e ilustración según sus más altos saltos. Los ritos de iniciación requieren preparación, incluidas las diversas catequesis que los individuos deben memorizar con atención.

¡Alerta!

El inglés Samuel Prichard fue el primer no masón en exponer al público los rituales masónicos supuestamente secretos. En 1730 imprimió el *Análisis de la masonería*. Hasta entonces, los rituales masónicos habían sido memorizados y pasados de unos a otros dentro de la hermandad por comunicación oral. Irónicamente, muchos masones compraron el libro con el fin de estudiar sus propios rituales.

La iniciación de un candidato al Culto es altamente significativa. El rito de soporte significa su promesa seria, sincera y sentida de permitir que se le enseñe, de aprender de aquellos a quienes enseña y, en últimas, de llevar una vida mejor como resultado de tales enseñanzas. A los iniciados se les estimula a poner mayor atención a los procedimientos ceremoniales, pues en cada grado la alegoría y el simbolismo van ayudando a profundizar en la historia de la masonería.

Iniciación del primer grado: Aprendiz Ingresado

El rito de iniciación del Aprendiz Ingresado, llamado el rito de la destitución, está repleto de simbolismos y misterio, pero es solo una insinuación de lo que ha de venir en el transcurso de la carrera de un masón. Para empezar, el iniciado está "debida y verdaderamente" preparado, lo que significa que deberá usar las vestimentas que la logia le suministre. Lo anterior simboliza la sinceridad del iniciado al unirse a la hermandad, enfocada en su presencia como hombre y no en el honor y la riqueza personal.

Uno de los principios de la masonería es la caridad. Al despojar simbólicamente a un hombre de su riqueza o su deseo de riqueza, un iniciado aprende lo que es enfrentar una verdadera necesidad. Este ritual, según se afirma, le abre los ojos al iniciado sobre la obligación que tiene uno de ayudar a la humanidad con el fin de sacarla de sus dificultades y contribuir a recuperar su dignidad.

El rito mismo de la destitución es interesante y guarda relación con los tiempos antiguos y con ciertas características planetarias. Se dice que, hace mucho, esos hombres adhirieron a la creencia de que el alma era descendiente de organismos planetarios con cualidades específicas de cada esfera. Cada uno de los atributos planetarios iba asociado a un tipo de metal, por lo que los iniciados se liberaban de todos los metales antes de las ceremonias, de tal manera que las influencias planetarias perturbadoras no contaminaran el ritual. En tiempos modernos, el rito apunta más a despojarse, en cierto sentido, de la imagen propia, dejando a un lado cualquier prejuicio o visión ajena a la logia para así retener la armonía fraterna.

¿Capuchones y sogas?

Parte de los ritos de iniciación en los diversos grados comprenden un hacer creer, de ahí los ojos vendados o el capuchón, y un cable de remolque, una cuerda utilizada para arrastrar o remolcar. Si uno mira el ritual desde afuera, el uso de estos objetos podría evocar imágenes de violencia o colgamiento, pero ese no es el caso. El cable de remolque es también una medida de distancia, y une simbólicamente a cada masón con todos sus hermanos. El lazo es tan fuerte y resistente como el masón mismo y como las habilidades personales que él aporta a la hermandad.

Estar encapuchado representa el velo de silencio y confidencialidad que rodea los misterios de la hermandad (véase Información esencial, p. 171). También se supone que simboliza la ignorancia u "oscuridad mítica" de un miembro no iniciado.

El capuchón permanece simbólicamente en su sitio hasta cuando el iniciado se muestre preparado para abarcar la "luz" o el conocimiento que está a punto de serle impartido. Estar vendado o encapuchado también permite al iniciado enfocarse totalmente, sin distracción alguna, en las palabras ceremoniales que se estén pronunciando.

El cable de remolque encierra varios significados simbólicos. Uno es el cordón umbilical, factor necesario para el comienzo de la vida, que se separa del útero materno al momento del nacimiento, pero con potencial para amar y crecer. El cable de remolque también es visto como símbolo de aceptación —completa y voluntaria— por parte del iniciado, quien promete solemnemente cumplir con lo que la fraternidad haya planeado para él.

El ingreso a la luz

Una vez el iniciado ha sido "debidamente" vestido y encapuchado, se le introduce a la logia mediante un cable de remolque. Ingresar a la sala de esta forma, permite que el iniciado deje simbólicamente tras de sí la oscuridad y miseria del mundo y que se funda en un cálido abrazo al calor de la luz. Los ritos de iniciación son altamente confidenciales, y entre los miembros se toman muy en serio. La estructura del rito busca el propósito de reforzar en el iniciado la idea de que las acciones tienen consecuencias y que la virtud es esencial en el ingreso a la fraternidad y a los misterios que la rodean.

Pregunta

¿Es este ritual algún tipo de aturdimiento? Resulta comprensible que capuchones y sogas en recintos cerrados resulten desconcertantes para quienes no están familiarizados con la masonería, pero son altamente simbólicos para la organización y de ninguna manera dañinos para nadie. Los individuos ingresan a la hermandad por su propio y libre albedrío.

Las reuniones de logia siempre comienzan y terminan con una oración pronunciada por un capellán o maestro de la logia. Debido a que la masonería prohíbe discutir de religión o de política, la oración es universal. Simplemente le rinde homenaje a una deidad, y lo típico es que termine con la frase "que así pueda ser" o "que así suceda por siempre".

Suele haber un objeto o punto central (un altar) dentro de la logia, alrededor del cual debe caminar el iniciado. Esta antigua práctica de circunvalación tiene por objeto demostrar que el iniciado está preparado para emprender su viaje.

Caminar en la dirección de las manecillas del reloj alrededor de un objeto imita la trayectoria del Sol —de oriente a occidente camino hacia el sur—, según se observa desde la Tierra.

Los altares simbolizan la fe y la veneración. Al rodear el altar en presencia de los hermanos compañeros, el iniciado se ofrece a sí mismo a la humanidad y al Arquitecto Supremo del Universo. Se dice que la sabiduría del maestro viaja hacia el altar desde su posición en el oriente.

Información esencial

Es importante que el iniciado comprenda que la masonería, y las verdades que ella le enseña, no son secretas. Lo que es secreto es la forma en que el Culto enseña tales verdades.

Obligaciones con la hermandad

Práctica cardinal del grado de Aprendiz Ingresado es el rito de la obligación, que liga al iniciado a la hermandad y a sus deberes con el Culto durante el resto de su vida. Con el compromiso, les demuestra a los hermanos que sus intenciones son sinceras.

El rito sirve, asimismo, para proteger a la hermandad contra la revelación por parte de los miembros del simbolismo instructivo o de las formas de reconocimiento.

Los derechos del Aprendiz Ingresado son limitados. Una vez culmina su iniciación, obtiene el conocimiento de las formas secretas de reconocimiento y tiene derecho a un funeral masónico, pero no se le permite votar en procedimientos de la logia ni convertirse en oficial. Únicamente, cuando llega a dominar el primer grado puede ascender al segundo.

La Santa Biblia, la escuadra y el compás

Forman parte integral del rito de iniciación las Tres Grandes Luces de la Masonería. El volumen de la Ley Sagrada, la escuadra y el compás, que expresan el reconocimiento de la relación entre el hombre y la deidad, son la otra trinidad sagrada de la masonería, similar en interpretación a la de los tres grados. Se afirma que cada gran luz es una guía principal de la naturaleza. La escuadra simboliza el cuerpo, el compás la mente y la ley sagrada el alma.

La primera de las luces es el volumen de la Ley Sagrada, que hace alusión a diferentes textos sagrados, dependiendo de la logia y del área o país. En los Estados Unidos, dicho volumen suele ser la Biblia, pero durante la ceremonia de iniciación, a los iniciados se les da opción de tener en el altar el texto sagrado que ellos elijan. El libro se coloca sobre el altar y se abre, lo que es muy significativo, puesto que funciona como guía hacia la fe y la aceptación de la relación del hombre y la deidad.

Hecho

La escuadra de la masonería es pequeña y sencilla, con lados de medidas iguales. Representa la "escuadra de prueba", que se utilizaba para probar ángulos y medir la precisión al cortar la piedra.

La escuadra y el compás son los símbolos más reconocibles en la masonería, y su evolución es evidente en muchos trabajos antiguos (véase el capítulo 14). La escuadra significa la Tierra, y el compás simboliza un "arco del cielo". Esta relación entre el cielo y la Tierra, a menudo se muestra conjuntamente con la ley sagrada como una representación del Dios celestial y de las creaciones terrenales. Los masones tienen en alta estima las Tres Grandes Luces como símbolos fuertemente ligados a la revelación, lo justo y la redención.

La primera piedra

En el oficio de la albañilería, la esquina nororiental reviste una importancia especial, como si marcara el punto donde se coloca la primera piedra o piedra angular de una edificación. Simbólicamente, el Aprendiz Ingresado toma su lugar durante la ceremonia en la esquina nororiental del recinto, para significar que desde ese punto construirá su propio templo, según los principios de la hermandad.

Hay diversas interpretaciones del papel que desempeña la posición nororiental del aprendiz. En la masonería, el norte representa la oscuridad y el oriente la luz, lo que hace de la esquina nororiental el punto medio entre las dos. También se dice que esta dicotomía luz-oscuridad refleja el equilibrio entre la noche y el día durante el equinoccio de primavera.

Toques finales

Durante el rito de iniciación, el líder de una logia o maestro venerable lee al hermano un texto que explica las fases del ritual en que ha tomado parte.

El propósito es ayudarle a comprender las lecciones que se le dan en el Culto, así como introducirlo en las cuatro virtudes cardinales de templanza, fortaleza, prudencia y justicia. Además, se le habla del amor fraternal, de la ayuda mutua, de la verdad y del trío de principios a ellos asociados.

Pregunta

¿Discuten los masones temas de religión y de política durante sus reuniones? Religión y política son asuntos cuya discusión no se permite dentro de la logia. Todos los hermanos tienen derecho a profesar sus opiniones, pero el objetivo es que en la logia todos los miembros mantengan puntos en común.

Al cierre de la ceremonia de iniciación, al nuevo hermano se le entrega una "orden" que explica sus deberes masónicos en relación con el grado que acaba de alcanzar. Entonces comienzan a hacerse una serie de preguntas y respuestas denominadas nivel de competencia, las cuales debe él memorizar antes de poder ascender al siguiente grado.

El propósito del nivel de competencia es enseñarle al iniciado el lenguaje de la hermandad y la estructura de su grado, ayudarle a distinguir entre sus obligaciones y exponerle la forma como la tradición considera su grado. Busca, además, establecer contacto con un miembro actual de la hermandad.

Una vez que un Aprendiz Ingresado completa la iniciación, recibe un delantal blanco de piel de oveja como marca de distinción. Para el nuevo aprendiz es una insignia, símbolo de la inocencia del pensamiento puro, como también de la obediencia y buena voluntad hacia esta nueva hermandad. Nace entonces un aprendiz que da sus primeros pasos espirituales para ingresar a la luz.

Cuando busque el segundo grado, asciende por la escalera e ingresa a la edad adulta de la fraternidad.

Iniciación del segundo grado: Compañero de Culto

El segundo grado, el de Compañero de Culto, marca un ascenso espiritual hacia la edad adulta en el Culto. Igual que el de Aprendiz Ingresado, el grado de Compañero de Culto es altamente simbólico, pero de una forma tal que ilumina, abriendo el paso hacia el siguiente grado. También ofrece instrucción y elevación hacia "el oriente".

El segundo grado hace referencia al avance, a las nuevas responsabilidades y al uso de las Tres Grandes Luces para estrechar los vínculos entre el individuo y la hermandad.

El símbolo fundamental del segundo grado, una escalera curva, lleva a la "cámara media del templo". Los siete pasos significan las ciencias y las siete artes liberales o humanidades. Otros símbolos, como escaleras corrientes o de mano, montañas y sogas verticales, representan también el ascenso del individuo.

Los iniciados como Compañeros de Culto reciben beneficios adicionales (paga representada simbólicamente por maíz, vino y aceite), y herramientas de trabajo (la escuadra, el nivel y la plomada), que se convierten en instrumentos de prueba con el fin de asegurar qué es cierto y qué es falso.

¡Alerta!

El número tres es reverenciado en la masonería, ya que guarda relación con los grupos, la ciencia, la historia y, especialmente, la geometría. Se introduce en el segundo grado y, como la mayoría de los símbolos masónicos, entraña significados profundos, más allá de lo puramente obvio.

El Aprendiz Ingresado se enfoca simbólicamente en el cuerpo, mientras que el Compañero de Culto se concentra en la mente y en la perfección de las facultades a través del arte y la ciencia. Las enseñanzas en este grado son profundas, pues permiten el ingreso de los iniciados a nuevas áreas de la hermandad y lo educan en los simbolismos correspondientes al Compañero de Culto.

La escuadra, el nivel y la plomada

Al aprendiz se le informa que la escuadra simboliza la Tierra. Se usa para probar ángulos, es plana y sus lados tienen medidas iguales. Quiere decir honestidad, moral y sinceridad. Lo obliga a uno a seguir el camino correcto.

Por su misma naturaleza, el nivel simboliza el equilibrio espiritual y la igualdad. Con él se busca demostrar que, aunque todos los hombres no pisen el mismo terreno, cada uno tiene la oportunidad de alcanzar la grandeza. La plomada representa rectitud o verticalidad de conducta. Guarda relación con la justicia y hace alusión a que ninguna persona debería ser juzgada según los estándares de otros, sino solo por su sentido de lo que es correcto o equivocado.

Los pilares de Salomón

Otros símbolos importantes que se inculcan a los iniciados al culto de compañero son los pilares sobre el porche, vinculados históricamente al Templo de Salomón, que representan poder y control. Fueron emplazados en la entrada al templo y se especula que los globos encima de las columnas representan alternativamente lo celestial (cielo) y lo terrenal (Tierra), respectivamente.

Hecho

Los dos pilares a la entrada del Templo de Salomón tienen nombres. El de la izquierda se llama Boaz y el de la derecha Jachin.

Se dice que los pilares tienen también relación con los tres grandes soportes de la masonería. La sabiduría (el sur) y la fortaleza (el norte) denotan el par de columnas principales, y el compañero artesano, al iniciarse, el tercer soporte, que simboliza el equilibrio o la belleza.

Un paso a la vez

La escalera curva es el símbolo fundamental del segundo grado. Se dice que, como tal, en el siglo XVIII los masones lo adoptaron a partir del Libro I de los Reyes, que hace referencia a la cámara intermedia.

Mientras el Aprendiz Ingresado es apenas un niño dentro del Culto, el compañero artesano comienza su vida de hombre adulto al pararse frente a la escalera curva y al pasar a través de los pilares en el porche y comenzar el ascenso por las escaleras en su suprema búsqueda de la Verdad Divina, a la que todo masón aspira. El compañero se esfuerza por mejorar con cada paso, tomando atenta nota de los símbolos que lo rodean e intentando aprender al máximo en su viaje por la vida.

Un carácter enaltecido y el ascenso hacia una vida superior es la compensación por culminar exitosamente esta búsqueda moral. Es un paso difícil, que logra superarse con mucha instrucción y sabiduría.

Información esencial

La escalera curva también se utiliza como símbolo en uno de los grados del Rito Escocés, donde se conoce como *cocleus* o escalera en espiral.

El número de pasos que comprende la escalera curva ha sido debatido a lo largo de los años, pero la creencia común es que contiene siete escalones, que corresponden a las antiguas "siete artes liberales y ciencias". Se dice que otra posible fuente de fe, esperanza y caridad, triada de virtudes teologales, es una escalera celestial de mano. Combinada con las cuatro virtudes cardinales del primer grado, comprende siete pasos.

Se considera que las cuatro virtudes cardinales de templanza, fortaleza, prudencia y justicia son virtudes terrenales y, por tanto, horizontales. Las virtudes de fe, esperanza y caridad, que son simbolizadas por las escaleras, representan el ascenso hacia la luz, y son verticales.

Siete pasos instructivos

En el año 330 fueron formuladas las siete artes liberales y las ciencias, que los eruditos cristianos adoptaron en Francia en el siglo XII. Se dice que el estudio de ellas fue un "medio para el conocimiento de Dios".

Las siete artes liberales y ciencias son:

- Gramática: el arte de escribir y hablar correctamente.
- Lógica: el arte y la ciencia de pensar apropiadamente.
- Retórica: el arte de usar el lenguaje para lograr impresiones específicas en los demás.
- Aritmética: la ciencia de los números.
- Geometría: la ciencia y el arte de la abstracción.
- Astronomía: la ciencia de la metafísica y lo celestial.
- Música: el arte y la ciencia de la armonía a partir de las matemáticas.

Estas siete disciplinas, que educan al ser humano en la comprensión del Ser Supremo, se hallan profundamente arraigadas en el Culto, y cada una es vista como igualmente importante. Entre los iniciados Compañeros de Culto se requiere un buen nivel de competencia en cada uno de los siete pasos, para que a medida que los salvan para llegar a otras puertas de la cámara media mejoren su camino hacia la ilustración.

Como recompensa por el ascenso de los siete pasos, el iniciado se gana un sueldo simbólico en maíz, vino y aceite, que representan la riqueza mental y espiritual. El maíz representa la nutrición o resurrección, el vino la salud y el frescor o "embriaguez divina" y el aceite el gozo y la felicidad de la consagración. Todos juntos constituyen la vida plena.

¿Dios o geometría?

Los iniciados al segundo grado son introducidos a uno de los símbolos más prominentes de la masonería, la letra G. No hay explicación definitiva sobre su verdadero significado, pero se cree que al principio representó la geometría y después evolucionó hasta simbolizar a Dios *(God)*. También ha sido interpretada como Gran Arquitecto o Gran Arquitecto del Universo. Dios y geometría son simétricos y equiparables en el Culto. Son dos figuras prominentes, por lo que la G sigue siendo un símbolo poderoso.

Hecho

Tanto la letra G como el número tres son símbolos importantes para los masones. En los alfabetos hebreo y griego, en los que a las letras se les asignan valores numéricos, la letra G es igual al número tres.

El compañero artesano comienza con la geometría en sus estudios de las siete artes liberales y ciencias, pero, en esa ciencia en particular, sus investigaciones deben profundizarse. Como la geometría está fuertemente afianzada en el oficio de la masonería, no resulta extraño que la simbología de la masonería le reconozca su importancia. Los orígenes matemáticos y metafísicos, que se remontan a la Antigüedad egipcia y griega, le ofrecen al iniciado una enorme cantidad de información para meditar y sacar sus propias conclusiones. Todos los principios combinados de numeración, orden, proporción y simetría son parte de la geometría, y eso hace de la ciencia una herramienta poderosa que se revela aún más a quienes quieren proseguir hacia el tercer grado.

Iniciación del tercer grado: Maestro Masón

A un iniciado que ingresa al tercer grado se le conferirá el misterio central de la masonería, que hace referencia al alma y al arribo a la perfección. Comúnmente llamada la "corona de la Logia Masónica Azul", el grado de Maestro Masón es la culminación de todas las enseñanzas que un individuo haya absorbido durante los dos primeros grados y un paso más hacia el logro de la ilustración fraternal. Quienes culminan el tercer grado tienen también derecho a un funeral masónico, así como a los derechos de ayuda mutua (caridad) y visita (a otras logias).

Por su tenacidad en lograr los dos primeros grados, al Maestro Masón se le recompensa con la autorización para usar todas las herramientas de trabajo del oficio. La paleta, en particular, cobra un significado especial para el maestro, pues simboliza la propagación del "amor fraternal". El tercer grado suele ser caracterizado como el "clímax sublime de la masonería simbólica". En conformidad, al iniciado se le eleva al grado sublime de Maestro Masón. Una vez ascendido, un hermano puede permanecer en este nivel o continuar sus estudios del Culto uniéndose a uno de sus organismos apéndices.

Se dice que en esta etapa de evolución de la hermandad, el individuo habrá aprendido a equilibrar su naturaleza interna, robustecido su estabilidad emocional, purificado su físico y ampliado sus facultades mentales. No obstante ser mundos separados, el comienzo del rito de iniciación del Maestro Masón es similar al de los grados anteriores. Ingresa a la logia en la oscuridad, pero mediante el rito de maestro está totalmente preparado para ingresar a territorio sagrado. Afortunadamente, se le entregan las herramientas para hacerlo.

Drama en la Antigüedad

Es fundamental para el rito de iniciación del Maestro Masón una promulgación dramática que coloca simbólicamente en la vanguardia el Templo de Salomón y la leyenda de Hiram Abiff. A menudo se mencionan en los rituales de la hermandad los tres grandes maestros que ayudaron a construir el Templo de Salomón. El primero de ellos es Salomón, rey de Israel; el segundo su amigo, el rey de Tiro; y el tercero el arquitecto y Maestro Masón Hiram Abiff, a quien el rey de Tiro envió a ayudar a construir la monumental obra. Estos tres grandes maestros sirven para representar la Verdad Divina que todos los hermanos luchan por alcanzar.

Información esencial

Se dice que Hiram Abiff era visto como el padre de los trabajadores que construyeron el Templo de Salomón. Una traducción del nombre de Abiff es "su padre", así que a menudo se hace referencia a él como a "Hiram, mi padre".

Durante esta promulgación, el maestro iniciado desempeña el papel de Hiram Abiff, un hombre con un significado místico y altamente simbólico dentro del Culto. La muerte de Hiram, a manos de tres rufianes que buscaban obtener la Verdad Divina, representa simbólicamente la ignorancia, la pasión y la actitud violenta del hombre, lacras que él busca superar. El crimen de Hiram y el hecho de haberse llevado este los secretos divinos a la tumba dejaron un vacío en la búsqueda de la ilustración suprema. Sin embargo, su resurrección en cada rito es una alegoría que denota la victoria final y la inmortalidad. Los lazos masónicos con la Verdad Divina son fuertes, y la participación de un iniciado en este drama sirve para reforzar una de las creencias fundamentales de la hermandad.

Símbolos del Maestro Masón

Al igual que los dos ritos de iniciación mencionados, la ceremonia del Maestro Masón está envuelta en simbolismos. Con tan rico legado histórico, el maestro aprende los profundos significados de los símbolos y cómo aplicarlos en su viaje espiritual hacia el Culto. El mazo, el calibrador de 24 pulgadas y el escoplo son parte de las herramientas de trabajo del maestro. Se utiliza, además, un ramito de acacia como antiguo símbolo de renacimiento.

Los emblemas introducidos durante los ritos del maestro encierran innumerables significados. La vasija de incienso indica la pureza de corazón, la oración y la meditación. La colmena es representativa de la industria y de la necesidad de trabajar constantemente por el bien de la humanidad, y el *Libro de las constituciones* sirve para recordarles a los iniciados la importancia de la ley y la moralidad. También son parte del rito la "espada que apunta a un corazón desnudo", que señala la necesidad de justicia en el corazón y en los hechos. El ojo que todo lo ve también es evidente, pues refuerza la presencia de Dios.

El problema 47 de Euclides es un símbolo con raíces en la leyenda egipcia. Es una triada que vincula a Osiris (la vertical) con Isis (la horizontal) y Horus (la diagonal).

Tres símbolos destacan, además, en el ritual del Maestro Masón. El ancla y el arca enfocan el bienestar y la estabilidad de una vida sincera y leal. El reloj de arena simboliza el tiempo y cuán rápidamente pasa la vida, como también lo hace la guadaña, que corta el hilo de la vida y presenta al hombre ante la eternidad.

Capítulo 6

Estructura de la hermandad

Para los masones, la logia es un sitio mágico. Ofrece un refugio seguro en medio de hermanos de confianza, unidos entre sí por metas e intereses comunes en su empeño por hacer del mundo un lugar mejor. Los trabajos de una logia y de una gran logia son similares en la mayoría de las organizaciones. Tienen funcionarios permanentes, cumplen deberes definidos y llevan a cabo reuniones de una manera característica. Pero lo fascinante son el simbolismo y la tradición de la logia, desde el cuidado que se da a la dirección hasta cómo usa cada una el color azul.

Definición de logia

A menudo, el término "logia" confunde a quienes no están familiarizados con la masonería. El significado de la palabra presenta dos aspectos, puesto que se refiere a un grupo de masones o a las instalaciones donde estos se reúnen, con frecuencia conocidas como templos, para rendir homenaje a la construcción del Templo de Salomón. En este caso, la palabra "templo" no guarda una connotación religiosa, sino que, más bien, hace referencia al oficio de la albañilería. Los albañiles o picapedreros que construían las catedrales en la Edad Media erigían al lado una serie de estructuras llamadas "logias". Cuando las operaciones se detenían durante los meses de invierno, los masones se iban a vivir en ellas.

Siguiendo la tradición, un experto define "logia" como sigue: "Una logia de masones es una agrupación de hermanos y compañeros que se reúnen con el fin de hablar extensamente sobre los misterios del Culto, con la Biblia, la escuadra y los compases, el *Libro de las constituciones* y la orden que les confiere autorización para actuar".

Información esencial

Con el establecimiento de la Gran Logia de Inglaterra, en 1717, la palabra "logia" se volvió multidimensional. Los masones operativos solían antes reunirse en la casa de alguno de ellos o en posadas o tabernas.

La estructura física de las logias masónicas es muy característica, pues se enfoca según la geometría y unas determinadas directrices. Suelen ser cuadrados oblongos o rectangulares, con los lados más largos extendidos de oriente a occidente, mientras que el ancho corre de norte a sur. En la época del Templo de Salomón se creía que la Tierra tenía forma de rectángulo. Si se colocan sobre un mapa, las direcciones relacionadas con el rectángulo sirven para ubicar simbólicamente el mundo que rodea su forma. Como tal, se dice que el mundo es representativo de la logia masónica. Sus miembros trabajan y se desarrollan en ese mundo.

La Logia Azul

"Logia Azul" es uno de los términos más comunes en la masonería, y se usa de preferencia en los Estados Unidos y Canadá. El color azul es altamente simbólico del Culto, y es evidente en las enseñanzas, el atavío y la logia misma, puesto que el cielorraso de muchos recintos está pintado de azul. También es simbólico de los tres grados de la masonería y emblemático de las virtudes de amistad universal, benevolencia y caridad. En términos masónicos, el color azul es simbólico de la bóveda azul o arco del cielo. A menudo, el techo de una logia se denomina "dosel celeste".

Hecho

Durante la época de la Alemania de Hitler, cuando hubo persecución a la hermandad, los masones usaban la flor azul nomeolvides para conocerse los unos a los otros.

El color azul representa también la verdad, la fidelidad y la universalidad. Las logias azules, con su dedicación a los tres grados, fortalecen al iniciado para el viaje educativo y espiritual que hace a través del Culto. Como cualquier otra logia en el mundo masónico, las logias azules están respaldadas por las grandes logias. Comúnmente, se hace referencia a los grados alcanzados en ellas como grado de logias azules, pero, en realidad, no son diferentes a los de ninguna otra logia masónica. La distinción es, simplemente, asunto de retórica, puesto que las azules parecen circunscritas a Norteamérica. Los grados en la Logia Azul son grados del Antiguo Culto.

Joyas fraternales

Las seis joyas que se entregan a cada logia, tres móviles y tres inamovibles, son literalmente tales y simbolizan la moral y la virtud. La piedra cuadrada áspera, la piedra cuadrada perfecta y la mesa de caballetes son las joyas móviles, y están confinadas a un área específica de la logia. La piedra cuadrada áspera es un bloque hecho con una piedra corriente de construcción, que ha sido pulido hasta convertirlo en un cuadrado perfecto. La mesa de caballetes era utilizada por los masones operativos para asegurar los diseños y planos. Juntos son emblemáticos de un plan moral y de un viaje exitoso.

La escuadra, el nivel y la plomada son joyas inamovibles de la logia, puestos también en un lugar específico donde la hermandad pueda meditar sobre ellos. En la masonería norteamericana, la escuadra se coloca en el oriente, el nivel en el occidente y la plomada en el sur. En la masonería inglesa, las joyas van al contrario. En estas logias, las tres joyas móviles (escuadra, nivel y plomada) pasan de los oficiales a sus sucesores, con las joyas alrededor del cuello, sostenidas por una cinta o una cadena.

Jerarquía en una logia

La jerarquía en una logia típica o Logia Azul es similar a la de una gran logia, solo que los nombres son diferentes. El maestro es, básicamente, el líder o presidente. Los guardianes serían el primer y el segundo vicepresidente, y así sucesivamente. La cabeza de la logia se denomina maestro venerable o, en algunas jurisdicciones, maestro venerable correcto, y es la persona que ha pasado por los tres grados hasta convertirse en Maestro Masón. La posición se alcanza por elección y generalmente dura un año.

El guardián de rango superior es el segundo al mando. La joya de su oficina simboliza la igualdad y la imparcialidad. Asiste al maestro en los asuntos gubernamentales de la logia, asiste a reuniones y asume el liderazgo en caso de que el maestro venerable esté ausente y que no esté disponible un maestro más antiguo. Si el maestro fallece durante su período o queda incapacitado, el guardián superior asume el cargo hasta las siguientes elecciones.

La joya del guardián de menor rango es emblemática de la conducta recta de la que debe hacer gala cuando trabaja con su maestro y con el guardián de rango superior. Es tercero en la cadena de mando, y su deber fundamental consiste en actuar como enlace y coordinador de las actividades de la logia.

El deber del diácono de rango superior es dar la bienvenida y presentar a los hermanos que visitan la logia. Desempeña, asimismo, diversos deberes, según lo requiera el maestro venerable. La joya del diácono es una paloma, emblemática de la paz.

El diácono de menor rango, mensajero del guardián de rango superior, permanece en la puerta de la logia durante las reuniones para asegurarse de que quienes ingresan o salen cuentan con el permiso del maestro o del guardián de rango superior.

Información esencial

Las posiciones varían entre las logias, pero, en general, los tres funcionarios más importantes son los guardianes, los diáconos y los auxiliares, cargos todos de elección. Luego vienen los secretarios, los tesoreros, un capellán y un rústico.

El auxiliar de rango superior asiste al diácono y a los demás funcionarios de la logia en sus diversas funciones. Está a cargo de suministrar refrescos y asegurarse de que cada hermano esté cómodo. El auxiliar de menor rango le sirve como asistente.

El rústico es muy importante en una logia. Su joya simbólica es la espada, que utiliza para proteger a la logia frente a los no masones. Asiste a todas las reuniones y se asegura de que todo esté en orden, actúa como anfitrión de los hermanos visitantes y vigila que todos los hermanos estén vestidos apropiadamente al ingresar. Simbólicamente, el rústico es un recordatorio de que dentro de la logia solo deben pronunciarse pensamientos, palabras y hechos dignos.

Las grandes logias

Hay grandes logias en todos los países. En los Estados Unidos hay una en cada estado. Para llegar a ser oficial de una logia masónica, la gran logia de la respectiva jurisdicción debe expedir una orden o estatuto. Las logias que se encuentran bajo una gran logia regional se reconocen por el nombre y el número.

Hecho

Eduardo VII, hijo de la reina Victoria, sirvió como gran maestro de la Gran Logia de Inglaterra desde 1874 hasta 1901. Fue un activo promotor de la masonería, bien conocido porque asistía a las ceremonias masónicas públicas.

Las grandes logias tienen organismos de gobierno, que incluyen un gran maestro y su personal, que varía de una jurisdicción a otra. Las grandes logias manejan los aspectos gubernamentales del Culto. Están facultadas para promulgar reglamentaciones y leyes con el fin de que los antiguos cánones de la masonería continúen teniendo vigencia. Pueden decidir sobre todos los asuntos relacionados con las logias individuales y los hermanos, y delegan autoridad, si las circunstancias ameritan una acción particular. Las grandes logias también tienen el poder de expulsar a los miembros o a la logia misma. Básicamente, son los organismos de gobierno de la masonería, pero también instancias que las demás logias pueden consultar.

Jerarquía en una gran logia

Los cargos de los diversos funcionarios dentro de una gran logia difieren de los de las logias dentro de una jurisdicción. No obstante, las posiciones son básicamente las mismas. El rango individual más alto y prestigioso de una gran logia se conoce como el de gran maestro. Es una posición a la que se llega por elección. Sus poderes varían, dependiendo de la jurisdicción, pero, en general, es la cabeza de la gran logia y de sus funcionarios. El período de un gran maestro varía, dependiendo de la ubicación. En Inglaterra, el gran maestro es, típicamente, un miembro de la nobleza, o, incluso, de la realeza, y su posición es vitalicia. En Norteamérica, en algunas jurisdicciones, la posición apenas se mantiene por un año.

En general, cada gran logia cuenta con un gran maestro suplente y con diversos niveles de guardianes, auxiliares, diáconos, secretarios, tesoreros y capellanes, siguiendo la misma estructura de las logias regulares. Es característico de las grandes logias reunirse una vez al año. Quienes mantienen las posiciones dentro de una gran logia son miembros de las logias bajo su jurisdicción. En otras palabras, un individuo puede mantener posiciones tanto en su logia particular como en una gran logia.

Direcciones simbólicas

Para los masones, la dirección de una logia y su ornamentación y mobiliario dentro de ella son de gran importancia simbólica. En general, se hace referencia a las directrices como a los cuatro puntos cardinales. Cada punto guarda un significado simbólico y místico, donde el oriente representa la sabiduría, el occidente la fortaleza, el sur la belleza y el norte la oscuridad.

Las construcciones masónicas van de oriente a occidente. A lo largo de la historia, el oriente ha sido considerado sagrado, puesto que representa la luz del Sol naciente o el diario nacer del Sol. En la logia, el maestro venerable se sienta en la parte oriental, usualmente en una plataforma elevada, considerada como el sitio más honorable. El volumen de la Ley Sagrada se coloca sobre un pedestal o altar, también en dirección a oriente.

La parte occidental de la logia es donde se para el guardián de más alto rango, justo allí donde su posición representa la fortaleza. Simbólicamente marca el fin del día y la esperanza que lleva dentro cada individuo de que el trabajo duro le entregará una bien ganada compensación.

Información esencial

Si la orientación del edificio de la logia no permite que el maestro se siente en el lado oriental, aun así se considera que simbólicamente está en el lado este.

El norte en la masonería es el lugar de la oscuridad. En la antigua masonería, el norte marcaba el punto donde se colocaba la piedra fundamental de una nueva construcción. Simbólicamente, quienes se sientan en el norte aún no están iniciados. La dirección norte-oriente, donde se coloca la piedra angular, es crucial para la construcción y para el nuevo Aprendiz Ingresado, de quien se afirma que simbólicamente se halla en el área más superficial del Culto. El sur, la más esotérica de las cuatro direcciones, simboliza la belleza.

Procedimientos a puerta cerrada

A menudo confidencialidad y masonería se utilizan en la misma frase, y, por tanto, cuando se habla de logias y reuniones entre hermanos el público sigue siendo morbosamente curioso, en especial sobre las ceremonias rituales. Pero, en resumidas cuentas, lo importante es que los masones disfrutan de la compañía recíproca —al fin y al cabo son una fraternidad— porque se juntan para trabajar en proyectos que benefician a la comunidad.

Dentro de una logia hay dos tipos de reuniones, la una simplemente para negocios y la otra para ceremonias de grado. Las reuniones de negocios se manejan en forma muy similar a las de cualquier organización basada en membrecías, con lectura de minutas, votación sobre los diferentes puntos y funciones de caridad o planeación de eventos. Las ceremonias de grado son mucho más formales. La mayoría de las logias están abiertas al público para los diversos eventos, en especial, las de respaldo a la comunidad.

Amistad y autonomía

Cada jurisdicción masónica es soberana e independiente de las demás. Es típico que las jurisdicciones se dividan por territorio, y, como tales, no hay autoridad central. Sin embargo, las jurisdicciones sí mantienen registro de las demás jurisdicciones que reconocen oficialmente. El término "amistad" en relación con la masonería significa que dos jurisdicciones que se reconocen entre sí permiten que sus miembros se visiten libremente y asistan a las reuniones cerradas de cada una. Usualmente, esta camaradería indica que las dos jurisdicciones se ciñen a cánones y características fraternales comunes.

Las grandes logias y las logias dentro de sus jurisdicciones tienen autoridad para otorgar los tres grados masónicos básicos de Aprendiz Ingresado, Compañero de Culto y Maestro Masón. Los organismos concordantes son organizaciones de masonería que pueden conferir grados adicionales. Por lo general, los organismos apéndices son entes que únicamente permiten membrecía a masones o a quienes están relacionados con ellos.

Hay un número considerable de organizaciones apéndices asociadas a la hermandad, incluidos los Santuarios y las Hijas de la Estrella de Oriente (ver capítulo 19). Los dos organismos concordantes más grandes de la masonería son los Antiguos y los Ritos Aceptados Escocés y de York, en los que un Maestro Masón puede alcanzar una amplia gama de grados adicionales.

Capítulo 7
Los ritos Escocés y de York

El Rito Escocés Antiguo y Aceptado y el Rito de York son los dos mayores organismos concordantes de la masonería. Ricos en historia y simbolismo, ambos confieren grados adicionales que ofrecen a los masones la oportunidad de continuar sus estudios del Culto. Estos rituales, altamente ceremoniales y alegóricos, son parte de los dos ritos, que continúan las leyendas y lecciones que un masón ha aprendido durante los primeros tres grados del Culto de la Masonería.

El Rito Escocés

El Rito Escocés Antiguo y Aceptado, o Rito Escocés, es uno de los organismos concordantes más populares de la masonería. Está disponible para todos los masones que han culminado los tres grados del antiguo Culto masónico, y es, por completo, opcional. No es claro el origen del Rito Escocés, pero, por lo común, se cree que fue el Rito Franco-Escocés de la Perfección. El Rito Escocés ofrece 32 grados avanzados y un grado 33, que se obtiene mediante postulación, y es honorario.

Es difícil explicar el Rito Escocés, dado que difiere en ciertos países y entre las jurisdicciones del norte y el sur de los Estados Unidos. A diferencia de las típicas logias de culto, gobernadas por las grandes logias, el Rito Escocés es gobernado por un consejo supremo en cada jurisdicción. A continuación, se enumeran los grados de la jurisdicción del sur, que incluye cuatro divisiones, la Logia de la Perfección, el Capítulo de la Cruz Rosada, el Consejo de Kadosh y el Consistorio.

Logia de la Perfección

La Logia de la Perfección es la primera división del sistema de grados del Rito Escocés en la jurisdicción del sur. Aquí un individuo puede ascender desde el cuarto grado hasta el grado catorce, escalones a los que comúnmente se hace referencia como grados inefables o indescriptibles. En esta sección, los rituales se enfocan en el Templo del rey Salomón y en el Maestro Masón Hiram Abiff.

- Cuarto grado: Maestro secreto
  Las lecciones de este grado enfatizan en la reserva, fidelidad e integridad en todas las relaciones confidenciales. Los rituales acompañantes involucran al Templo del rey Salomón y la selección del rey de siete masones expertos para proteger el sagrario interior y su contenido.

- Quinto grado: Maestro perfecto
  El maestro perfecto encarna la honestidad e integridad, base del honor fraternal. El ritual de este grado se concentra en el deceso de Hiram Abiff y en el respeto que debe rendírsele a un hermano fallecido.

- Sexto grado: Secretario íntimo
  Este grado destaca la fidelidad y la devoción hacia los amigos, y el celo que uno le dedica al cumplimiento de sus deberes. Igualmente, se enfoca

en el respeto por la privacidad del hermano compañero. El ritual describe al rey Salomón cuando perdona la vida a un presunto espía.

- Séptimo grado: Deán y juez
  Sus lecciones se centran alrededor de la imparcialidad, la equidad y la justicia, de tal manera que las leyes y costumbres se aplican a todos, y la justicia se ve atenuada por la misericordia. En este ritual, el rey Salomón designa a varios jueces para juzgar a los asesinos de Hiram Abiff.

- Octavo grado: Intendente del edificio
  El grado de intendente enseña las virtudes de la benevolencia y la caridad, e inculca que cada acto nos acerca un paso más hacia la perfección moral. El ritual para este grado se relaciona con el cese de la construcción del Templo del rey Salomón tras el asesinato de Hiram Abiff y la subsiguiente designación por el Rey de cinco superintendentes para continuar la construcción.

- Noveno grado: Maestro electo de los nueve
  El enfoque de este grado se inspira en la prudencia, y exhorta a evitar el enardecimiento al impartir justicia, aun si la causa es justa. Este ritual habla de cómo el rey Salomón escogió al azar a nueve masones para llevar a cabo una investigación, de tal manera que los autores del crimen fueran castigados apropiadamente.

- Décimo grado: Maestro electo de los quince
  Esta lección llama a evitar los males potenciales nacidos de la ambición y la envidia, y predica que quienes obran mal para mejorar sus propios intereses serán descubiertos y puestos a orden de la justicia. El ritual continúa las lecciones ya enseñadas, pero enfocándose en el encarcelamiento y castigo de los asesinos de Hiram Abiff.

- Grado once: Maestro electo de los doce
  Este grado se enfoca en las virtudes de la honestidad y la sinceridad y en el ejercicio a conciencia de la ciudadanía, y pregona que vendrán recompensas para quienes muestren respeto por los demás. Aquí el ritual narra las recompensas otorgadas a doce de los quince individuos que buscaban justicia para los asesinos de Hiram Abiff.

- Grado doce: Gran maestro arquitecto
Este grado enseña que la perfección en el uso de las herramientas del oficio de los albañiles corre paralela a la que puede alcanzarse en todos los aspectos de la vida mediante la contemplación y la virtud. El ritual refleja la educación de los constructores del Templo del rey Salomón.

- Grado trece: Arco Real de Salomón (maestro del noveno arco)
Este grado enseña que las dificultades no deberían impedir que un hermano busque la perfección y que lo mejor en la vida no llega fácilmente o sin esfuerzo.

- Grado catorce: Gran elegido y masón sublime
El grado final de la Logia de la Perfección enseña al masón a crear su propia logia interna de perfección, en la que la esencia es Dios y se reverencia Su Nombre.

Capítulo de la Cruz Rosada

El Capítulo de la Cruz Rosada es la segunda división de grados del Rito Escocés. Incluye desde el 15 hasta el 18.

- Grado quince: Caballero de oriente o la espada
Reafirma la lealtad hacia las convicciones personales y la dedicación a hacer lo que es correcto. El ritual bíblico habla del cautiverio de los judíos en Babilonia, su regreso a Jerusalén y la posterior construcción de un nuevo templo bajo el mandato del rey Ciro.

- Grado dieciséis: Príncipe de Jerusalén
La verdad y la fidelidad son el norte de este grado en relación con los deberes que uno contrae. El ritual relata las vicisitudes enfrentadas en la construcción del nuevo templo, con la paleta en una mano y la espada en la otra.

- Grado diecisiete: Caballero de oriente y occidente
Corrobora que la lealtad fundamental del hombre es hacia Dios, y que los gobiernos que destruyen la fe en Dios fracasarán. El templo del hombre está en su corazón y debe ser construido y dedicado a Dios.

- Grado dieciocho: Caballero de la Cruz Rosada
  Establece principios de fe, tolerancia y universalidad por medio de los cuales el espíritu del amor de Dios guía el viaje de todos los hombres.

Consejo de Kadosh

El Consejo de Kadosh comprende el tercer segmento del sistema de grados del Rito Escocés. Incluye desde el grado 19 hasta el 30.

- Grado diecinueve: Gran pontífice
  Se enfoca en el conflicto entre el bien y el mal. Lucha por la unidad espiritual de los creyentes que tienen esperanza en la inmortalidad, independientemente de la religión o del credo que sigan.

- Grado veinte: Maestro de la Logia Simbólica (*Master ad Vitam*)
  Busca hacer frente a la deslealtad y a los actos de traición. En este momento se le enseña al iniciado que, con paciencia, se aprende a gobernar, seleccionando y aplicando la inteligencia.

- Grado veintiuno: Patriarca Noachite (Caballero prusiano)
  Asegura que los hechos malvados no se pueden escudar tras la membrecía en la hermandad, y reafirma que uno de los principales soportes de la fraternidad es la justicia.

- Grado veintidós: Caballero del hacha real (príncipe del Líbano)
  La lección que se subraya en este grado es lo honorable del trabajo y la necesidad de mejorar las condiciones de vida de quienes se ganan la subsistencia laborando. El ritual relata una historia de la construcción del Arca de Noé y de aquellos que cortaron cedro en los bosques libaneses.

- Grado veintitrés: Jefe del Tabernáculo
  Enseña que el egoísmo y la ambición indigna corrompen al hombre, quien jamás deberá ignorar sus deberes para con su familia, su país y su Dios, a riesgo de quedar arruinado moral y espiritualmente.

- Grado veinticuatro: Príncipe del Tabernáculo
  Afirma que los hombres estarán unidos a la sociedad y a la hermandad por su creencia mutua en Dios. También enseña la importancia del simbolismo histórico en términos de teología.

- Grado veinticinco: Caballero de la serpiente impúdica
  Se basa en un ritual del año 40 de los israelitas en el desierto. Este grado invoca la fe del individuo, así como la fe en Dios y en el compañero.

- Grado veintiséis: Príncipe de misericordia
  Inculca en el iniciado la cualidad de la misericordia, necesaria para sobrevivir ante las ofensas y la capacidad para tratar a los agresores con compasión.

- Grado veintisiete: Comandante del templo
  Realza las virtudes de la humildad, templanza, honor y generosidad y enseña que los iniciados han de preservar estas virtudes caballerosas tal como lo hicieron los guerreros en tiempos antiguos.

- Grado veintiocho: Caballero del Sol
  Usando las herramientas simbólicas de la arquitectura, esta lección se enfoca en los altos estándares morales, y enseña que a través de la hermandad un hombre puede ayudar al mundo a lograr la unidad y la bondad.

- Grado veintinueve: Caballero de San Andrés
  El grado enseña que uno debe respetar las opiniones de los demás, aunque permaneciendo leal a las propias convicciones, y que las lecciones masónicas se basan en la tolerancia y la igualdad.

- Grado treinta: Caballero Kadosh
  Se enfoca en los rituales que simbolizan las pruebas que debe soportar un iniciado a fin de desarrollar un carácter excelente.

Grados Consistorios

El Consistorio, que es el segmento final del sistema del Rito Escocés de grados, incluye los 31 y 32. El Consistorio, conformado por funcionarios electos, se reúne para otorgar el grado final del Rito Escocés, el 33, que es honorario y se alcanza únicamente por invitación.

Los individuos deberán haber culminado los anteriores 32, y no pueden ser menores de 33 años.

Hecho

En cualquier jurisdicción de consejo supremo solo puede haber 33 masones a quienes se les otorgue el grado 33.

El grado 31 de comandante inquisidor inspector y la lección respectiva tratan el tema de la justicia imparcial, consistente en que a cada hombre debe concedérsele el beneficio de la inocencia y la pureza de intención. Se supone que los iniciados en este grado deben juzgarse a sí mismos antes de juzgar a otros. Al hacerlo, aprenden a perdonar en la esperanza de que puedan reformarse.

El título de "príncipe sublime del secreto real" se concede al iniciado al momento de culminar su grado 32. Este nivel del sistema del Rito Escocés se enfoca en una victoria espiritual sobre la fragilidad humana, para elevar la moral y la razón. El símbolo asociado a este grado es un águila histórica de cabeza doble, que representa la virtud y protege al individuo en su viaje por la vida.

El individuo a quien se le otorga el grado 33 de inspector general es aquel que ha demostrado excelencia tanto en la hermandad como en la propia comunidad, y quien ejemplifica la fe en Dios. Es elegido por unanimidad, usualmente durante una reunión anual del Consejo Supremo.

El Rito de York

El individuo que haya culminado los primeros tres grados simbólicos del Culto y que sea Maestro Masón tiene la opción de unirse al Rito de York. Se dice que el nombre se tomó de la ciudad inglesa de York y de la leyenda que rodea al rey Athelstan y a la reunión de la primera gran logia, que tuvo lugar en 926 d. C. y está contenida en el *Poema regio* —más comúnmente conocido como el *Manuscrito de Halliwell* (véase el capítulo 2) y el *Manuscrito de Cooke* (véase el capítulo 3). El Rito de York es rico en historia, y muchas de sus enseñanzas simbólicas emanan de las Cruzadas y de los Caballeros Templarios.

Al igual que el Rito Escocés, el de York ofrece grados adicionales a través de los cuales un individuo puede ascender para continuar su educación espiritual en el Culto. Hay tres organismos o ramas del Rito de York: el Capítulo del Arco Real, el Consejo de la Masonería Críptica y las Comandancias de los Caballeros Templarios. Estas ramas ofrecen nueve grados adicionales.

Los capítulos del Arco Real se gobiernan desde los grandes capítulos. El Consejo Críptico es supervisado por los grandes consejos, y a los Caballeros Templarios los gobiernan las grandes comandancias.

El Capítulo del Arco Real

El Capítulo del Arco Real consta de cuatro grados: Maestro Mark, Maestro Pasado, Maestro Excelso y Arco Real. A ellos se hace referencia como capitulares, puesto que se relacionan con una albardilla o coronamiento, piedra final que se coloca sobre la pared. A menudo se habla de que los grados de Arco Real son profundos en términos simbólicos y solo se les ofrecen a los Maestros Masones que deseen llegar a ser aún más ilustrados en los misterios de la masonería.

Los grados varían en Canadá, el Reino Unido y los Estados Unidos. Por ejemplo, el sagrado Arco Real que se confirió en el Reino Unido era, hasta 2004, parte del tercer grado del Culto de la Masonería. Bajo ese sistema, los grados del Maestro Mark y del Maestro Excelso eran organismos completamente separados dentro del Rito de York.

¡Alerta!

Una diferencia en los grados que se ofrecen en Canadá y en los Estados Unidos es que en el primero el grado de Maestro Virtual Pasado fue eliminado en algún momento.

Los primeros tres grados de la Masonería del Arco Real se consideran preparatorios del grado final sublime del masón del Arco Real que, según se dice, es el más importante e imponente de todos los grados. En 1813, la Gran Logia Unida de Inglaterra proclamó en su ley de Unión que la "masonería antigua y pura consta de tres grados, y tres grados únicamente, a saber, el de Aprendiz Ingresado, Compañero de Culto y Maestro Masón, incluido el sagrado Arco Real". Esta declaración permitió que el grado del Arco Real siga siendo parte de los antiguos tres grados del Culto de la Masonería en el Reino Unido.

Maestro Mark

A menudo se considera que el primer grado del Arco Real de Maestro Mark es el más antiguo y, en muchas formas, el más respetado. En este grado, las lecciones que un miembro aprendió en los tres primeros grados, particularmente el de Compañero de Culto, se promueven ahora con respecto al trabajo que deben hacer con el fin de continuar construyendo su propio templo interior. La persona aprenderá la importancia del trabajo y que jamás deberá reivindicar para sí el trabajo de los demás.

Información esencial

El grado de Maestro Mark enseña orden, regularidad y disciplina y que todos los trabajos deberán ser hechos diligentemente, con precisión y puntualidad.

Al iniciado a Maestro Mark se le enseñan simbólicamente los trabajos de construcción del Templo de Salomón, y a detectar a los impostores que buscan usurpar los salarios de los artesanos. En este caso, el iniciado es un picapedrero novato a quien se le exige colocar su marca individual en cada tallado. Cuando aborda a sus supervisores, ellos no se muestran impresionados con su trabajo. La razón de las marcas distintivas era determinar qué albañil era responsable de trabajos mal terminados. La falta de habilidad profesional resultaba en castigo para el trabajador, mientras que el trabajo perfecto era recompensado con salarios de artesano. En este caso, el iniciado aprende que el trabajo duro es compensado si es verdaderamente industrioso y fiel.

Maestro Pasado

Tras obtener el grado de Maestro Mark, un individuo puede avanzar hacia el segundo grado de Maestro Pasado, que en ocasiones se denomina Maestro Virtual Pasado, y se enfoca en la obediencia y en aprender cómo gobernarse a sí mismo antes de tratar de gobernar a los demás. A un iniciado se le enseña a explorar cada oportunidad de desarrollo personal o a enfrentar consecuencias desafortunadas. Originalmente, el cuarto grado o grado del Arco Real solo podía dársele a masones que hubieran servido como maestros de una logia, pero fue ampliado para incluir a aquellos individuos que no habían servido como tales, y de ahí el término Maestro Virtual Pasado.

Maestro Excelso

El grado de Maestro Excelso gira simbólicamente alrededor de la culminación y dedicación del Templo de Salomón. Se dice que es un grado hermoso, vistoso y dramático, que se remonta a 1783 y tiene sus orígenes en la masonería americana. En medio de la pompa de este grado, los iniciados aprenden que su propio templo interior debe albergar apropiadamente la bondad divina y la verdad, y que lograrlo trae consigo exaltación y gozo. Solo entonces se convertirán en Maestros Excelsos.

Arco Real

Se considera que el grado de Arco Real es el coronamiento de los tres primeros grados antiguos del Culto, puesto que marca el punto culminante, el pináculo del simbolismo masónico. A menudo llamado la "raíz y médula de la masonería", se dice que el carácter de un hombre dentro de la hermandad no puede completarse sin el conocimiento que se logra a través del Arco Real.

El ritual del Arco Real enfoca una historia ulterior de los judíos, en la que valiosos objetos fueron descubiertos casi intactos y restaurados. Solo a quien culmina el grado de Arco Real se le revela una "palabra" que estuvo perdida para iniciados en grados anteriores.

El Consejo de la Masonería Críptica

Antes conocido como el Consejo del Maestro Real y Selecto, ahora simplemente se hace referencia a él como Masonería Críptica. Este organismo del Rito de York consta de tres grados: Maestro Real, Maestro Selecto y Maestro Súper Excelso. Para calificar a los grados crípticos, un individuo deberá haber completado los tres grados de Culto de la Masonería y los grados del Capítulo del Arco Real. No obstante, los grados crípticos no son un prerrequisito para ingresar a las Comandancias de los Caballeros Templarios.

Hecho

Los grados de Maestro Real y Maestro Selecto, a menudo se conocen como grados de preservación, con los tres grados juntos conocidos como las "Tres Joyas Pequeñas". Los historiadores disienten en cuanto a los orígenes de los grados crípticos, aunque a menudo se dice que es el menor y, a la vez, el más curioso de todos los ritos.

El eje simbólico de los grados crípticos es una serie de leyendas que rodean de misterio una cripta escondida tras el Templo de Salomón que, según se decía, contenía ricos tesoros. El nombre "críptico" apareció por primera vez alrededor de la década de 1800. Se ha especulado que los grados crípticos evolucionaron a partir del Rito Francés de Perfección, convertido después en la base del Rito Escocés.

Maestro Real

El primer grado de Masonería Críptica es el de Maestro Real, que alegóricamente extiende el conocimiento logrado por el iniciado al obtener su grado de Compañero de Culto y al buscar mejorar su ilustración espiritual en el Culto. El ritual de este grado encuentra al iniciado en la cámara del Consejo —que se representa como las habitaciones privadas del rey Salomón—, donde, según dice la leyenda, se reunió con los dos constructores que le ayudaron a erigir el templo. Simbólicamente, el iniciado es uno de esos dos hombres que se reunieron con el Rey para recibir los secretos del Maestro Masón.

Las lecciones del grado de Maestro Real se relacionan con la muerte y con los eventos que dieron origen a los secretos escondidos en la bóveda y después descubiertos. Una vez se obtiene este grado, un Maestro Masón Real continúa su viaje para ser digno de guardar los secretos que se le han revelado.

Maestro Selecto

El ritual del segundo grado, Maestro Selecto, continúa la leyenda del Maestro Real, solo que en esta oportunidad el iniciado está dentro de la bóveda secreta, donde descubre los arcos que contienen diversos misterios. El iniciado en este ritual es uno de los bien conocidos masones del rey Salomón, quien accidentalmente encuentra la cámara secreta e irrumpe en ella, interrumpiendo a tres grandes maestros que se encuentran reunidos allí. Ellos le cuentan al intruso cuáles son las consecuencias de su descubrimiento.

Información esencial

Hay dos templos simbólicos en la masonería. El primero se relaciona con la Masonería del Culto Antiguo y representa la vida en el presente. Como tal, debe ser destruido. El segundo guarda relación con los grados más altos, en particular con el del Arco Real. Simboliza la vida eterna, que debe construirse sobre los pilares del templo destruido.

Maestro Súper Excelso

Técnicamente hablando, el grado de Maestro Súper Excelso no es un grado críptico, sino, más bien, uno honorario. Significa preparar al iniciado para la Orden de la Cruz Roja, primer grado de los Caballeros Templarios. En este caso, el ritual no guarda relación alguna con la bóveda oculta bajo el Templo de Salomón, pues evoca la época de la primera destrucción del templo, el sitio de Jerusalén y la eventual liberación de los cautivos. Se dice que este ritual alcanza formas de la más profunda belleza cuando narra la continuación del relato del Templo de Salomón.

Comandancias de los Caballeros Templarios

El tercer organismo del Rito de York es único dentro de la orden masónica. A diferencia de los grados anteriores de la masonería, en los que únicamente se exige la creencia en un Ser Supremo, quienes se unen a los Caballeros ingresan a una orden estrictamente cristiana. Uno de los lemas del grupo es: "Cada masón cristiano debería ser un Caballero Templario".

Hecho

En 1769, William Davis fue el primer iniciado Templario en los Estados Unidos. Davis ganó los grados de Excelso, Súper Excelso, Arco Real y luego Caballero Templario en la Logia del Arco Real de San Andrés. Paul Revere llegó a ser Templario en 1769, y el héroe revolucionario Joseph Warren lo fue en 1770.

Por respeto a la institución caballeresca, en lo que se ha dado en llamar masonería caballeresca, los grados se reemplazan por órdenes. Las ceremonias como tales están repletas de simbolismos cristianos. Aún se debate si hay una conexión entre los Caballeros Templarios originales y la masonería, y debería decirse que, mientras el templarismo masónico no pretende reivindicar derechos sobre los antiguos caballeros, sí rinde homenaje a sus virtudes y tradiciones (véase el capítulo 2).

Hay tres órdenes de caballeros masónicos, incluidas la Orden Ilustre de la Cruz Roja, la Orden de Malta y la Orden del Templo. Algunas jurisdicciones exigen que un individuo que ingrese a la orden caballeresca debe haber culminado los grados de Masonería Críptica.

Orden Ilustre de la Cruz Roja

El atributo divino de la verdad es el centro de las lecciones que los iniciados aprenden al ingresar a la Orden Ilustre de la Cruz Roja. A los iniciados se les inculca que la verdad es el pilar de cada una de las virtudes, y que a uno solo lo libera la verdad. Se les enseña la lección a través de una historia que tuvo lugar mucho antes de las Cruzadas, durante el reinado del rey Darío.

Información esencial

Durante las Cruzadas, los Caballeros Templarios originales vestían sobrevestes blancos sobre los que se blasonaba una cruz roja en el pecho o el corazón.

En el ritual, los iniciados representan a un masón llamado Zerubbabel, quien intenta convencer al Rey de que está comprometido con los judíos. Luego se le pide participar en una discusión para responder a la pregunta de quién tiene mayor poder en el Reino: el vino, las mujeres o el Rey. Al final, el iniciado pone por delante la virtud de la verdad, lo que satisface al Rey.

Orden de Malta

Conocida también como los Caballeros de Malta, esta es la primera orden cristiana de la masonería caballeresca y la organización de caridad más antigua. También es una organización católica. A manera de historia, inicialmente los Caballeros de Malta eran conocidos como los Caballeros Hospitalarios de San Juan de Jerusalén. Se dice que existieron como orden desde el año 1099 d. C., y que fue la primera organización cuyo propósito era cuidar a los soldados heridos.

El ceremonial actual de la orden se centra en la llegada de san Pablo a la isla de Melita (la actual Malta), y después en la de los Caballeros de San Juan. La historia que se describe al iniciado recuerda el nacimiento, la vida, la muerte, la resurrección y la ascensión de Jesús. Los Caballeros de Malta reclaman su linaje simbólico de los caballeros que lucharon en Palestina durante las Cruzadas.

La Orden del Templo

El logro máximo de la masonería del Rito de York es la Orden del Templo, admirada por su experiencia solemne e inspiradora. La ceremonia se divide en tres partes: noviciado, investidura y consagración. En ocasiones, las órdenes se confieren al mismo tiempo, pero es típico que se culminen de manera individual. En la ceremonia, el iniciado representa a un caballero de las Cruzadas que ha hecho votos de visitar el Santo Sepulcro. En una prueba de valía, debe hacer un peregrinaje de siete años, que incluye la preparación y la penitencia. La ceremonia enseña las lecciones sobre la muerte y la ascensión de Cristo.

Capítulo 8

Masones internacionales famosos

Europa, junto a muchas otras partes del mundo, tiene un legado de larga data en la hermandad. A diferencia de los Estados Unidos, que aún se encuentra en la etapa infantil, la lista de masones famosos incluye a primeros ministros, realeza, compositores, escritores, artistas y distinguidos miembros de las fuerzas militares. Desde Mozart a Rudyard Kipling y Federico el Grande, el contingente internacional de la masonería se ha asegurado un lugar en la historia y la leyenda.

Jefes de Estado

La historia demuestra que los primeros ministros canadienses han tenido una afinidad particular por el Culto, como también Winston Churchill y su padre. Con el tránsito a la masonería especulativa, comenzó a vincularse a la fraternidad toda una gama de representantes de la alta burguesía y la pequeña nobleza, así como miembros de las familias reales.

Buen número de primeros ministros y cabezas de Estado han sido miembros del Culto. Podría decirse que uno de los hombres más influyentes en la Gran Bretaña del siglo XX, y tal vez del mundo entero, fue masón. Legendario político, soldado y autor, Winston Churchill fue primer ministro en las décadas de 1940 y 1950, en una época en que el mundo se encontraba sumergido en la Segunda Guerra Mundial y sus secuelas.

La hermandad también incluye un numeroso contingente de líderes canadienses. Sir John A. MacDonald tiene la distinción de ser el primer ministro del Dominio de Canadá. MacDonald, quien desempeñó el cargo entre 1867 y 1873 y nuevamente entre 1878 y 1891, desempeño un papel esencial en la ley Británico-Norteamericana que condujo a la Confederación de Quebec y Ontario y al nacimiento del Dominio del Canadá. Masón, MacDonald también ostenta la distinción de haber creado el ferrocarril del Pacífico canadiense.

John G. Diefenbaker, otro masón canadiense, se desempeñó como primer ministro entre 1957 y 1963. Antes de llegar a ese cargo, lideró el Partido Conservador Progresista de Canadá. En la década de 1960 desempeñó un papel fundamental en la Declaración de Derechos del Canadá.

Otros primeros ministros canadienses que pertenecieron a la hermandad fueron:

- Sir John J. C. Abbott, primer ministro entre 1891 y 1892.
- Vizconde R. B. Bennett, primer ministro desde 1930 hasta 1935.
- Sir Robert L. Borden, primer ministro de 1911 a 1920.
- Sir Mackenzie Bowell, primer ministro de 1894 a 1896. En años posteriores, Bowell, nacido en Gran Bretaña, lideró la oposición conservadora.

Gran número de masones han servido a sus países en miles de capacidades diversas. El líder y héroe revolucionario de Suramérica, Simón Bolívar, era masón. Bolívar dirigió la lucha por la independencia de lo que actualmente son Colombia, Venezuela, Ecuador, Perú, Panamá y Bolivia, país nombrado así en su honor, en 1825.

Hecho

El masón Manuel Quezón se desempeñó como primer presidente de la Comunidad de Naciones de las Filipinas. Conocido por sus acciones humanitarias, Quezón trabajó como el Alto Comisionado de los Estados Unidos en la década de 1940 para ayudar a ingresar a Filipinas a los refugiados judíos, quienes escapaban de los regímenes del fascismo europeo.

El distinguido clérigo y masón británico Geoffrey Fisher fue obispo de Londres en 1939. En 1945, Fisher se convirtió en el 99° arzobispo de Canterbury y es hoy célebre por sus trabajos ecuménicos y por su reorganización del trabajo de la Iglesia de Inglaterra tras la Segunda Guerra Mundial. De 1946 a 1954, Fisher presidió el Consejo de Iglesias.

Entre otros líderes masónicos se cuentan:

- Emilio Aguinaldo, antiguo presidente filipino, quien en 1898 declaró la independencia de su país.
- Charles H. Allen, primer norteamericano designado gobernador de Puerto Rico.
- Edvard Benes, segundo presidente de Checoslovaquia y líder del movimiento independentista.
- Edmund Burke, estadista irlandés y autor, quien sirvió como miembro del Partido Liberal en la Cámara de los Comunes de la Gran Bretaña.
- George Canning, secretario británico de Asuntos Exteriores, quien en 1827 desempeñó brevemente el cargo de primer ministro.
- Benito Juárez, amerindio zapoteca y presidente de México. Gobernó durante dos períodos a mediados del siglo XIX.
- Bernardo O'Higgins, revolucionario chileno, quien en 1817 se convirtió en el primer director supremo de la nueva República.

Como lo demuestra la anterior lista, algunos de los líderes más influyentes han sido miembros de la hermandad.

Masones en la realeza

Se dice que cuando la hermandad hizo el cambio de masonería operativa a especulativa mostró ser atractiva no solo a la alta burguesía y la pequeña nobleza, sino también a los de sangre real. Uno de los proponentes más influyentes del Culto fue Eduardo VII, hijo de la reina Victoria, quien entre

1901 y 1910 fue Rey de Gran Bretaña e Irlanda y de los Reinos de la Manco-munidad y emperador de la India.

Durante su vida adulta, el rey Eduardo, anteriormente príncipe de Gales, fue un masón activo y contribuyó a la expansión de la hermandad. En 1874 fue nombrado gran maestro y adquirió renombre por asistir a las ceremo-nias y edificios públicos y por colocar los pilares de los mismos. Su partici-pación les dio a los masones de esos tiempos gran publicidad.

El hermano menor de Eduardo, el príncipe Arturo Guillermo Patricio, tercer hijo de la reina Victoria, también fue miembro de una hermandad. Cuando Eduardo se convirtió en Rey en 1901, el príncipe Arturo lo sucedió como gran maestro de la Gran Logia Unida de Inglaterra. Desempeñó el cargo de maestro hasta su muerte en 1942.

Pregunta

¿Era Jack el Destripador un masón? Existe la teoría de una conspiración masónica que implica al príncipe Alberto Víctor Eduardo (hijo del rey masón Eduardo VII), al duque de Clarence y al médico de la reina Victo-ria, William Gull quien también era masón) en los asesinatos de Jack el Destripador.

Eduardo VIII, hijo del rey Jorge V, también era masón, aunque quizá sea más conocido por su corto reinado como monarca británico. Eduardo se convirtió en Rey en 1936 a la muerte de su padre. En aquel entonces estaba envuelto en un affaire con la norteamericana Wallis Simpson. A finales del mismo año, cuando sus intentos por casarse oficialmente con Wallis fueron rechazados, Eduardo abdicó y un año más tarde él y su amada se casaron en Francia.

Jorge VI, también masón, fue coronado Rey de Inglaterra tras la abdica-ción de su hermano Eduardo. El rey Jorge reinó desde 1936 hasta su muerte en 1952, y quizá fue más conocido por su liderazgo durante la lucha contra Alemania en la Segunda Guerra Mundial. También fue el último monarca británico en reinar en Irlanda e India.

Podría decirse que uno de los más grandes gobernantes de Alemania fue el Rey de Prusia entre 1712 y 1786, el masón Federico II o Federico el Gran-de. Gran patrocinador de las artes y la literatura, Federico fue compositor y destacado comandante militar durante la Guerra de Sucesión de Austria.

Las artes

La hermandad ha sido bendecida con una membrecía histórica en cuanto a la comunidad artística internacional. Decenas de compositores, escritores y artistas han dejado su marca en el Culto, y sus nombres, Mozart, Conan Doyle, Kipling y Voltaire, son legendarios.

Masones músicos

Se puede decir que uno de los masones más famosos es el compositor austriaco Wolfgang Amadeus Mozart, considerado como uno de los músicos más talentosos y prolíficos de la historia. Durante su corta vida, Mozart compuso cientos de obras, incluidos *Don Giovanni* y *La flauta mágica*, que produjo en 1791 y que, según se dice, contienen muchas referencias a la masonería.

Hecho

Como en el caso de Winston Churchill, la masonería era parte de la familia de Mozart. Su padre, Leopoldo Mozart, compositor y violinista, también era mason.

El austriaco Franz Joseph Haydn era masón y amigo de Mozart. Músico de carrera en la corte, Haydn se distinguió como uno de los compositores destacados del período clásico.

Reverenciado en toda Europa en el siglo XVIII, sus sinfonías se volvieron legendarias. Ganó el título de "padre del cuarteto de cuerdas".

El compositor finlandés, Jean Sibelius, mantuvo un cariño particular por la hermandad. En 1927 compuso *Musique Réligieuse, Opus 113*, a la que posteriormente le agregó el *Himno de alabanza* y la *Oda a la fraternidad*. Las dos piezas son música ritual que abarca los tres grados principales de la masonería.

Entre otros músicos masones se encuentran:

- Johann Christian Bach, compositor alemán clásico, onceavo hijo del afamado compositor Johann Sebastian Bach.
- Dmitry Stepanovich Bortnyansky, compositor ruso muy conocido y altamente prolífico.
- Sir William S. Gilbert, dramaturgo y lírico británico. Entre sus óperas cómicas, que compuso con su socio Sir Arthur Sullivan, se cuentan *The Mikado*, *The Pirates of Penzance* y *H. M. S. Pinafore*.

- Franz Liszt, virtuoso pianista y compositor húngaro, considerado uno de los virtuosos más grandes del mundo.
- Giacomo Meyerbeer, compositor de ópera alemán, quien estudió con Antonio Salieri.
- Sigmund Roberg, compositor judío nacido en Hungría, famoso por sus operetas.
- John Stafford Smith, compositor y organista británico, quien escribió la música que finalmente se convirtió en el himno nacional de los Estados Unidos, *La bandera de estrellas brillantes.*

Hermanos prolíficos

La comunidad internacional de masones está representada por incontables escritores y poetas de primera línea como Sir Arthur Conan Doyle, Rudyard Kipling y Robert Burns. A este último, ávido participante en la hermandad, a menudo se le menciona como al poeta nacional de Escocia. Considerado un patriota y un poeta romántico, sus trabajos son hoy legendarios.

La masonería también atrajo a un par de escritores cuyos nombres tal vez no sean familiares, pero cuyos trabajos son altamente respetados en todo el mundo. En 1923, el escritor austriaco Félix Salten se inspiró en un viaje a los Alpes. Tres años después escribió *Bambi*, que posteriormente vendió (incluidos los derechos) para Disney, quien lanzó la película en 1942. Otro filme de Disney, *El perro lanudo*, estaba inspirado en otra historia de Salten, *El sabueso de Florencia.*

El escritor y periodista italiano, masón, Carlo Collodi escribió un cuento igualmente famoso con una marioneta que representaba a un niño. Originalmente, *Pinocho* se publicó en un periódico para niños en Italia hacia 1800. Infortunadamente, Collodi falleció antes de que *Pinocho* llegara a la fama que le diera la tradición Disney.

Pregunta

¿Qué tiene que ver la masonería con los liliputienses? *Los Viajes de Gulliver*, publicado en 1726, es un cuento clásico de viajes y sátira sobre la naturaleza de la humanidad. Su autor, el irlandés Jonathan Swift, era masón.

El masón británico, escritor y ganador del Premio Nobel, Rudyard Kipling, es quizá mejor conocido por sus historias para niños de *El libro de la selva* y por su poema "Gunga Din". Se le otorgó el Nobel en 1907, a los 42 años, y sigue siendo el receptor más joven que haya recibido el reputado premio. Kipling fue reconocido por los primeros masones como uno de los 40 miembros vivientes de los Compañeros de la Sociedad Filatelista.

Otro masón legendario del siglo XVIII fue François-Marie Arouet, mejor conocido como "Voltaire". Escritor, filósofo y deísta francés, sobresalió por su ingenio sardónico, su filosofía y su crítica a la Iglesia y la sociedad francesa de la época. Participó, además, en la lucha por los derechos democráticos. Aún considerado como una de las figuras más influyentes de Francia, sus palabras y opiniones continúan incitando al debate.

Información esencial

A menudo se vincula a la masonería con la intriga y el misterio, especialmente en la literatura. Sin duda alguna, el legendario detective Sherlock Holmes alcanzó gran comprensión de su creador, el escritor británico Sir Arthur Conan Doyle, quien, ciertamente, era parte del Culto.

Entre otros escritores masones se cuentan:

- James Boswell, abogado escocés y cronista, mejor conocido como el biógrafo del poeta inglés Samuel Johnson.
- Heinrich Heine, gran poeta y escritor alemán.
- Gotthold Ephraim Lessing, escritor alemán, filósofo y crítico de arte durante el Siglo de las Luces.
- José Martí, poeta cubano, escritor y héroe, padre de la independencia cubana.
- Aleksandr Pushkin, poeta y novelista ruso, autor de *Boris Godunov*.
- Friedrich Schiller, poeta alemán, filósofo, dramaturgo e historiador.
- Sir Walter Scott, reconocido poeta escocés y novelista histórico, que escribió *Ivanhoe*.
- Alexander Petrovich Sumarkov, poeta ruso y dramaturgo.

Artistas

Dadas las raíces históricas de la antigua masonería, es fácil apreciar por qué los escultores, artistas y arquitectos se sintieron atraídos por la hermandad. La masonería especulativa era altamente creativa, rasgo muy común a la comunidad artística.

Podría decirse que el monumento más importante en los Estados Unidos es la estatua de la Libertad, que se levanta 305 pies, y tiene al frente una vista panorámica del puerto de Nueva York. La estatua fue construida con placas de cobre clavadas a unas formas de madera antes de ser montadas sobre el esqueleto de acero. Diseñada por el escultor francés masón, Federico A. Bartholdi, la estatua, modelada en honor de Isabella Eugenie Boyer, viuda del magnate de las máquinas de coser, Isaac Singer, fue enviada el 28 de octubre de 1886.

De inmediato se sabe qué monumento creó el masón Gustavo Eiffel. Este ingeniero francés, arquitecto y constructor, erigió la torre que lleva su nombre, con ocasión de la Feria Universal de París, inaugurada en 1889. Eiffel también diseñó la armazón de la estatua de la Libertad de Nueva York.

La hermandad tiene un alto concepto del arquitecto británico Sir John Soane, quien ostentó el cargo de gran superintendente de Obras Públicas para la Gran Logia Unida de Inglaterra. Junto a Joseph Michael Gandy, Soane diseñó el Hall masón de Londres.

Entre otros masones notables en el arte se encuentran:

- Jean Chalgrin, diseñador francés del Arco del Triunfo en París, uno de los monumentos históricos más famosos del mundo.
- William Hogarth, renombrado pintor, grabador, escritor satírico y caricaturista británico del siglo XVIII, considerado pionero en el arte secuencial occidental.
- Edmund Kean, actor británico, tenido como uno de los más grandes de su época.
- Bertel Thorvaldsen, escultor neoclásico danés, conocido por su estatua de Copérnico.

Ciencia y exploración

Sea que se trate de inventar una cura para una enfermedad letal, o ir adonde nadie más haya llegado jamás, la representatividad masónica es clara e imponente. Una amplia gama de científicos y exploradores fueron parte del Culto y sus logros han dejado marcas indelebles en el libro de la historia.

Exploradores

Cuando se trata de exploraciones extremas, la fraternidad masónica está muy bien representada. De hecho, varios masones participaron en una carrera épica por descubrir el último lugar sobre la Tierra, la Antártida. Los masones Roald Amundsen y Robert Falcon se aseguraron un lugar en la historia cuando trataron de navegar por las regiones polares. Para uno de los masones, el final resultaría victorioso; para el otro el viaje terminaría en tragedia.

Fue Amundsen, un noruego, quien en 1903 condujo la primera expedición a través del paso noroccidental entre los océanos Pacífico y Atlántico. Tras su exitoso viaje, puso su mira en el Polo Norte, pero recibió aviso de que acababa de ser descubierto. Entonces se encaminó hacia el sur. Scott, oficial naval británico, supo de las intenciones de Amundsen cuando él mismo se dirigía hacia el Polo Sur. Así se iniciaría la competencia.

Hecho

El masón Giacomo Girolamo Casanova era un explorador y aventurero de otro tipo. Una ampulosa figura de la Italia del siglo XVIII, su nombre es hoy en día sinónimo de amor y promiscuidad.

Finalmente en enero de 1912, Scott y cinco hombres más llegaron al Polo, solo para enterarse de que Amundsen había estado allí el mes anterior. Mientras Amundsen celebraba su victoria, Scott y sus camaradas sufrieron lentas y penosas muertes en el intento por regresar.

El explorador polar irlandés y mason, Sir Ernest Shackleton, había acompañado a Scott desde 1901 en varias fallidas expediciones, y durante muchos años condujo sus propios grupos a la Antártida. Sus viajes tuvieron como resultado muchos descubrimientos, que le valieron ser nombrado caballero en Gran Bretaña.

El masón Sir Richard Burton también era un explorador británico, pero sus aventuras lo llevaron por muy diferentes sendas. Traductor, escritor y orientalista, Burton hizo viajes en solitario a La Meca disfrazado de árabe y pasó un tiempo traduciendo el *Kama Sutra* y *Las mil y una noches*. Se embarcó entonces en el descubrimiento de las fuentes del río Nilo y de algunos de los grandes lagos en África. También se dice que era considerado como el tercer mejor espadachín de Europa.

Científicos masones

Los masones que fueron parte de las comunidades internacionales médica y científica hicieron unos cuantos descubrimientos innovadores, desde las vacunas y la hipnosis hasta medir la velocidad de la luz. Uno de tales pioneros fue el médico rural inglés, Edward Jenner, quien descubrió la vacuna para la viruela. Jenner nunca patentó su descubrimiento, puesto que la intención era que fuera "un regalo para el mundo". Hacia 1840 el Gobierno prohibió el uso de otros tratamientos para enfermedades letales y utilizó únicamente la vacuna de Jenner.

La tos ferina fue otra de las enfermedades conjuradas por un masón, el microbiólogo e inmunólogo belga, Jules Bordet, en 1906. En 1919, este masón recibió el Premio Nobel por sus descubrimientos de inmunización.

Información esencial

Si el nombre de Franz Anton Mesmer suena familiar, ello se debe a que este masón descubrió el magnetismo animal, que finalmente se denominó "mesmerismo". Treinta años después de su muerte, la investigación de Mesmer le permitió a James Braid avanzar un paso más e inventar la hipnosis.

En 1913, la enfermedad conocida como anafilaxis le significó el Premio Nobel al fisiólogo Charles Robert Richet. Quienes sufren de asma, alergias y polinosis tienen que agradecerle a este masón francés, pionero en la posibilidad de respirar con libertad. Mucho tiempo después, el escocés Sir Alexander Fleming alcanzó su propio hito. Masón y bacteriólogo, Fleming estornudó accidentalmente en una cápsula de Petri llena de bacterias, y, al hacerlo, descubrió la penicilina. Fleming fue hecho caballero en 1944, y al año siguiente él y sus socios ganaron el Premio Nobel.

Entre los masones famosos en el campo de las ciencias se encuentran:

- Sir Joseph Banks, botánico británico y naturalista, que acompañó al capitán Cook en su primer viaje de descubrimiento. Más de 75 especies llevan su nombre.
- Jöns Jacob Berzelius, químico suizo, considerado el fundador de la química moderna.
- Jean Theophilus Desaguliers, descubridor de las "propiedades de la electricidad". También se desempeñó como gran maestro y gran maestro suplente de la Gran Logia de Inglaterra.
- Samuel Hahnemann, físico alemán, fundador de la homeopatía.
- Gaspard Monge, matemático francés, conocido como el inventor de la geometría descriptiva.
- Sir Bernard Spilsbury, reconocido patólogo británico, quien trabajó en miles de casos criminales, entre ellos en los del infame Dr. Crippen.

Masones militares

La masonería ha atraído a miles de personas que han servicio en la milicia, incluidos hombres de todos los rangos de las fuerzas armadas, en ambos lados del Atlántico. Uno de los masones más distinguidos de la marina es el gran almirante alemán Alfred von Tirpitz, quien durante la Primera Guerra Mundial sirvió como ministro de Estado y comandante de la Marina Real. Se dice que la "teoría del riesgo" que Von Tirpitz desarrolló con respecto a submarinos de guerra marcó el comienzo de la carrera armamentista naval entre Gran Bretaña y Alemania. En 1939, *Tirpitz*, barco alemán de guerra, fue bautizado así en su honor.

Hecho

Joseph Brant, jefe de los mohawks desde 1742 hasta 1807, era un masón, que también sirvió como oficial del ejército británico durante la revolución norteamericana.

Tres distinguidos masones europeos tomaron parte en la revolución norteamericana, y sus destinos se cruzaron. Gilbert du Motier, más conocido como marqués de Lafayette, fue un aristócrata francés, amigo de toda la vida del compañero masón George Washington. Tras abandonar Francia como un joven soldado rebelde, Lafayette finalmente llegó a ser uno de los comandantes de las fuerzas militares norteamericanas, y en 1781 estuvo a cargo de la defensa de Virginia. Regresó entonces a Francia, donde desempeñó un papel también destacado en la revolución de 1789. Héroe nacional en ambos países, Lafayette es uno de los seis personajes a quienes se les ha otorgado la ciudadanía honoraria estadounidense.

Menos conocido es el masón John André, quien desempeñó un papel de infausta memoria al ayudar al hermano Benedicto Arnold durante la revolución norteamericana. La estratagema de André para ayudar a Arnold a que se rindiera con el fuerte en West Point falló, y en 1780 fue colgado como espía. A diferencia de Arnold, André finalmente fue honrado por los británicos.

Amigo también de George Washington fue el masón Friedrich Wilhelm Steuben (barón Von Steuben), oficial del Ejército prusiano. Von Steuben también sirvió en Washington durante la revolución norteamericana. También fue miembro de la corte marcial del mayor André, y posteriormente asumió su lugar como comandante de Virginia hasta cuando fue reemplazado por el marqués de Lafayette. Von Steuben se convirtió en ciudadano norteamericano en 1783, y posteriormente un importante barco de los Estados Unidos fue bautizado en su honor.

Por la misma época, en Rusia, el masón Mijail Kutuzov se estaba haciendo a un nombre como mariscal de campo. En su condición de comandante en jefe cuando Napoleón invadió a Rusia, Kutuzov logró detener a los franceses. Por sus esfuerzos, el renombrado mariscal fue inmortalizado en la novela épica de León Tolstoi, *La guerra y la paz.*

Poder e influencia

Muchos hombres dotados y ambiciosos han adoptado el Culto. A menudo, el libre pensamiento y los descubrimientos van de la mano, como lo pueden atestiguar muchos inventores e innovadores. La preponderancia de estos hombres destacados es, quizá, un testamento de la ilustración espiritual y educativa que recibieron como miembros de la hermandad.

Innovadores

Los masones internacionales nunca se han quedado cortos en términos de innovación, y la hermandad ha atraído a muchos patriotas, revolucionarios, héroes y humanistas, como el empresario suizo y masón Jean-Henri Dunant. Activista socialista, Dunant tiene a su favor, entre otros logros, un par de méritos dignos de admiración. Como resultado de haber presenciado los horrores de la guerra en Argelia en 1859, desarrolló un plan de recuperación que evolucionó hasta la formación de la Cruz Roja en 1863. La cualidad de visionario de Dunant también dio paso al nacimiento de la Convención de Ginebra.

Información esencial

Un masón suizo y payaso de circo, Grock, fue altamente admirado en toda Europa por sus divertidas payasadas con 24 instrumentos musicales que interpretaba a la perfección. Hacia 1900 llegó a presentarse ante la realeza europea. Fundó después un exitoso negocio de publicaciones.

Un admirado aviador, el masón y político Ramón Franco, es considerado el pionero de la aviación española. Franco, hermano del conocido dictador español, Francisco Franco, ganó fama internacional en 1926 cuando piloteó un vuelo trasatlántico en un hidroplano. Se dice que cuando Francisco trató de convertirse en masón, Ramón estuvo entre quienes rechazaron su membrecía.

Entre otros masones internacionales de prestigio se encuentran:

- El padre Francisco Calvo, sacerdote católico que introdujo la masonería a Costa Rica en 1865.
- Lord Elgin, antiguo Maestro Masón de Escocia y cabeza mundial de la Orden Real de Escocia.
- Paul Foelsche, primer inspector de policía de los Territorios Noroccidentales de Australia.
- Giuseppe Garibaldi, patriota y nacionalista italiano.
- Manuel Fernández Juncos, admirado periodista, poeta, escritor y humanista puertorriqueño, fundador de la Cruz Roja de Puerto Rico.
- Lajos Kossuth, patriota, periodista, abogado y estadista, considerado por muchos como el padre de la democracia húngara.
- Giuseppe Mazzini, escritor, político y revolucionario italiano.
- José Rizal, patriota respetado y lingüista. Apodado "el Gran Malayo", es héroe nacional de Filipinas.
- José de San Martín, general y héroe nacional de Argentina. Junto a Simón Bolívar, es reconocido como uno de los libertadores de Suramérica.
- Matthew Webb, quien en 1875 se convirtió en el primer hombre que atravesó nadando el canal de la Mancha en menos de 22 horas.
- William Wyler, director de cine alemán, que ganó dos óscares al mejor director por *Ben Hur* y *Los mejores años de nuestras vidas*.

Inventores

En la comunidad masónica internacional destaca un gran número de hombres inventivos y empresarios famosos por sus innovadoras creaciones y acciones. Desde el saxofón hasta las *donuts* o rosquillas, estos masones han asegurado su fama y fortuna históricas.

Los aficionados al té reconocerán de inmediato a un masón por su nombre: Sir Thomas Lipton. Comerciante escocés y participante en carreras de yates, Lipton estableció una cadena de almacenes de abarrotes en Gran Bretaña en la década de 1870. Para mantener sus almacenes con existencias, compró plantaciones de té que finalmente llevaron al nacimiento de su marca. Ávido aficionado a los yates, Lipton viajaba en compañía de los reyes Eduardo VII y Jorge V (ambos masones), y durante 31 años retó con persistencia a los participantes en la mundialmente famosa Copa América.

Entre otros masones de inventiva se cuentan:

- Eberhard Faber, alemán, fundador de la compañía de lápices que lleva su nombre.
- Tim Horton, canadiense, legendario jugador de hockey y fundador de una cadena de almacenes de *donuts*, llamada Tim Horton's.
- John Molson, canadiense, fundador de las Cervecerías Molson.
- Jacques Etienne Montgolfier, francés, quien junto a sus dos hermanos inventó el globo de aire caliente, el Montgolfier.
- James Naismith, educador nacido en Canadá, quien inventó el juego del baloncesto e introdujo los primeros cascos al fútbol norteamericano.
- Antoine Joseph Sax, belga, diseñador de instrumentos, inventor del saxofón.

El masón Joseph-Ignace Guillotin también ingresó al hall de la fama. Notable en la historia, solo por su nombre, Guillotin fue un médico francés, revolucionario, que en 1789 buscó una solución al problema de unos métodos de ejecución más humanos. Infortunadamente para Guillotin, el decapitador mecánico, con el que se hizo el primer corte en 1792, fue nombrado en su honor. Los descendientes del buen doctor cambiaron su nombre como resultado de la infame asociación.

Y otro masón francés se hizo a un nombre en la ingeniería mecánica. En 1919, el ingeniero André Citroën fundó la compañía de automóviles Citroën, que a principios de la década de los años 30 era el cuarto fabricante más grande del mundo.

Capítulo 9
Su expansión a través del globo

L os Estados Unidos son todavía un niño en términos de historia mundial, pero parecen haber vivido muchos siglos por los pasos que han dado. La práctica de la masonería norteamericana difiere de la de sus contrapartes europeas, pero sus lazos fraternales siguen siendo fuertes, sea que el clima se incline hacia lo revolucionario o a lo industrial o a lo moderno. Los hermanos norteamericanos del siglo XVIII tuvieron gran cuidado al ensamblar su hermandad en el Nuevo Mundo, a la par que reafirmaron las leyendas, rituales y enseñanzas espirituales del Culto.

Masonería en Norteamérica

El estudio de la masonería en los Estados Unidos es, en muchos sentidos, un viaje por la historia temprana de Norteamérica, con un enfoque en individuos legendarios, como Benjamín Franklin, John Hancock y George Washington, y en los acontecimientos que rodearon la revolución norteamericana, incluida la Fiesta del Té, en Boston, y las firmas de la Declaración de independencia y de la Constitución de los Estados Unidos. Que una fraternidad europea echara raíces en el Nuevo Mundo no fue sorpresa alguna, pero el recorrido que ha hecho desde la infancia hasta la edad adulta ha demostrado ser fascinante a lo largo de todos sus éxitos y tiempos turbulentos.

En contraste con su hermana europea, la masonería norteamericana tiene una ventaja histórica en el sentido de que sus orígenes son ligeramente más fáciles de establecer. Pero como sucede con todos los demás fenómenos relacionados con sociedades secretas, hay decenas de teorías y conspiraciones que esperan su momento.

Respecto a sus primeros orígenes, un experto dirige la atención hacia una losa plana que tiene grabada en la superficie el año 1606, junto a una escuadra y un compás.

Hallada en la cuenca Anápolis, de Nueva Escocia, sobre la costa de la isla Goat, se cree que es la lápida sepulcral de un picapedrero francés establecido en el área en 1605.

Uno de los primeros masones del que se guarda registro en Norteamérica fue un escocés de nombre John Skene, N° 27 en la lista N° 1 de Aberdeen, en Escocia. Skene, quien se asentó en una plantación en Monte Holly, Nueva Jersey, en 1682, era cuáquero, y fue gobernador suplente en la colonia de Jersey Occidental, entre 1685 y 1690.

Logias del Nuevo Mundo

El londinense Daniel Coxe, estudiante de medicina y leyes, llegó a Burlington, Nueva Jersey, alrededor de 1701, y allí, involucrado activamente en la política local, sirvió en diversas posiciones gubernamentales. El 5 de junio de 1730, se le otorgó una posición histórica en la masonería norteamericana cuando el duque de Norfolk, gran maestro de la Gran Logia de Inglaterra, lo designó como gran maestro provincial de las provincias de Nueva York, Nueva Jersey y Pensilvania.

Hecho

En 1799, a la muerte de George Washington, la Gran Logia de Massachusetts le hizo una solicitud inusual a su viuda. Consintiendo con la petición, ella le entregó un mechón del pelo de su esposo. Sellado en una urna de oro por el orfebre Paul Revere, su custodia se encarga a los grandes maestros, al momento de ser nombrados.

Es poco lo que se sabe sobre el masón Henry Price antes de que emigrara a Boston desde Londres, pero los registros indican que fue un exitoso sastre y comerciante. Hombre convencido de su misión fraternal, Price partió hacia Inglaterra desde Boston en 1732 con el fin de obtener de la Gran Logia de Inglaterra la autorización para hacer oficial una nueva logia fundada por él. La misión fue todo un éxito. El gran maestro inglés Lord Viscount Montague lo nombró príncipe provincial gran maestro de Nueva Inglaterra, y le concedió autoridad para establecer capítulos en ese territorio. Un año más tarde se convirtió en gran maestro, y su posición se amplió hasta cubrir toda Norteamérica.

El 30 de julio de 1733, un grupo de masones de Boston se reunió con Price en la taberna Bunch of Grapes, y allí Price seleccionó a los oficiales para la primera Gran Logia de América del Norte. La que ahora se convertía en la logia oficial más antigua en el mundo occidental fue denominada Logia de San Juan. Cuando su autoridad se amplió, Price aprobó una petición de Benjamín Franklin y del contingente de masones de Filadelfia para formar su logia, de la que Franklin fue primer maestro. Con el paso de los años, Price continuó fundando muchas logias en todas las colonias, como también en Canadá, la Guayana Holandesa e Indias Occidentales.

No obstante, como sucede en tantas otras organizaciones basadas en la membrecía, al poco tiempo las rivalidades surgieron. En aquella época, los miembros de la orden fraternal solían ser hombres con medios económicos: propietarios de negocios, comerciantes, fabricantes y personas dedicadas al arte o a la ciencia.

A menudo la clase trabajadora era omitida cuando de unirse a la hermandad se trataba. En tal situación, los trabajadores formaron su gran logia bajo la condición de seguir las tradicionales prácticas masónicas. Según se dice, tal decisión produjo una gran división en la hermandad entre los grupos antiguos y modernos (véase el capítulo 4).

El pararrayos en la masonería

Podría decirse que uno de los norteamericanos más famosos ha sido Benjamín Franklin. Inventor, pintor, científico, filósofo, autor, diplomático y estadista excepcional, a Franklin lo veneran no solo la posteridad, sino también sus compañeros de hermandad, tanto del pasado como del presente. Con solo dos años de educación formal, los logros de Franklin en las colonias y como diplomático en el exterior fueron poco más que asombrosos. Entre 1729 y 1765 editó y publicó la *Pennsylvania Gazette*. Además, aprendió varios idiomas, fue parte de la fuerza de policía en las colonias, introdujo el servicio hospitalario, fundó la primera librería pública y se le atribuye una amplia gama de inventos, incluidos el pararrayos y los bifocales.

En 1753, Franklin fue nombrado jefe de la oficina de correos, y cuatro años más tarde se trasladó a Inglaterra en calidad de representante jefe de todas las colonias norteamericanas. Cuando regresó a América, una década más tarde, a pesar de sus esfuerzos en Gran Bretaña, la revolución había comenzado. Como miembro del Segundo Congreso Continental, Franklin trabajó en el comité de cinco personas escogido para hacer un borrador de la Declaración de independencia. Fue, igualmente, pieza clave en la delegación que logró obtener fondos de Luis XVI de Francia, y, finalmente, participó en la negociación del tratado de comercio y alianza con Francia que ayudó a inclinar la marea a favor de la revolución norteamericana.

Información esencial

Tras inventar una estufa de horno, Benjamín Franklin creó la primera empresa de bomberos y una compañía de seguros contra incendio. Desde su posición de jefe de los correos, ideó un cuentarrevoluciones, que anexó a su carruaje, en un esfuerzo por calcular mejor las rutas de servicio.

En 1730, Franklin mencionó en la *Gazette* a varias logias masónicas. Poco después se convirtió en miembro de la Logia de San Juan. Seis meses más tarde, el día de san Juan Bautista de 1732, Franklin se convirtió en guardián subalterno de la Gran Logia en Pensilvania, y solo dos años después fue escogido como gran maestro. Franklin, librepensador ilustrado, comenzó entonces una activa labor epistolar en un esfuerzo por asegurar el Culto masónico.

La mayoría de las reuniones de la logia de Franklin se llevaban a cabo en la Taberna de Tun, en Filadelfia, y en el edificio Videll Alley. Fue a finales de 1786 cuando la Gran Logia de Masones Libres y Aceptados de Pensilvania declaró su independencia de la Gran Logia de Inglaterra. Franklin continuó su larga y extraordinaria carrera como diplomático y pionero de la hermandad norteamericana. Cerca del final de su vida aún luchaba por una causa justa, en esa ocasión por la abolición de la esclavitud.

Franklin murió no mucho después de haber firmado la Constitución de los Estados Unidos, pero sus multifacéticos legados continúan siendo recordados por las nuevas generaciones. Así, en la película *National Treasure*, de 2005, sobre la masonería, al protagonista, Nicolas Cage, se le asigna el nombre de Benjamín Franklin Gates.

La Fiesta del Té, de Boston

Uno podría preguntarse qué tiene que ver con la masonería la Fiesta del Té, de Boston, de tan triste recordación. Resulta que hay un tremendo misterio masónico relacionado con la conocida inundación del mercado con té a bajo precio (dumping) que prendió la mecha de la revolución norteamericana.

Según cuenta la historia, la frase "no a los impuestos sin representación" se convirtió en un mantra para los colonos que se encontraban enfurecidos por la ley de Timbre, de 1765, y las leyes Townshend, de 1767. Uno de los manifestantes más ruidosos era el masón John Hancock, quien después organizó un boicot al té de la Compañía British East India.

A pesar de que el Gobierno británico pasó la ley del té, que eliminó el impuesto colonial a este producto, los barcos continuaron siendo desviados de los puertos norteamericanos. Entonces, en la noche del 16 de diciembre de 1773, disfrazados de indios mohawk, un grupo de bostonianos, que se hacían llamar los Hijos de la Libertad, abordaron los barcos *Darmouth*, *Eleazar* y *Beaver*, y arrojaron 342 cajas de té al puerto de Boston, después de lo cual limpiaron las cubiertas de los barcos y se aseguraron de dejar huellas para que ellos mismos fueran señalados como los perpetradores del acto.

Nadie sabe a ciencia cierta quién concibió realmente el infame asalto. Una versión alardea de un respaldo considerable de los masones. En este caso, la relación con la hermandad comienza en la Taberna del Dragón Verde, edificación comprada por la Logia de San Andrés en 1764. Apodada el "cuartel de la revolución norteamericana", lo que era taberna al bajar las escaleras se convertía en sala de reuniones al subirlas, y ambas, según se dice, sirvieron tanto para la Gran Logia de Massachusetts como para los Hijos de la Libertad.

Hecho

La Taberna del Dragón Verde aún se yergue en 11 Marshall Street, en Boston, Massachusetts. Aunque ya no es una logia masónica, allí todavía se sirve cerveza y comida como huellas de patas de pollo mohawk y alas de búfalo pielroja picantes.

La Fiesta del Té fue planeada supuestamente en la Taberna del Dragón Verde y ejecutada con la ayuda de los masones. En la planeación estuvieron comprometidos el gran maestro Dr. Joseph Warren y los compañeros John Hancock y Paul Revere. De hecho, fue Warren quien envió a su buen amigo Revere a alertar a las tropas coloniales sobre la incursión británica el 18 de abril de 1775, recorrido que terminó en tragedia. Y, ¿a qué hombres les entregó Revere su mensaje? A los revolucionarios Samuel Adams y al masón John Hancock.

La revolución norteamericana

Como muchos de los aspectos de la masonería, la participación de la hermandad en la Fiesta del Té, de Boston, continúa siendo tema de debate. Hay todo tipo de teorías conspirativas basadas en las diversas acusaciones de que todos los padres fundadores y todos los generales de George Washington eran parte del Culto.

Algunos aseguran que la mayoría de quienes firmaron la Declaración de independencia y la Constitución de los Estados Unidos eran masones. Hasta la Fiesta del Té, de Boston, sigue siendo un misterio. Según una de las teorías, los masones planearon o participaron en el decisivo momento.

Lo que sí se sabe es que los masones tomaron parte muy activa en la guerra revolucionaria. Los miembros de la hermandad masónica sirvieron como líderes militares, soldados, políticos, patriotas, revolucionarios y estadistas, pero, en conjunto, eran pocos comparados con los no masones que participaron en la heroica gesta.

Buena parte de la especulación y de las teorías conspirativas obedece quizá al hecho de que un puñado de hombres altamente influyentes ciertamente sí eran masones.

Pregunta

¿Eran masones Thomas Jefferson, Patrick Henry y Samuel Adams? A menudo mencionados como miembros del Culto, no hay prueba de que alguno de los tres fuese iniciado alguna vez en la fraternidad. Adams estaba estrechamente relacionado con Paul Revere y John Hancock, reconocidos masones. También se han documentado las conexiones masónicas de Jefferson, mas no las de Henry.

Debido a su importancia o a los famosos incidentes en los que estuvieron envueltos, hombres como George Washington, Benjamín Franklin, John Hancock, Paul Revere, John Paul Jones, Ethan Allen, el barón Von Steuben y el marqués de Lafayette ubicaron a la masonería a la vanguardia, simplemente por asociación. Lo mismo se aplica a masones infames, como Benedict Arnold y el mayor John André.

Los padres fundadores

Para los norteamericanos, el término "padres fundadores" cobra un significado especial, ya que hace referencia a un grupo de hombres notables que sirvieron a su país como estadistas, líderes y patriotas. Sus historias son fascinantes y su perseverancia en alcanzar la libertad, sin importar el costo, les dan un lugar de privilegio en la historia norteamericana. Estos hombres firmaron la Declaración de independencia y la Constitución de los Estados Unidos, y muchos tomaron parte activa en la revolución. Muchos de ellos también eran masones.

Es un error generalizado creer que todos los padres fundadores eran masones. Es cierto que muchos masones prominentes tomaron parte en la guerra y que, por lo menos, 20 firmaron la Declaración y la Constitución, pero eran muchos más los no masones. Podría decirse que el masón norteamericano más famoso es Benjamín Franklin, quien, ciertamente, estampó su rúbrica en ambos documentos. El masón John Hancock fue otro de los firmantes, como también George Washington. De un total de 95 signatarios en los dos documentos, 21 eran masones.

Quienes se inclinan a pensar en conspiraciones alegan a menudo que la Constitución de los Estados Unidos está basada en el libro *Constituciones de Anderson*. También les atribuyen conexiones masónicas a Thomas Jefferson y a Patrick Henry, quienes nunca hicieron parte del Culto. Otro mito popular es que cada uno de los generales que sirvieron bajo el mando de George Washington durante la guerra eran masones. En realidad, entre un gran número de luchadores, solo hubo 33 masones que sirvieron bajo el mando directo del general Washington.

Otra teoría común refiere que cuando Washington tomó posesión como Presidente, los gobernadores de las 13 colonias originales eran masones. Investigaciones masónicas demuestran que de las 13 personas que sirvieron como gobernadores, 10 eran miembros del Culto.

Famosas firmas norteamericanas

Saber cuántos masones firmaron la Declaración de independencia y la Constitución de los Estados Unidos sigue en constante debate. Los registros de la logia han podido confirmar que buen número de masones firmaron los dos famosos documentos, y otros papeles dispersos indican que cierta cantidad de líderes ingresó a la hermandad tiempo después de firmar.

Hecho

En la película *National Treasure*, con la participación estelar de Nicolas Cage, la Declaración de independencia contiene una clave que conduce a un tesoro dejado por los Caballeros Templarios y mantenido oculto por los masones.

Quizá el documento más importante en la historia norteamericana es la Declaración de independencia. El 4 de julio de 1776, el documento fue ratificado por el Congreso Continental, el cual, en forma elocuente y con acertada justificación, afirmó que las trece colonias estaban declarando su independencia del reino de la Gran Bretaña. Un comité de cinco hombres asumió la responsabilidad de escribir la Declaración. Uno de ellos, el masón Benjamín Franklin.

Un total de 56 delegados firmó finalmente la famosa Declaración, de los cuales 9 eran masones:

- William Ellery, miembro de la Primera Logia de Boston (1748).
- Benjamín Franklin, gran maestro de Pensilvania (1734).
- John Hancock, quien se convirtió en masón en la Logia de Comerciantes N° 277 en Quebec y luego se trasladó a la Logia de Boston (1762).
- Joseph Hewes, miembro de la Logia de Unanimidad N° 17 en Carolina del Norte.

- William Hopper, miembro de la Logia de Hanover en Masonborough, Carolina del Norte.
- Robert Treat Payne, miembro de la Gran Logia de Massachusetts (1759).
- Richard Stockton, maestro de constitución de la Logia de San Juan en Princeton, Nueva Jersey (1765).
- George Walton, miembro de la Logia N° 1 de Salomón en Savannah, Georgia.
- William Whipple, miembro de la Logia de San Juan, en Portsmouth, New Hampshire (1752).

Hacia 1787, había llegado el momento de crear una estructura gubernamental para la nación recientemente independizada, y varios masones desempeñaron un papel integral en dicho proceso. La Convención de Constitución se llevó a cabo en mayo en Filadelfia y, tras el voto unánime de los 55 delegados, George Washington fue encargado de presidirla. También asistió como delegado el octogenario Benjamín Franklin.

Pregunta

¿Por qué es tan famosa la firma de John Hancock? El masón Hancock, estadista que sirvió como presidente del Congreso Continental, fue el primer firmante de la Declaración de independencia. Su firma era muy grande en comparación con la de los demás. Dice la leyenda que Hancock lo hizo intencionalmente para que el rey Jorge III pudiera leerla.

Tras un largo debate, se firmó finalmente la Constitución de los Estados Unidos. De los cinco hombres que lideraron las discusiones —Washington, Franklin, John Adams, Thomas Jefferson y Edmund Randolph—, únicamente Adams y Jefferson no eran masones. El documento había de reemplazar los artículos de la Confederación y crear una unión federal de estados soberanos y un gobierno federal. Tras ser ratificado en cada uno de los 13 estados, se hizo oficial el 4 de marzo de 1789.

Fuera de los 39 hombres que firmaron la Constitución (finalmente el total de signatarios fue de 55), 13 eran masones. Entre los masones conocidos que firmaron estuvieron:
- Gunning Bedford Jr., primer gran maestro de Delaware.
- John Blair, primer gran maestro de Virginia.
- David Brearley, primer gran maestro de Nueva Jersey.
- Jacob Broom, oficial de su logia en Delaware.

- Daniel Carroll, masón de Maryland, quien, junto a George Washington, colocó la piedra angular del edificio del Capitolio de los Estados Unidos.
- Jonathan Dayton, miembro de la Logia del Templo N° 1 en Elizabethtown, Nueva Jersey.
- John Dickinson, miembro de una logia en Dover, Delaware.
- Benjamín Franklin, gran maestro de Pensilvania.
- Nicholas Gilman, miembro de la Logia de San Juan N° 1, en Portsmouth, New Hamphshire.
- Rufus King, miembro de la Logia de San Juan en Newburyport, Massachusetts.
- James McHenry, miembro de la Logia Espiritual N° 23, en Maryland.
- William Paterson, miembro de la Logia de Trenton N° 5, en Nueva Jersey.
- George Washington, elevado a maestro en la Logia de Fredericksburg (actualmente Logia Fredericksburg N° 4) por estatutos de la Logia de Alexandría N° 22, en Virginia.

George Washington

El nombre de George Washington es venerado por todos los ciudadanos norteamericanos como un brillante líder militar, estadista, padre fundador y primer presidente de los Estados Unidos. Washington también es famoso por haber sido masón, hecho que inspira orgullo en todos los hermanos norteamericanos. No es que haya estado tan involucrado en el Culto, sino que sus virtudes morales eran a toda prueba. Extrañamente, la participación de Washington en la hermandad es fuente de debate, e, incluso, algunos teorizan que jamás fue masón.

Los registros de la Logia de Fredericksburg, Virginia, que aún están en posesión de ellos, muestran que Washington fue iniciado como Aprendiz Ingresado el 4 de noviembre de 1752, y que luego, el 3 de marzo de 1753, se convirtió en Compañero Artesano. En agosto del mismo año fue ascendido al sublime grado de Maestro Masón. También se ha especulado que siguió adelante hasta ganarse el grado del Arco Real.

Información esencial

En respuesta a un discurso de la Gran Logia de Massachusetts, se dice que Washington afirmó: "Mi vinculación a la sociedad de la cual somos miembros me permitirá contribuir con mis mejores esfuerzos a promover el honor y la prosperidad del Culto".

Hacia 1775, Washington fue escogido unánimemente como comandante en jefe del Ejército patriota. En la Convención Federal en Filadelfia, efectuada en mayo de 1787, Washington presidió cuando se enmarcaba la Constitución de los Estados Unidos. El 30 de abril de 1789, Washington fue juramentado como primer presidente de los Estados Unidos por el compañero masón Robert Livingston, canciller de Nueva York y gran maestro de los Masones Libres y Aceptados.

En 1788, Washington fue nombrado maestro de la Logia de Alejandría N° 22 en Virginia. Ese mismo año fue elegido maestro. Empero, no existen registros de que hubiera presidido alguna logia. Cuando Washington murió, el 14 de diciembre de 1799, recibió, por solicitud de su viuda, un funeral masónico.

Un hermano oveja negra

Como la mayoría de las organizaciones, a la hermandad no le han faltado miembros infames. Un individuo en particular es tan vilipendiado que la sola mención de su nombre en suelo americano es sinónimo de traición: Benedict Arnold, un hermano que aparece iniciado en la hermandad en New Haven, Connecticut, en 1765, y que sirvió como general en el Ejército continental durante la revolución norteamericana.

Dueño de una droguería y vendedor de libros, se convirtió en comerciante de la Compañía de las Indias Occidentales. Arnold era ambicioso, y cada vez estaba más consciente de la presencia británica en el Nuevo Mundo. Al comienzo de su carrera militar, se portó con distinción hasta cuando el Congreso Continental le entregó su mando a otro oficial tras la batalla de Ticonderoga, en 1775. La amargura de Arnold a raíz de esa decisión, que se fue enconando gracias a posteriores altercados, lo llevó a desertar y a unirse a la milicia británica, y en 1780 a concebir un complot para entregar al control británico el fuerte norteamericano en West Point, Nueva York. El plan de Arnold fracasó, pero por sus esfuerzos fue retribuido económicamente por los ingleses, y fue nombrado brigadier general del Ejército británico. Su hermano masón en la conspiración, el mayor John André, no tuvo tanta suerte.

Soldado del Ejército británico a la edad de 21, André se abrió paso hacia Canadá, donde fue capturado y hecho prisionero hasta 1776 en Pensilvania. Dos años más tarde se le nombró mayor y se convirtió en persona popular en Nueva York y en la sociedad de Filadelfia. Llegó a vivir incluso en la casa del compañero masón Benjamín Franklin. No obstante, hacia 1780, el destino del mayor André se le volvió en contra cuando se unió al complot de Benedict Arnold contra West Point.

Hecho

El general Arnold y el mayor André tenían en común algo más que su masonería. En 1779, Arnold conoció y se casó con Peggy Shippen, de 18 años, quien, durante la ocupación británica de Filadelfia estaba siendo cortejada por el mayor André.

Tras reunirse con Arnold, André fue despachado portando documentos dirigidos a los británicos, en los que se indicaba cómo tomar el fuerte. Infortunadamente para el mayor, sus esfuerzos resultaron vanos, pues fue capturado, juzgado como espía y colgado. Según se dice, André era todo un galán, y sus restos fueron llevados en Inglaterra, en 1821, al famoso "rincón de los héroes" en la Abadía de Westminster.

El misterio de William Morgan

En relación con la historia de la masonería norteamericana, no hay quizá una historia más fascinante y enigmática que la del misterioso fallecimiento de William Morgan. Circunstancias, pruebas, habladurías, especulación pública y supuesto plagio y asesinato tejieron una historia perfecta para una telenovela. Podría decirse que el hecho de que el caso estuviera en el ojo público con tal intensidad es el elemento crucial, pues la exposición de la hermandad al escándalo despertó el sentimiento antimasón y llevó a la conformación del Partido Antimasónico.

Nacido en el condado de Culpepper, Virginia, William dejó su hogar para pasar un tiempo trabajando en diversos oficios en Canadá y en Nueva York. Fue en 1824 cuando Morgan se estableció en el pueblito de Batavia, Nueva York, y comenzó a trabajar como picapedrero itinerante. Morgan se refería a sí mismo como al "capitán", citando su distintivo en el servicio militar en la guerra de 1812.

Información esencial

Sea que Morgan realmente hubiera servido en las fuerzas armadas, lo que no ha sido cuestionado todavía por los historiadores, las versiones del caso varían mucho.

Algunos recuentos históricos muestran que en 1825, en el Capítulo Western Star N° 33 en LeRoy, Nueva York, a Morgan se le otorgó el grado de Arco Real. Los expertos disienten en cuanto a si realmente fue alguna vez masón —la mayoría asegura que no— o si, simplemente, habría mentido adhiriéndose a la fraternidad para su propio y malvado beneficio. Otras historias dicen que Morgan se apareció en la logia reclamando ser ya un hermano, lo que definitivamente despertó sospechas.

Sin importar si realmente era masón o no, varios relatos hablan de cómo Morgan pasaba el tiempo visitando otras logias, hasta que finalmente entró a formar parte de un grupo que estaba solicitando un capítulo real. No obstante, cuando se inició el capítulo, a Morgan se le negó la membrecía, lo que, indudablemente, en opinión de todos, marcó el comienzo de un tremendo escándalo público que estremecería a la fraternidad alrededor del mundo.

Confidencialidad amenazada

La omisión de Morgan en el nuevo grupo constituido en Batavia culminó con su salida de la fraternidad. Él, en represalia, dejó en claro sus intenciones: escribir un libro que revelaría todos los secretos de la hermandad, incluidos sus rituales y procedimientos. De hecho, David Miller, editor del periódico local, *Batavia Advocate,* le había pagado por adelantado una gran suma por el escrito.

El contrato de Morgan sobre el libro involucraba a Miller, otro masón que durante 20 años no avanzó más allá de Aprendiz Ingresado, de quien se presume que mantenía una rencilla contra la hermandad. También estuvo comprometido el dueño de la casa donde vivía Morgan, John Davids, y un hombre llamado Russell Dyer.

Los rumores de un pago de hasta medio millón de dólares llevaron a Morgan a exacerbar el tema fanfarroneando continuamente, lo que solo produjo ira entre la hermandad. Con el fin de conjurar una crisis potencial, los masones locales pusieron anuncios en sus publicaciones para pedir al público cuidarse de Morgan y sus indeseables atributos.

Según lo cuenta un historiador, no pasó mucho tiempo antes de que un masón le pidiera a un hostal de la localidad una comida para 50 miembros de la hermandad. El hombre, al parecer, no tuvo problema en revelar que su intención era atacar esa tarde las oficinas del *Batavia Advocate.* No más enterarse, Miller hizo regar la noticia de que él y otros estaban armados y preparados para cualquier ataque. Los masones nunca ejecutaron el plan según lo habían reportado, pero el incidente sí desató una cadena de acontecimientos que llevó a los sórdidos eventos que le siguieron.

Se dice que varios masones abordaron a Morgan en su residencia y lo arrestaron por deudas contraídas con ellos. Fue llevado a una prisión local que estaba a cargo de un carcelero, que también resultó ser masón. Miller, al oír sobre el encarcelamiento de Morgan, se puso en la tarea de encontrar al carcelero para pagarle la supuesta deuda de Morgan, pero era viernes en la noche y el funcionario se había marchado, por lo que Morgan permaneció tras las rejas hasta el lunes.

Hecho

Lucinda, la esposa de William Morgan, se metió de lleno en el movimiento antimasónico. En 1830 se casó con el antimasón George W. Harris, y más tarde se involucró sentimentalmente con Joseph Smith, fundador de la Iglesia mormona. Los registros indican que mientras Lucinda aún estaba casada con Harris, hacía vida marital con Smith.

Con el carcelero ausente, los masones regresaron a la cárcel a pedir cuentas a Morgan por sus escandalosas revelaciones. Le propusieron dejarlo en libertad si les entregaba el libro. Cuando el otro rehusó hacerlo, se trasladaron a su casa en un vano intento por hacerse al manuscrito. A partir de ese instante, las cosas empeoraron. El lunes por la mañana, Miller pagó la "deuda" de Morgan y este fue liberado. Los masones regresaron y lo hicieron arrestar bajo el cargo de haberse robado una camisa y una corbata y por tener, además, otra deuda pequeña en el pueblo de Canandaigua, unas 50 millas al este de Batavia, hacia el cual fue conducido en un carruaje y encarcelado una vez más. Al mismo tiempo, los masones hicieron un intento fallido por encarcelar a Miller.

Un secuestro masónico

Según se dice, el asunto pasó a mayores el 13 de septiembre de 1826, cuando un hombre, que alegaba ser amigo de Morgan, apareció en la cárcel a cubrir la supuesta deuda y asegurar la liberación de Morgan. Lotan Lawson, el "amigo", tuvo un encuentro con la esposa del carcelero, quien levantó el cargo y liberó de su cautiverio a un Morgan altamente sospechoso. Una vez fuera del edificio, Lawson insistió en que Morgan subiera a su carruaje, momento en el que dos compañeros masones, de nombres Chesebro y Sawyer, obligaron al hombre, que se mostraba reticente, a subir al coche. Varios testigos oyeron que Morgan gritó "¡asesinato!" en el momento en que el coche se perdía de vista.

¡Alerta!

En la época en que tuvo lugar el asunto Morgan, en el estado de Nueva York el secuestro era considerado solo un delito menor. Como resultado de tan menospreciables circunstancias, el gobernador Clinton firmó posteriormente un proyecto de ley que aumentaba el castigo hasta 14 años.

Hacia dónde se dirigió el carruaje durante los dos días siguientes sigue siendo una fuente de especulación, pero los investigadores de esos tiempos atestiguan que Morgan y sus secuestradores recorrieron más de 100 millas desde Canandaigua hasta el Fuerte Niágara, entre los Estados Unidos y Canadá. A los secuestradores se les unió de repente el masón y *sheriff* de alta graduación del condado de Niágara, Eli Bruce, y todos hicieron una parada en el pueblo de Youngstown, donde testigos oyeron a Morgan hablar dentro del carruaje.

El Fuerte Niágara, que antes albergaba al Departamento de Defensa del Gobierno federal, estaba vacío cuando el carruaje arribó el 14 de septiembre. Los investigadores afirmaron después que el cuidandero del fuerte, que era masón, les permitió entrar. Durante los dos días siguientes mantuvieron a Morgan allí dentro. Se dice que en un momento dado fue conducido en un bote por cuatro masones hasta la frontera con Canadá. Según un barquero, siguió una reunión entre varios masones norteamericanos y canadienses. Los norteamericanos deseaban trasladar a Morgan a sus cohortes para eliminarlo con métodos no determinados. Al parecer no hubo conciliación y Morgan fue devuelto al fuerte para no aparecer jamás de nuevo en público.

Como sucede también hoy, es difícil demostrar la culpabilidad de alguien en un homicidio sin la presencia del cuerpo y el de William Morgan jamás se encontró. No obstante, su plagio fue presenciado por muchas personas y se pudo probar el crimen.

El cuerpo del delito

El resultado de la desaparición de William Morgan se vio enormemente desfigurado por la especulación, la chismografía y la histeria. Entretanto, en Batavia se extendían los rumores, las insinuaciones y las acusaciones. Los amigos de Morgan alertaban a la prensa sobre su ausencia y otros aseguraban que, para prevenir la publicación de su libro, los masones lo habían asesinado. Olfateando las ganancias de lo que en realidad se convirtió de inmediato en el libro mejor vendido, el editor David Miller aprovechó la oportunidad para promoverlo.

Quienes opinaban que Morgan había sido asesinado, teorizaron que cuando los masones canadienses rehusaron llevárselo, los secuestradores le sujetaron las piernas con algo pesado y lo lanzaron al río Niágara. Otra teoría sugería que fue llevado a la frontera con Canadá y que allí le entregaron un caballo y 500 dólares para que desapareciera. Los masones rebatieron diciendo que el mismo Morgan y Miller habían tramado toda la intriga para generar expectativa hacia las revelaciones del libro. En un esfuerzo por acallar todo lo que se decía, el anterior gran maestro y, para entonces, gobernador de Nueva York, DeWitt Clinton, ofreció una recompensa de 300 dólares por la devolución de Morgan o por información sobre su desaparición.

Pregunta

¿Tuvo algún impacto entre el público el libro de Morgan? David Miller imprimió el libro de William Morgan y lo vendió por un dólar. Para cuando había producido la segunda edición, la competencia lo obligó a rebajarlo a 50 centavos. Hacia 1932 se imprimían muchos más periódicos antimasónicos en los Estados Unidos.

La protesta pública creció cuando las aguas del río Niágara arrojaron un cadáver a la orilla. Se creyó que se trataba de Morgan y fue identificado como tal durante una pesquisa, solo para que esta teoría fuera refutada cuando corrieron rumores de marcas incompatibles detectadas en su cuerpo. Al mismo tiempo, una mujer canadiense se acercó a averiguar si el cuerpo sería el de su esposo desaparecido. La mujer identificó definitivamente el cuerpo como el de su esposo y las cosas se dejaron así.

Cuando todo se había dicho y hecho, y sin cuerpo alguno para probar el asesinato, los secuestradores Lawson, Bruce, Chesebro, Sawyer y otro masón, llamado Sheldon, fueron arrestados por el secuestro de Morgan. Las protestas que siguieron acusaron a las autoridades por la levedad de sus sentencias, que oscilaron entre un mes de prisión y dos años.

Nacimiento del Partido Antimasónico

El asunto Morgan desató un sentimiento antimasónico que no cedería tan fácilmente. En general, los masones sostienen que Morgan no fue asesinado, sino que dio un golpe financiero con masones norteamericanos y, con la ayuda de masones canadienses, desapareció en la oscuridad. Desde entonces, una amplia gama de conjeturas se han tejido alrededor del incidente, pero nadie puede decir con certeza lo que realmente le sucedió a William Morgan.

Lo que sí cabe decir es que el sentimiento antimasónico continuó creciendo a un ritmo alarmante, y la hermandad llegó a caer bajo examen riguroso. En 1828 se llevaron a cabo varias reuniones de antimasones, que pusieron sobre el tapete desde la confidencialidad de la fraternidad hasta los supuestos juramentos de sangre en los que participaban los integrantes.

Hecho

Como sucede en todos los casos de martirios, el capitán William Morgan se convirtió en el muchacho del afiche de la antimasonería. Se erigieron, por lo menos hasta 1882, gran cantidad de monumentos dedicados al hombre supuestamente asesinado por los masones para evitar que revelara sus secretos.

Persecución a la hermandad

El clima sociopolítico en la época era propicio para la agitación política, y la medida del descontento se manifestó en el llamado Partido Antimasónico. Andrew Jackson fue enormemente popular y el demócrata más prominente en el país. Aunque no logró llegar a la Presidencia en 1824, su talla moral quedó indemne, y él listo para volver a lanzarse en 1828. Abogado, estadista y líder militar, Jackson también era masón (gran maestro de las logias de Tennessee). Naturalmente, esto le añadió leña al fuego.

El Partido Antimasónico creció rápidamente. Varios de sus candidatos fueron, incluso, gobernadores en Vermont y Pensilvania. Pero las campañas políticas y sociales contra los masones estaban plagadas de amargura y, a medida que la persecución fue tomando fuerza, a los masones y a sus familias se les negaban muchas libertades. Se les llegó a impedir el ingreso a sus escuelas o iglesias. La idea de que los masones se consideraban por encima de la ley, unida a la leyenda sobre sus sangrientos rituales secretos, era inaceptable para el público y creó una atmósfera de paranoia. Como resultado, la fraternidad sufrió enormemente.

Pregunta

¿Fue Millard Fillmore antimasón? En su juventud, Fillmore ciertamente fue antimasón. No obstante, el 4 de julio de 1851, durante su período como decimotercer presidente de los Estados Unidos, Fillmore invitó a la Gran Logia del Distrito de Columbia a colocar la piedra angular para la extensión del edificio del Capitolio.

Un historiador afirma que en 1827, estaban bajo el control de la Gran Logia de Nueva York 227 logias. Ocho años más tarde, el número decreció significativamente hasta llegar a 41. En Vermont, cada logia tomó uno de dos caminos: renunciar a su escritura de constitución o permanecer inactiva. Hasta la Gran Logia dejó de tener reuniones durante varios años. Esta declinación también fue evidente en Rhode Island, Massachusetts y Pensilvania.

Disparidad política

A pesar de los esfuerzos del Partido Antimasónico, en 1828 Andrew Jackson ganó su primera campaña presidencial contra el *whig* John Quincy Adams. Cuatro años más tarde, los antimasones elevaron a uno de los suyos en una convención nacional, y presentaron al antiguo masón William Wirt, de Maryland, como candidato presidencial. Una elección entre Jackson, Wirt y el candidato *whig*, Henry Clay, le dieron a Jackson una victoria decisiva. Wirt solo ganó en el estado de Vermont.

Aunque el Partido Antimasónico comenzó a desvanecerse en 1835, el daño había sido hecho y tomó más de 20 años deshacerlo. La membrecía de la logia disminuyó en miles en la mayoría de los estados, y en algunos casos las logias se vieron totalmente abandonadas. El plagio y la desaparición de William Morgan originaron una cadena devastadora de acontecimientos para los masones norteamericanos, aunque esta no fuera la primera vez que la hermandad había sido perseguida. Con el tiempo, al igual que otras hermandades europeas, una vez más el Culto se levantó de entre las cenizas.

Capítulo 10

Masones norteamericanos famosos

Una lista de masones famosos en los Estados Unidos conforma algo parecido al *Quién es quién* en la historia del ingenio norteamericano. Los nombres recorren toda una gama, desde presidentes y diplomáticos hasta científicos y artistas. Definitivamente, la masonería echó raíces y prosperó en el ambiente librepensador del Nuevo Mundo, y su membrecía refleja ese progreso histórico. Desde Benjamín Franklin hasta Bob Hope, la masonería norteamericana ha disfrutado y continúa disfrutando una membrecía diversa y altamente innovadora.

De Franklin a Fitch

A lo largo de los siglos, la hermandad se ha complacido en comunicarse con cientos de miembros influyentes de la sociedad, desde líderes de la industria y presidentes hasta representantes del entretenimiento y pioneros de la historia. Como se anotaba en los primeros capítulos, podría decirse que uno de los masones norteamericanos más conocidos en su época fue Benjamín Franklin, quien, junto a los padres fundadores de los Estados Unidos, elevó a la masonería a un lugar prominente en el Nuevo Mundo.

Benjamín Franklin ayudó a llevar a la masonería a la vanguardia de la vida en Norteamérica. Con una carrera digna de admiración como diplomático, científico, editor, impresor y filósofo, es considerado uno de los más grandes estadistas de los Estados Unidos. En 1723 publicó *Constituciones de Anderson*, uno de los primeros libros editados en el Nuevo Mundo. Franklin fue uno de los 13 masones que firmaron la Constitución además de servir como gran maestro de Pensilvania.

Información esencial

Presidente del Congreso Continental y gobernador de Massachusetts en nueve períodos, John Hancock es, quizá, igualmente famoso por ser el primer individuo en firmar la Declaración de independencia de los Estados Unidos junto a ocho de sus hermanos masones.

La emoción del descubrimiento y la invención acompañan a la hermandad en su camino. Con ellos, los masones han buscado mejorar sus comunidades y elevarse a sí mismos en el conocimiento. Muchos masones famosos llevan nombres reconocidos, como Ford, Macy y Gillette, mientras que otros, como John Fitch, tal vez no lo sean tanto. Fitch fue el inventor del barco de vapor, un descubrimiento que, a menudo, se le atribuye a Robert Fulton, quien también era masón.

Líderes industriales

El atractivo de una organización fraternal "secreta" fue, sin duda alguna, tentador para quienes tomaron parte en una revolución industrial. No resulta un milagro que tantos de quienes movían los hilos del poder terminaran unidos a la hermandad.

Uno de ellos fue David Sarnoff, norteamericano de escasos recursos nacido en Rusia, que comenzó su carrera en 1906 trabajando con la compañía

Marconi Wireless Telegraph. Sarnoff se abrió paso en la radiodifusión a través de Radio Corporation of America, RCA, donde, finalmente, organizó la compañía de la RCA, la National Television Broadcasting. En 1929 conoció a Vladimir Zworykin, inventor del tubo para cámara totalmente eléctrico. En 1953 la televisión a color de la RCA se convirtió en puntal de muchos hogares norteamericanos.

Nombres muy conocidos

Tal vez no se reconozca de inmediato el nombre del masón Lloyd Balfour, pero durante varias generaciones los estudiantes han comprado sus anillos de grado en la joyería Balfour. Y, ¿qué tal esa máquina lavadora que trabaja tan duro para cada uno de los hogares norteamericanos? Fue inventada por el masón Frederick Maytag, cuya compañía producía originalmente equipos de agricultura, hasta cuando descubrió la forma de hacer funcionar la lavadora mediante una fuente de energía externa.

Hecho

La industria cinematográfica también tuvo varios masones prominentes. Louis B. Mayer, el hombre tras la fusión final de lo que se convertiría en la Metro-Goldwyn-Mayer, MGM. Jack Warner, de Warner Brothers Studios también estuvo en la hermandad. Asimismo, hizo parte de la fraternidad Darryl Zanuck, quien en 1933 cofundó la 20th Century Productions.

Muchos y prominentes fabricantes de autos también figuran en la lista masónica, incluidos Walter Chrysler, fundador de Chrysler Corporation; Ranson E. Olds; y el, tal vez, más reverenciado fabricante de automotores de la historia, Henry Ford, quien inventó el primer vehículo propulsado por gasolina. Hacia 1903 fundó la Compañía Ford Motor y comenzó la producción masiva de sus automóviles.

Otro dúo masónico famoso al que, de seguro, todos reconocen es el que formaron el masón Harlan "Coronel" Sanders, quien lanzó su marca cuando fundó su "buena lamida de dedo", la Kentucky Fried Chicken, y Dave Thomas con sus restaurantes Wendy, nombre muy conocido que lleva el eslogan "¿Dónde está la carne?".

Entre otros influyentes industriales se cuentan:
- Lawrence Bell, de Bell Aircraft Corporation.
- Herbert H. Dow, fundador de la Dow Chemical Company.

- Charles C. Hilton, magnate hotelero.
- Rowland Hussey Macy, fundador de R. H. Macy & Company, en Nueva York.
- James Cash Penney, reconocido empresario de ventas al detal, quien en 1902 fundó J. C. Penney.

Inventores masones

Buen número de inventores también optó por unirse a la hermandad. El nombre de King C. Gillette es reconocible de inmediato como el masón que desarrolló un tipo de "cuchilla segura de afeitar", y fundó la compañía Gillette Safety Razor. Quizá menos conocido, pero también altamente significativo, es el nombre de John Loudon McAdam, masón que inventó el pavimento hecho con capas de piedra prensada, conocido como macadán.

Asimismo, eran masones un par de aficionados a las armas. Samuel Colt patentó su revolucionaria pistola giratoria en 1836, y sus revólveres Colt siguen fabricándose hasta la fecha. El masón Richard Jordan Gatling fundó en 1862 la Gatling Gun Company, que se fusionó con Colt en 1897. El rifle Gatling fue el primero que tuvo éxito en Norteamérica.

Entre los miembros de la hermandad que fueron inventores se cuentan:
- John Fitch, fabricante de relojes, trabajador del bronce y orfebre, en 1786 construyó en Norteamérica el primer barco propulsado a vapor que se registre.
- Richard March Hoe, inventor de la prensa rotatoria en 1843, que revolucionó la industria de los periódicos impresos.
- Harry S. New, periodista, político y jefe general de la Oficina de Correos, quien ayudó a ampliar el servicio de correo aéreo.
- Simon Lake, ingeniero mecánico e innovador de la construcción submarina, con más de 200 patentes por diseños navales avanzados.
- George Pullman, industrial que en 1864 inventó y construyó el primer ferrocarril con vagones dormitorio.
- Orville y Wilbur Wright, reconocidos hermanos, inventores del primer aeroplano.

Masones políticos y militares

La masonería ha establecido un admirable legado en los Estados Unidos y ha atraído una larga lista de hombres poderosos. Muchos políticos, estadistas y militares han pertenecido a la hermandad.

Prestigio presidencial

Catorce presidentes de los Estados Unidos han sido masones: desde George Washington hasta Gerald Ford. El alto perfil de su posición le dio a la masonería un aire de prestigio, muy afín al de los miembros reales en Europa. El cuarto presidente de los Estados Unidos, Andrew Jackson, era masón, como lo serían Harry Truman y Franklin y Theodore Roosevelt.

Los siguientes presidentes norteamericanos también pertenecieron a la orden masónica:

- James Monroe, demócrata-republicano, quinto presidente (1817-1825).
- James Knox Polk, demócrata, decimoprimer presidente (1845-1849).
- James Buchanan, demócrata y decimoquinto presidente (1857-1861).
- Andrew Johnson, demócrata y decimoséptimo presidente (1865-1869).
- James Garfield, republicano y vigésimo presidente (1881).
- William McKinley, republicano y vigesimoquinto presidente (1897-1901).
- William Howard Taft, republicano y vigesimoséptimo presidente (1909-1913).
- Warren G. Harding, republicano y vigesimonoveno presidente (1921-1923).

Estadistas masones

La hermandad también acogió a muchos estadistas notables, incluidos Sam Houston, primer presidente de la República de Texas, y Thurgood Marshall, primer afroamericano en la Corte Suprema de Justicia. Reconocido por su liderazgo en la Oficina Federal de Investigaciones, FBI, entre 1924 y 1972 fue el masón J. Edgar Hoover.

Información esencial

También se distinguieron dentro del Culto varios miembros de la realeza hawaiana. Varios miembros de la línea de reyes Kamehameha tomaron parte en la hermandad, incluido Kamehameha Tercero, Cuarto y Quinto. El rey David Kalahaua, último monarca reinante del reino hawaiano, también era masón.

Entre los estadistas que ingresaron a la hermandad se cuentan:

- Samuel Ervin Jr., senador de Carolina del Norte, más conocido porque sirvió en comités para Joe McCarthy y para Richard Nixon durante el escándalo Watergate.
- Barry Goldwater, antiguo senador de Arizona y candidato presidencial del Partido Republicano en 1964.
- Jesse Helms, senador durante cinco períodos por el estado de Carolina del Norte.
- Reverendo Jesse Jackson, ministro bautista, activista norteamericano por los derechos civiles y candidato presidencial demócrata en 1984 y 1988.
- Fiorello LaGuardia, antiguo alcalde de Nueva York, quien se desempeñó entre 1934 y 1945.
- Sam Nunn, antiguo senador de Georgia, quien sirvió durante 24 años.
- Gobernador George Wallace, infame gobernador de Alabama durante cuatro términos, y candidato presidencial. Escapó por poco a un intento de asesinato en 1972.
- Earl Warren, antiguo abogado del distrito de California, gobernador y miembro de la Corte Suprema de Justicia entre 1953 y 1969.

Líderes militares

Hombres que se dedicaron a servir en las diversas ramas de las fuerzas militares norteamericanas tomaron parte en la masonería. Entre ellos, el oficial naval, explorador y aviador, contralmirante Richard E. Byrd, más conocido por su vuelo en 1926 sobre el Polo Norte junto a su compañero de aventuras Floyd Bennet, quien también tomó parte en la hermandad.

También célebre por su distinguida carrera fue John Paul Jones, nacido en Escocia, quien sirvió como primer almirante de la Armada de los Estados Unidos. Y, para no ser menos, fue masón el general Douglas MacArthur, comandante de las Fuerzas Aliadas en el Pacífico Sur durante la Segunda Guerra Mundial.

Hecho

Audie Murphy fue un actor, cantante y autor de canciones, más conocido por haber sido el soldado norteamericano combatiente más condecorado en la Segunda Guerra Mundial. Murphy recibió 33 galardones, entre ellos la prestigiosa Medalla de Honor. En 1955 se convirtió en masón y finalmente en un *Shriner*.

Entre otros líderes militares masones se cuentan:

- General Henry "Hap"Arnold, piloto norteamericano que sirvió como primer general de la Fuerza Aérea de los Estados Unidos.
- Omar Bradley, general norteamericano, que desempeñó un papel crucial en la victoria de los aliados en la Segunda Guerra Mundial.
- Brigadier general James Doolittle, reconocido piloto de la Fuerza Aérea de los Estados Unidos durante la Segunda Guerra Mundial.
- John Joseph "Black Jack" Pershing, respetado general del Ejército, que llevó a las fuerzas norteamericanas a la victoria en Alemania durante la Primera Guerra Mundial. En 1920, se le otorgó el rango único de general de los ejércitos.
- Eddie Rickenbacker, legendario miembro de la Fuerza Aérea Norteamericana, quien se destacó durante la Primera Guerra Mundial.

Ciencia y aviación

Es el entusiasmo de la hermandad por el crecimiento y la exploración personal lo que explica la participación de sus miembros en descubrimientos planetarios y de otros mundos. Varios astronautas bien conocidos eran masones, entre ellos, Neil Armstrong, comandante del Apolo 11, quien el 20 de julio de 1969 se convirtió en el primer hombre en pisar la Luna. El hermano compañero y piloto del módulo lunar, Edwin "Buzz" Aldrin, fue el segundo en dar el gigantesco salto.

Wally Schirra y Virgil "Gus" Grissom fueron dos de los siete astronautas originales del programa Mercurio que estuvieron donde debían. Grissom tuvo su legendario despegue en el Mercurio 4 y amerizó en la Liberty Bell 7, pero, infortunadamente, murió en 1967 en un incendio en la plataforma de lanzamiento cuando comandaba el Apolo 1. El masón Schirra ostenta una distinción singular por haber sido el único en volar en los tres primeros programas espaciales, Mercurio, Géminis y Apolo.

¡Alerta!

Joel R. Poinsett es un masón con una distinción única. En 1922 sirvió como enviado especial a México, pero es su asociación con cierta flor navideña lo que hace que su nombre sea familiar. Si no le suena, le sonará ahora: ¡Poinsett introdujo la Flor de Navidad (*poinsettia*, en inglés) a los Estados Unidos!

La lista de masones científicos y personajes de la aviación incluye a:

- Charles Lindbergh (1902-1974) reconocido aviador, que en 1927 piloteó el primer vuelo trasatlántico en solitario sin escalas.

- Dr. Charles Mayo (1865-1939) quien, junto a su padre y hermano fundó el primer grupo oficial de prácticas médicas en Norteamérica, la Clínica Mayo. Maestro Masón, se mantuvo activo en la Logia Rochester de Minnesota.

- Albert Abraham Michelson (1852-1931) norteamericano nacido en Prusia, físico y ganador del Premio Nobel. En la década de los 80 del siglo XIX fue el primero en medir la velocidad de la luz.

- Andrew Taylor Still (1828-1917) médico norteamericano considerado el padre de la medicina osteopática.

Igualmente, el hermano John Glenn, antiguo senador de Ohio y piloto combatiente de la Marina, quien en 1962 se convirtió en el primer norteamericano en orbitar alrededor de la Tierra. En 1998, Glenn hizo un segundo y extraordinario viaje al espacio, asegurándose el título del astronauta de más edad en la historia.

Artes y atletas

Es impresionante la diversidad de artistas, personajes del mundo del espectáculo, músicos y atletas que han pertenecido a la masonería. Los miembros de la fraternidad van desde actores ganadores del Óscar y compositores hasta leyendas del béisbol, todos los cuales han dejado su marca en la cultura norteamericana.

Personajes del espectáculo

Hubo un hombre que sirvió tanto a la hermandad como al mundo con su clase y humor estelar. Masón durante cincuenta años, Mel Blanc puso al mundo a disfrutar con las voces de los personajes de los dibujos animados, que solo una leyenda como él podía haber creado. Las voces del Conejo Bugs, el Cerdo Porky y el Pato Donald, entre cientos de personajes, testimoniaron su talento.

En su distinguida compañía se encuentran otros asombrosos hermanos, entre los que se cuentan el mago Harry Houdini, quien enloqueció al mundo con sus increíbles hazañas de escapismo, y el legendario aventurero del cine mudo, Douglas Fairbanks.

Hecho

El actor Ernest Borgnine, mejor conocido por su papel en *La Marina de McHale*, es un bien conocido masón. Continúa sirviendo como presidente honorario de la junta en un programa que respalda el Centro Escocés de Ritos Infantiles.

A lo largo de los años muchos actores han sido masones, entre ellos, Gene Autry, Arthur Godfrey, Clark Gable, Tom Mix, Telly Savalas y Will Rogers. Igualmente, un buen número de comediantes tuvieron su lugar en la hermandad, entre ellos Bob Hope, Red Skelton y Oliver Hardy. Incluso la totalidad de la familia del circo Ringling Brothers —siete hermanos y su padre— eran masones.

Otros masones del mundo del espectáculo son:

- Edgar Buchanan, antiguo dentista y actor, más conocido por su papel de tío Joe en la serie clásica de la televisión, *Petticoat Junction*.
- Cecil B. DeMille, director legendario de cine de clásicos tales como *Los diez mandamientos* y *El espectáculo más grande del mundo*.
- Burle Ives, recordado cantante y actor, cuya legendaria voz aún puede oírse en cada temporada navideña en la narración de *Rodolfo, el reno de la nariz roja*.
- Al Jolson, cantante y autor, quien hizo historia en 1927 cuando actuó en *El cantante de jazz*, la primera película hablada.
- Michael Richards, actor más conocido por su papel de Kramer en *Seinfeld*.
- Roy Rogers, legendario actor y vaquero.
- Danny Thomas, actor y filántropo, quien en 1962 fundó el Hospital Infantil Saint Jude.
- John Wayne, actor y leyenda de Hollywood.
- Florenz Ziegfeld, fundador de las *Follies Ziegfeld*.

Músicos

El masón Duke Ellington fue considerado uno de los más grandes músicos del siglo XX. Sus contribuciones al mundo de la música como compositor de jazz, director de bandas y pianista son memorables. Se le unen en la hermandad Irving Berlin, ejemplar compositor de canciones y genio de las conocidas comedias musicales *White Christmas, God Bless America* y *Alexander's Ragtime Band*.

- Eddie Arnold, estrella de música country, internacionalmente famoso por su interpretación de *Make the World Go Away*.
- William "Count" Basie, legendario pianista, organista y director de orquesta de jazz.
- Roy Clark, cantante y estrella de música country –famoso por ser presentador del show de televisión *Hee Haw*.
- Nat King Cole, cantante y músico de jazz.
- John Philip Sousa, compositor y antiguo director de la Banda de la Armada de los Estados Unidos.
- Mel Tillis, cantante de música country, compositor de canciones y actor.

Atletas

Atletas muy notables le han servido con distinción a la hermandad, entre ellos, dos boxeadores legendarios. El boxeador profesional irlandés-norteamericano Jack Dempsey tuvo una emocionante carrera durante los primeros años del siglo XX, y llegó a ser cinco veces campeón de los pesos pesados.

Sus más famosos combates fueron con Gene Tunney. Durante la Segunda Guerra Mundial, Dempsey se convirtió en oficial comisionado de la Guardia Costera de los Estados Unidos. El boxeador de los tiempos modernos, el masón Sugar Ray Robinson, fue seis veces campeón mundial en dos diferentes pesos. Es considerado por muchos el mejor boxeador de todos los tiempos, libra por libra.

Entre 1950 y 1960, el golf no era un acontecimiento importante en la televisión, pero Arnold Palmer, un masón, se encargó de cambiarlo. Su carisma y éxito en los torneos llevó a los profesionales del golf del Abierto de Norteamérica al de Gran Bretaña y elevó el deporte a nuevas alturas de popularidad.

Ty Cobb y Cy Young, ambos masones, se aseguraron un legado en el béisbol. Cobb fue el primer jugador elegido para el Salón de la Fama del béisbol.

Podría decirse que Young, uno de los más grandes lanzadores que haya producido este juego, lo hizo durante más de dos décadas y ganó muchas distinciones al ser el lanzador en el juego más perfecto de la historia moderna. El "holandés volador", conocido también como John "Honus'" Wagner, era masón, y es considerado como el más grande de los paracortos en la historia del juego.

Librepensadores

Escritores, artistas, filántropos y una amplia gama de hombres innovadores y librepensadores han tomado parte en la orden fraternal. El escritor y humorista Samuel Clemens, popularmente conocido como Mark Twain, era masón, como también lo fue Alex Haley, autor de la innovadora y pionera novela *Raíces*.

Considerado en una época el hombre más rico de los Estados Unidos, el masón e inmigrante alemán John Jacob Astor sirvió como maestro de la Logia Holandesa de Nueva York N° 8. Fue después gran tesorero de la Gran Logia de Nueva York. Si el nombre Astor le suena familiar, ello se debe a que su nieto, John Jacob IV, se perdió durante el hundimiento del *Titanic*.

Hecho

Otro interesante masón es el autor e ilustrador Daniel Carter Beard, quien fundó en 1905 la Sociedad de los Hijos de Daniel Boone. Cinco años más tarde, su grupo se convirtió en la primera organización de *boy scouts* en los Estados Unidos.

Otro masón que alcanzó las alturas fue Gutzon Borglum, un masón y escultor que talló uno de los monumentos más importantes de los Estados Unidos. Impulsado a crear una interpretación fantástica y gigantesca del nacionalismo norteamericano, Borglum comenzó en 1927 tallando el monte Rushmore, con la ayuda de 400 escultores. Lincoln, la primera escultura, fue culminada en 1941. Es una asombrosa hazaña de la masonería. En el monte Rushmore aparecen los rostros de los presidentes Washington, Jefferson, Lincoln y Theodore Roosevelt, dos de los cuales eran masones.

Entre otros masones innovadores que vale la pena mencionar están:

- Ezra Ames, prolífico retratista del siglo XVIII, que realizó más de 450 trabajos.
- Brad Anderson, afamado creador de dibujos animados y de la tira cómica *Marmaduke*.
- Robert E. Baylor, cofundador de la Universidad de Baylor, en Texas.
- Reverendo Norman Vincent Peale, clérigo protestante conocido por su libro pionero, *El poder del pensamiento positivo*.
- Booker T. Washington, antiguo esclavo y renombrado educador, fundador del Instituto Tuskegee, en 1881.

Masones en la historia

Quizá la mejor parte de la documentación histórica son esos momentos cumbres en los que se han logrado las más fantásticas metas y hazañas y realizado los más increíbles viajes personales. En el pasado eran tan desconocidos el planeta y sus habitantes que todo descubrimiento era una emocionante epopeya. A medida que progresa la Edad Moderna, los hitos de la historia suelen ser casi actos de autodescubrimiento.

Una enorme cantidad de masones siguieron un sendero histórico, en toda época y lugar, sea que estuvieran explorando grandes áreas desconocidas del planeta o los recursos inexplorados de la interacción humana.

Aventureros

Los masones se han abierto paso a través de todo tipo de terrenos, desde las grandes llanuras hasta el gélido Ártico, y sus aventuras han dejado una marca indeleble en la historia. Aún hoy es difícil imaginar qué tan difíciles fueron sus tareas, y la fortaleza y perseverancia que requirieron para alcanzar lo que se consideraba imposible.

Información esencial

Joseph Smith, fundador del mormonismo y de la Iglesia mormona, y Brigham Young, cuyo nombre se le dio a la Universidad de Utah, fueron masones famosos.

El capitán Meriwether Lewis y el teniente segundo William Clark, legendarios hombres de frontera y exploradores, fueron masones. En 1804 embarcaron juntos en su viaje hacia el Oeste y no pararon hasta llegar al océano Pacífico. Clark, cartógrafo, sirvió después como gobernador del territorio de Misuri. Lewis, además de haber sido nombrado héroe nacional, se convirtió en gobernador del territorio de Louisiana. También fue el primer maestro de una logia masónica en San Luis.

El Dr. Parker Paul McKenzie, indio kiowa, fue masón. Cuando murió, en 1999, era el kiowa viviente más viejo, pero esa no era su única distinción. A lo largo de su vida desarrolló un lenguaje escrito para el kiowa, para lo cual creó un alfabeto y registró las palabras, la gramática y la sintaxis.

Christopher "Kit" Carson y Davy Crockett, además de hombres de frontera, fueron parte de la hermandad, como lo fue William "Buffalo Bill" Cody.

Reconocido por ser un *boy scout* y guía, Cody es, tal vez, más conocido porque fundó el Show del Lejano Oeste, y por Cody, Wyoming, ciudad nombrada en su honor.

Otro dúo famoso conquistó lo desconocido, solo que lo de ellos fue un viaje muy diferente. En 1909, el masón y explorador, contralmirante Robert E. Peary, hizo el asombroso viaje al Polo Norte, y podría decirse que fue el primer hombre en hacerlo. Fue un logro increíble, algo que la mayoría pensaba que era imposible realizar. Uno de los acompañantes de recorrido de Peary fue el compañero masón Mathew Henson. Juntos hicieron historia.

Otro explorador polar fue Anthony Fiala, antiguo creador de dibujos animados y corresponsal de la guerra hispano-norteamericana quien en 1901, como fotógrafo en una expedición al Polo Norte, tomó las primeras fotos en movimiento de la región ártica. En 1903, Fiala dirigió su propia expedición y tuvo éxito en el mapeo de las diversas islas del Ártico.

Avance de los masones

De los momentos épicos hasta su ascenso y fama, los masones han sido impulsados por el deseo de servir y de propiciar la autosuperación del planeta y de sus habitantes. En algunos casos, los masones sirvieron como guías para una mejor vida. En otros, demostraron que cuando se les presenta un reto y se ven obligados a superar la adversidad los seres humanos están a la altura.

Tal vez el nombre de Robert Pershing Wadlow no sea fácilmente reconocido, pero su participación en la masonería sí lo es. Wadlow se hizo famoso por el hecho de que con casi nueve pies de estatura, era el ser humano más alto del que se tenía noticia. Wadlow fue aceptado en el grupo de la juventud masónica, la Orden De Molay, y finalmente llegó a ser oficial. Según se dice, la fraternidad le ofreció cálida acogida, una tregua con respecto al resto del mundo, que en ocasiones era menos amable con la sorprendente figura del gigante. Murió en 1940 a la edad de 22 años.

Hecho

Charles Stratton, más conocido como el general "Tom Pulgar", era un masón de la orden liliputiense. Artista del mundo del espectáculo en P. T. Barnum, Stratton alcanzaba únicamente los tres pies cuatropulgadas de altura.

Inmortalizado como patriota norteamericano fue el orfebre, grabador y mason Paul Revere, quien durante la revolución norteamericana hizo un histórico recorrido a medianoche hasta Lexington y Concord. Era el 18 de abril de 1775, y la advertencia que él y otros dos entregaron permitió que los soldados norteamericanos pudieran contener a las tropas británicas. El grito de Revere "¡se acercan los británicos!" y su corajudo recorrido, fueron registrados en un poema por Henry Wadsworth Longfellow.

El nombre de James Hoban tal vez no sea reconocible, pero su trabajo fue vital en la construcción de la capital de los Estados Unidos. Hoban, masón y arquitecto, diseñó y supervisó la construcción y después la renovación de la Casa Blanca en Washington. Este norteamericano, nacido en Irlanda, fue también uno de los arquitectos supervisores del Capitolio.

Entre otros masones históricos destacados se encuentran:

- Francis Bellamy, ministro bautista, quien en 1892 redactó el "Juramento de bandera original".
- Stephen F. Austin, considerado el padre de Texas. La ciudad de Austin fue llamada así en su honor.
- Rufus Easton, primer jefe de correos al occidente del río Misisipi.
- Francis Scout Key, autor de la letra del himno de Estados Unidos, *The Star Spangled Banner* (La bandera de estrellas brillantes).
- Frank S. Land, fundador de la Orden De Molay, grupo fraternal de la masonería para jóvenes entre 12 y 21 años.

Como jefe de la Central Pacific Railroad o Ferrocarril Central del Pacífico, la compañía responsable de la construcción de la primera línea transcontinental sobre la Sierra Nevada, el masón Leland Stanford hizo historia el 10 de mayo de 1869 cuando martilló el famoso clavo dorado para sellar la conexión final del ferrocarril de este a oeste. Pasó después a servir como gobernador de California y fundó la Universidad de Stanford.

Capítulo 11

Masonería y religión

Aunque los miembros de la hermandad suelen ser practicantes de alguna religión organizada, la fraternidad no es sectaria, lo que no quiere decir que los masones no hayan trabado batallas históricas con diversas Iglesias a lo largo de los milenios, en particular con la Iglesia católica romana, tal como lo reflejan sus crónicas. Pero, como sucede con todo aquello que se percibe como "secreto", hay mucho que aprender cuando el tema se estudia en el contexto apropiado.

¿La masonería es una religión?

Uno de los errores más generalizados sobre la masonería es la creencia de que es una religión. Debe aclararse que la hermandad no afirma ser una religión ni nada que se le parezca, lo que no significa que los miembros no sean religiosos, puesto a que toda membrecía se le exige profesar la creencia en un Ser Supremo, pero no como sistema institucionalizado de veneración. De hecho, la fraternidad estimula a sus integrantes a ser activos en la religión o Iglesia a que pertenezcan, cualquiera que sea.

Para quienes no están familiarizados con la masonería, ciertamente los aspectos religiosos del Culto pueden resultar confusos. Los escritos sobre la hermandad suelen hacer mención a la Biblia, y los masones se reúnen en templos. Además, muchos de sus símbolos guardan históricamente connotaciones religiosas y algunas de sus dignidades contienen palabras como "veneración" y "sacerdote". Es fácil ver entonces por qué se presenta el malentendido. Pero en este caso, un maestro venerable no tiene nada que ver con la veneración real como referencia religiosa. Es, más bien, un título honorífico, muy similar al que uno usaría para dirigirse al alcalde de una ciudad.

Hay elementos básicos que deben ser tomados en cuenta cuando se analizan los vínculos entre masonería y religión. Para quienes se inician, la organización no se rige por ningún dogma o teología central y los miembros están en libertad de practicar cualquier religión. A diferencia de la mayoría de las religiones organizadas, los masones no hacen ofrendas sacramentales ni tienen rituales de adoración, y la hermandad no ofrece la salvación en el sentido religioso tradicional de la palabra. Todos los títulos masónicos son puramente simbólicos y honoríficos.

¡Alerta!

No hay una Biblia masónica. Un volumen de la Ley Sagrada está siempre presente y abierto en cualquier reunión masónica, pero, durante las ceremonias de iniciación, el candidato puede tener sobre el altar o sobre una mesa el texto sagrado que desee.

Cuando se originó la masonería especulativa en el siglo XVIII, la mayoría de sus miembros eran cristianos. Como tales, la Sagrada Biblia, particularmente la versión del rey Jaime, era el volumen de la Ley Sagrada, utilizado en la mayoría de las logias. No obstante, los masones son tolerantes. En logias con membrecías que comprenden diversos tipos de fe, se pueden utilizar diferentes textos sagrados, tales como el Corán o la Tora.

Una crítica curiosa, entre otras muchas, con respecto al uso masónico de la Biblia como ley sagrada, es la referencia que se hace de ella como "mobiliario". Esta clasificación, que le suena raro a los no masones, especialmente cuando se toma fuera de contexto, no encierra una intención irrespetuosa. El uso de la palabra "mobiliario" es incluyente para un masón, puesto que durante las reuniones de la logia es sinónimo de "equipo esencial". Al texto sagrado se le reserva un sitio de honor en las reuniones, y permanece abierto sobre el altar, sobre una mesa o sobre un pedestal.

Gran Arquitecto del Universo

Una de las cualidades básicas que debe demostrar un individuo cuando solicita convertirse en masón es la creencia en un Ser Supremo y en la inmortalidad del alma. La hermandad no interfiere con la religión de ninguno de los miembros, y su única preocupación es que todos ellos tengan en alta estima su propia fe en un Ser Supremo.

La letra G, comúnmente utilizada en el simbolismo masónico con una escuadra y un compás, significa alternativamente geometría, *God* (Dios) o, de preferencia, Gran Arquitecto del Universo. Con este término, los masones se dirigen a la deidad de una manera no sectaria, enfocándose cada quien en su propio Ser Supremo. Las diferencias religiosas realmente no desempeñan un papel en la fraternidad, puesto que no se permite discutir sobre el tema dentro de la logia, como tampoco sobre política.

Información esencial

La religión definitivamente desempeña un papel en la masonería, pero la organización cree firmemente en la libertad religiosa. Es la razón por la que la membrecía está abierta a individuos de cualquier religión. La fraternidad considera también que la relación de una persona con la deidad es tanto sagrada como privada.

La búsqueda de la Verdad y la Luz Divinas, una de las metas de todo masón, suele ser malinterpretada como una búsqueda para la salvación. Este no es el caso. Las preferencias masónicas por la Luz hacen referencia al conocimiento en el antiguo significado del mundo. Los masones prosiguen en la búsqueda del conocimiento, más como ilustración educativa y espiritual que como salvación. En sentido similar, la masonería profesa una esperanza en el concepto de resurrección, pero no la promete en el sentido religioso. Los masones creen que un camino para la salvación del hombre se encuentra no en su logia, sino en la casa que elijan para su adoración.

Asimismo, la masonería ha sido cuestionada por su idea de universalidad, según se desprende de los escritos masónicos. Dado que la universalidad también está presente en las doctrinas de salvación, como parte del sistema de la Iglesia, vuelve aquí a presentarse la confusión. La masonería no tiene un punto de vista "oficial" sobre el tema de la salvación. Cualquier fe o creencia es bienvenida en la fraternidad, pero esta no enseña o predica ningún tipo de religión.

Hecho

El primer masón indio fue Omdat-ul Omrah, el *Nawab* (gobernante) de Carnatic. Fue iniciado en Calcuta, en 1812, en la Logia de la Marina. El primer masón hindú fue Ranganath Sastry, iniciado en la unanimidad de la Logia Perfecta Nº 233 en 1857, y el primer masón fue Duleep Singh, quien en 1861 llegó a formar parte de la Logia.

Ateísmo

Dado que uno de los requisitos para convertirse en masón es la creencia en un Ser Supremo, inevitablemente se presenta la pregunta sobre el ateísmo. Como regla general, la masonería no acepta ateos. Muy similar a lo que sucede con cualquier otra organización basada en membrecía, aquí hay ciertos requisitos para los aspirantes. Las únicas que aceptan a los ateos son las jurisdicciones irregulares o aquellas oficialmente no garantizadas o reconocidas por ninguna gran logia.

Los críticos de la masonería se apresuran a señalar una sección de las *Constituciones de Anderson*, según la cual "un masón está obligado por su titularidad a obedecer la ley moral; y si él comprende bien el arte, jamás será un estúpido ateo ni un libertino sin religión". El texto fue escrito en 1723, y desde entonces la palabra "estúpido" ha sido dejada de lado. Sin embargo, la oración sí deja muy en claro que los masones deben tener creencias religiosas. No se obliga a los miembros a profesar ninguna creencia en particular, pero las diversas lecturas y rituales a menudo hacen referencia al autoconocimiento personal y espiritual, y a la ilustración, presumiendo que los miembros sí creen en un ser superior.

Deísmo

El deísmo y la masonería tienen una historia interesante. J. G. Findel, quien escribió en 1865 la *Historia de la masonería*, presenta una fascinante especulación sobre la relación entre deístas y masones. Entre los deístas de los siglos XVII y XVIII figuran librepensadores como Voltaire, Descartes, Thomas Jefferson, Benjamin Franklin y Lord Herbert de Cherbury, considerado el padre del deísmo inglés, varios de ellos también masones.

Pregunta

¿Qué es un deísta? El deísta cree que la razón debería ser la base de la fe en Dios, en oposición a la revelación o tradición. Los deístas rechazan la religión organizada y sostienen que el razonamiento es el elemento clave para todo el conocimiento. El deísmo suele ser denominado religión natural o religión de la naturaleza

En su libro, Findel asegura que estos grandes pensadores ejercían una influencia considerable sobre la masonería y contribuyeron a transformarla de una "sociedad operativa en una sociedad especulativa universal". Ciertamente, la especulación de Findel fue la causa del debate masónico. Se dice que en las *Constituciones de Anderson*, el término "libertino sin religión" hace alusión a los deístas de la época, lo que sugiere que tenían poco que ver con la organización fraternal.

En esa época, los masones eran sectarios: su lealtad religiosa, bajo el patrocinio de la Iglesia, estuvo dominada por el cristianismo. Todo cambió al llegar la Edad Moderna. A partir de entonces, la masonería no rechazaba a los deístas. A nadie se le niega el ingreso bajo la suposición de que tiene una creencia racional en la deidad y en la resurrección a la vida eterna.

La Iglesia católica y la masonería

Históricamente, la masonería se ha opuesto a las creencias y principios de la Iglesia católica. La tolerancia religiosa de la masonería, considerada por los integrantes una virtud de aceptación universal no confesional y no sectaria, no le reconoce soberanía ni al cristianismo ni a la Iglesia católica, y podría ser vista más bien como indiferencia en materia de religión. Desde 1738, mediante una serie de bulas y edictos papales, la Iglesia ha ido abonando el terreno para la excomunión de los masones.

Aunque gran parte de la retórica antimasónica de la Iglesia es ecuménica, no hay duda de que las primeras condenas de la masonería tuvieron motivación política. La Iglesia católica fue perdiendo gradualmente su aplastante peso político y geográfico en Inglaterra y en la totalidad de Europa, y tanto monarquías como gobiernos se fueron deslizando inexorablemente de sus manos.

Información esencial

La masonería, como organización no religiosa ni política de librepensadores progresistas, paladines en la búsqueda del conocimiento y la libertad de expresión, se ha visto convertida en blanco de sospechas y represión por su misma naturaleza.

En Inglaterra y Europa, la influencia masónica en el siglo XVIII estuvo intrínsecamente vinculada al movimiento protestante (véase el capítulo 3). Por su inherente naturaleza no religiosa y no sectaria, la masonería llegó a ser a los ojos de la Iglesia católica una amenaza para el predominio de esta. Irónicamente, Holanda, Suecia y otros países con base protestante, promulgaron, de 1730 en adelante, medidas contra la masonería, no fundamentadas en motivos religiosos, sino como reacción a la amenaza revolucionaria que se percibía.

Intervención papal

La primera bula papal contra la masonería fue expedida por el papa Clemente XII en abril de 1738. El documento ofrece un claro indicio de las preocupaciones que embargaban a la Iglesia sobre los temas moral, social y político. La bula del papa Clemente comienza describiendo a los masones como miembros de una sociedad secreta ajena a cualquier religión o secta. Quienes se unen a ella, agrega, lo hacen jurando sobre la Biblia conservar un estricto e inquebrantable vínculo, bajo amenaza de un castigo extremo por quebrantar el silencio inviolable.

Continúa Clemente diciendo que la sociedad masónica, vista con gran sospecha, es depravada y pervertida, y, por la misma confidencialidad que guardan los miembros, debe estar involucrada en asuntos diabólicos. Sigue anotando que la masonería había sido prohibida por las autoridades civiles en varios países por estar en contra de la seguridad pública y "en el pasado parece haber sido prudentemente eliminada en algunas épocas".

Pregunta

¿Qué es una bula papal? Una bula papal es un documento formal expedido por un pontífice y formalizado mediante una bula o sello de autenticidad, utilizado exclusivamente por el Papa.

La bula papal condenaba a cualquiera que respaldara la masonería, estuviera asociado con masones o los ayudara de cualquier manera. El castigo —la excomunión— era severo e inmediato. En ella se "incurre por el hecho mismo sin que se requiera declaración alguna, y del cual [el castigo] nadie puede obtener el beneficio de la absolución, salvo *in extremis*, excepto a través de nosotros mismos o del Pontífice romano del momento". La bula papal concluía con una admonición para que todas las autoridades de la Iglesia persiguieran activamente a quienquiera que estuviera asociado con la masonería.

Desde 1738, 9 papas han emitido 17 pronunciamientos en respaldo a Clemente XII. Los edictos alentaban de diversas maneras a las autoridades católicas y civiles a ser más persistentes en su misión contra la masonería. Deploraban que las autoridades civiles no le estuvieran prestando atención a los anteriores edictos y que las calamidades de la época se debían fundamentalmente a las "sociedades secretas". El último edicto específicamente dedicado a la masonería, el de 1884, insiste en que el propósito de la masonería es echar por tierra el orden religioso, político y social basado en las instituciones cristianas para establecer un nuevo Estado.

Aunque la posición oficial de la Iglesia se ha mantenido invariable, hubo un período considerable de confusión a principios del siglo XX, que se prolongó durante décadas.

Malentendidos de los tiempos modernos

En 1917, la Iglesia católica expidió el Decreto 2335 del Derecho Canónico, que plantea: "Las personas que se vinculen a asociaciones de la secta masónica o a cualquiera otra de la misma clase que atente contra la Iglesia y las autoridades civiles legítimas, se hacen acreedoras *ipso facto* [de inmediato] a la excomunión". Tomada literalmente, la norma permitía que cualquier católico se convirtiera en miembro de una logia masónica siempre que no estuviera vinculada activamente en el derrocamiento de la Iglesia o del Gobierno. Puesto que la masonería jamás ha atentado ni abogado por el derrocamiento de ninguna Iglesia o Estado, la puerta parecía haber quedado completamente abierta a los católicos, y no hay duda alguna de que muchos pasaron por ella.

La puerta permanece entreabierta

En respuesta a las numerosas preguntas de obispos católicos sobre el significado del Decreto 2335, una carta del cardenal francés Francis Seper afirmaba en 1974 que no habría una nueva ley sobre el asunto, que la ley canónica debía ser estrictamente obedecida, y que se reiteraba su contenido respecto a membrecías masónicas.

El nuevo Código Canónico, de 1938, prohibió la membrecía en cualquier asociación que atentara contra la Iglesia, pero sin nombrar a la masonería de manera alguna. Esta omisión se percibió como un cambio en la doctrina de la Iglesia, pero solo por corto tiempo.

Un portazo cierra la entrada

Inmediatamente después de ser aprobado en 1983 el nuevo Código Canónico, el cardenal Joseph Ratzinger expidió una declaración en la que se afirmaba que el juicio negativo de la Iglesia permanecía invariable, y que los católicos que se unieron a los masones estarían en estado de pecado grave y no podrían recibir la Santa Comunión. Aunque la excomunión quedó excluida, reducida ahora a la mera negativa de prohibirle comulgar al integrante de la fraternidad, la posición de la Iglesia católica fue clara.

Información esencial

El cardenal Joseph Ratzinger, quien aclaró la posición de la Iglesia sobre la masonería, se convirtió en el papa Benedicto XVI el 24 de abril de 2005, tras la muerte del papa Juan Pablo II.

La proliferación de la masonería en países históricamente católicos, tales como México y la mayor parte de América Latina, indica que, a pesar de la posición oficial de la Iglesia católica, catolicismo y masonería coexisten pacíficamente. El período de silencio relativamente largo sobre el tema, entre 1917 y 1984, y el castigo relativamente benigno del Código Canónico, en comparación con la excomunión inmediata y no redimible, constituyen una prueba más de que la masonería es hoy considerada como una señal insignificante en el radar de la Iglesia católica.

Anticlericalismo

Es importante mencionar el asunto del anticlericalismo, pues en muchas ocasiones se ha acusado a la masonería de practicarlo. El anticlericalismo es, por definición, un movimiento que se levanta contra el poder de instituciones religiosas y la influencia que ellas ejercen sobre la política y el público. Quienes están involucrados en prácticas anticlericales luchan por hacer de la religión un asunto privado, con sistemas de creencias libres de restricciones externas.

En el pasado, en ocasiones la masonería consideraba al cristianismo como un aliado de los grupos conservadores que intentaban desalentar el avance de las libertades humanas. En este sentido, la hermandad ha sido equiparada al liberalismo burgués del siglo XIX, que era percibido como una amenaza política y cultural. En esos tiempos las logias eran acusadas a menudo de anticlericalismo.

No es un secreto que las diversas Iglesias y Gobiernos han acusado a la hermandad de actividades subversivas. Ocurrió durante la Segunda Guerra Mundial, a raíz del escándalo de la logia P2 en Italia (véase el capítulo 12). Asimismo, fue evidente en Norteamérica en el turbio caso de William Morgan, que finalmente llevó al nacimiento del Partido Antimasónico. Las dos críticas principales de las Iglesias a la masonería hacen referencia al aspecto ecuménico de su membrecía y a los rituales esotéricos.

Pregunta

¿Practican los masones el gnosticismo? Construido sobre las doctrinas de los judíos, los precristianos y las primeras sectas cristianas que se enfocaron en el conocimiento de Dios y el comienzo y el fin de la humanidad, el gnosticismo era considerado una herejía por la Iglesia católica romana. Pocas comunidades gnósticas sobreviven actualmente, y por ello es dudoso que aún haya gnósticos masones.

La masonería aún aplica algunas restricciones a los aspirantes que desean ingresar al Culto. Varias organizaciones protestantes desalientan entre sus miembros la idea de unirse a la hermandad, mientras que la Iglesia ortodoxa oriental lo prohíbe por completo. La Iglesia metodista libre fue fundada en la década de 1860 por personas que consideraban que los masones y miembros de otras "sociedades secretas" estaban influenciando a los metodistas. Un gran contingente de bautistas sureños ha declarado que sus doctrinas son incompatibles con las creencias masónicas.

Sectarismo

Podría decirse que una de las más prominentes señales de la masonería tiene que ver con el tema del sectarismo político y religioso, las actitudes intolerantes y la estrechez de miras con respecto a estos temas. Definitivamente, la masonería no es sectaria y, como tal, prohíbe la discusión sobre religión o política en todas sus logias. En realidad, lo que se busca es afinar al individuo para impulsar su propio viaje educativo y espiritual a través del Culto, eliminando la distracción de conflictos potenciales que típicamente afloran entre quienes abrazan diversas creencias.

Cuando un hombre decide unirse a la hermandad y se convierte en iniciado, a nadie se le permite cuestionarlo con respecto a sus afiliaciones políticas o religiosas, y en ningún momento los miembros realizan públicamente acción alguna que asocie a la masonería con una alineación en particular. Cada masón lleva sus propias creencias y, aunque no es una virtud hablada de la organización, él las utiliza para comprender las conferencias y enseñanzas de los diversos grados.

Vínculos con los antiguos misterios

Durante mucho tiempo, la masonería ha estado asociada con antiguos misterios y cultos. Aunque no existe un vínculo probado, es un tema popular que intriga a los historiadores, expertos y, por supuesto, a un contingente de quienes se dedican a infundir temor acerca de supuestas conspiraciones. Las teorías y especulaciones cubren toda una gama que incluye el hermetismo, el gnosticismo, el paganismo y las doctrinas de la cábala.

Hecho

El hermetismo se suscribe a la filosofía de un conjunto de 14 escritos atribuidos al antiguo filósofo griego Hermes Trismegistus. Se estima que tiene influencia egipcia, griega, judía y gnóstica. A menudo considerada la más antigua filosofía esotérica de la historia, se dice que fue influenciada por Platón, Pitágoras y hasta por Moisés.

No hay duda alguna de que el estudio de estas religiones es fascinante y se presta a muchas reflexiones serias sobre su conexión con la masonería. Entre estos misterios, uno de los más fascinantes, por su posible relación con la hermandad, es el mitraísmo.

El culto secreto de los mitras

Desde el siglo I hasta el IV hubo una religión predominante en el continente europeo, un culto "misterioso" denominado mitraísmo, que durante más de dos siglos fue un poderoso rival del cristianismo. Mitras fue conocido a lo largo y ancho de Europa y Asia por muchos nombres, pero comúnmente se le conoce como el Dios persa de la luz y la verdad, a menudo asociado con el Sol.

Según la leyenda, Mitras bajó a la Tierra a recoger a sus seguidores en un ejército. En una cueva entabló una batalla contra un fiero toro que tomó la forma física del Espíritu de Todo lo Maligno. Tras derrotar al toro, Mitras regresó a los cielos para juzgar a los muertos y guiar a los justos. Típicamente, se le representa en el arte mitraico sentado sobre un toro, con un cuchillo en la mano y a menudo rodeado de distintos animales.

El mitraísmo era una religión exclusiva, repleta de simbolismos y rituales y muy ligada a la astronomía. Irónicamente, los cristianos de la época equiparaban el mitraísmo con sus propias doctrinas y, habiendo juzgado que eran similares, dedujeron que esta era una religión creada por Satanás con el propósito de descarriar a las almas.

Odiaban tanto los cristianos a los mitraicos, que, cuando finalmente consiguieron apabullar el culto, aniquilaron cuanto estuviera asociado a esa religión, empezando por los santuarios. Solo unos cuantos, subterráneos, sobrevivieron y aún existen en Europa.

Tal para cual

Algo sobre lo que muchos masones y eruditos de diversas corrientes han reflexionado son los aspectos del mitraísmo que reflejan las prácticas y rituales simbólicos de la masonería. No hay prueba sólida de una conexión, pero, dado que el mitraísmo es una religión y un culto y que la masonería es una fraternidad no sectaria, es curioso que las dos tengan tanto en común.

El culto mitraico estaba compuesto únicamente por hombres y sus seguidores estaban seleccionados en siete "grados". Cada uno de ellos tenía una ceremonia simbólica en la que los iniciados hacían votos, eran bautizados y continuaban hasta el siguiente grado, donde en cada nivel se le impartía al individuo más conocimiento y se le llevaba un paso más cerca de Mitras. Se ha especulado que tales prácticas están a la par con los rituales y ceremonias del Culto de la Masonería.

Información esencial

Como sucede con la masonería, los mitraicos tenían grados más altos en los que los miembros alcanzaban conocimiento y privilegios especiales. También se trataban entre sí como "hermanos", y enfocaban su actividad hacia tareas de caridad y apoyo.

Los mitraicos se reunían en un lugar en forma de caverna, llamado mitreo, en referencia a la lucha de Mitras en su legendaria batalla con el toro. Los mitreos, como las logias masónicas, elegían al presidente y a toda una rama de funcionarios. Su membrecía variaba enormemente en términos de clase, pero tanto a los esclavos como a los hombres libres se les otorgaban las mismas consideraciones y se les confiaban igualmente una serie de deberes.

Simetría simbólica

El simbolismo era de gran importancia para los mitraicos, puesto que nunca registraban por escrito ninguno de sus secretos o rituales. Entre los símbolos más conocidos del mitraísmo figuran el Sol, la Luna, las estrellas, los globos y la escalera con siete peldaños, que representan el ascenso del candidato a grados más altos, muy parecida a la escalera de siete peldaños utilizada en los rituales del Culto.

Los símbolos astronómicos son de particular interés. En el mitraísmo, los siete grados son simbólicos de Mercurio, Venus, Marte, Júpiter, Saturno y el Sol y la Luna. La muerte del toro Mitras es representativa de Tauro, con otros animales que a menudo aparecen junto a él y que se traducen a los demás signos del Zodiaco y, subsiguientemente, a las constelaciones. Los antiguos miraban a las estrellas y al Sol para rastrear los equinoccios y los solsticios de verano e invierno. Fuera de sus demás deberes celestiales, Mitras supervisaba los cambios de estaciones y movimientos celestiales. La muerte del toro denota la llegada del equinoccio.

Otro punto en común entre el mitraísmo y la masonería es la muerte simbólica representada en los rituales. Los mitraicos evocaban la leyenda de Mitras cuando mataba al toro y con representaciones de la muerte y la resurrección durante sus ceremonias, en forma muy parecida a como los masones conmemoran la leyenda de Hiram Abiff, particularmente en la iniciación del tercer grado, el de Maestro Masón.

Hecho

En la masonería, uno de los símbolos rituales comunes es el punto dentro de un círculo y las dos líneas verticales que aparecen a cada lado del círculo. Se dice que interpreta el solsticio de verano e invierno. Las dos líneas verticales representan a Cáncer y a Capricornio.

Es fácil ver por qué se ha dedicado tanto tiempo a estudiar el mitraísmo, que aun cuando guarda con la masonería muchos símbolos en común también presenta una gran diferencia con ella en cuanto a la ideología. En definitiva, no se ha probado la existencia de ningún vínculo. Puesto que la mayor parte de la historia mitraica fue destruida, es poco probable que se pueda establecer una conexión firme. La posibilidad de que la masonería descendiese del mitraísmo, aunque altamente fascinante, no puede por ahora establecerse con firmeza.

Capítulo 12
Antimasonería

Mientras ha existido la masonería, igualmente ha existido la antimasonería. Como cualquier organización basada en una membrecía, los masones están sujetos a un intenso escrutinio, quizá todavía más como resultado de que se haya tildado a la hermandad de "sociedad secreta". Como sucede con muchos otros grupos y personas, los masones han soportado su parte de odio, persecución y escándalo a lo largo de la historia, según se dice, lo peor de lo cual ha ocurrido en tiempos de guerra, tanto en Europa como en Norteamérica.

Sentimientos antimasónicos

La masonería es una entre un puñado de organizaciones que han resistido la prueba del tiempo. Sea que uno crea que evolucionó desde la época del Templo del rey Salomón o desde los picapedreros de la Edad Media, ambas conjeturas se vuelven secundarias ante el hecho de que, como fraternidad, los masones continúan atados por metas comunes de educación y desarrollo espiritual, tanto para sí mismos como para sus comunidades.

Sin embargo, el peso de cargar con el término de "sociedad secreta" ha resultado en todo tipo de acusaciones, conspiraciones y persecuciones en el mundo entero. La historia ha demostrado que a lo largo de los siglos, muchas poderosas organizaciones, líderes, gobiernos y grupos han hecho de la masonería el blanco de un sinnúmero de acusaciones. Las más comunes son paganismo, satanismo, veneración luciferina, extremismo religioso, ocultismo, corrupción y asesinato. Se le sindica también de estar controlada por grupos poderosos, como el *Illuminati* y la Comisión Trilateral, que aspiran a dominar el mundo.

Pregunta

¿Quiénes son, exactamente, los antimasones? Se dice que la antimasonería puede clasificarse en dos grandes facciones: la de quienes acusan a la hermandad de prácticas anticristianas o satánicas y la de quienes se enfocan en sus supuestas actividades sociopolíticas.

Siendo como es la masonería una fraternidad basada en los principios de amor, ayuda mutua y verdad fraternal, todas estas acusaciones lucen bastante duras. Pero ¿qué hay en ellas de cierto? Si uno abraza creencias antimasónicas o teorías sobre conspiración, entonces sí, probablemente, afirmará que los masones son concubinas del diablo. Si uno es historiador, erudito o experto en la materia, es posible que enfoque los hechos como lo haría con cualquier otro tema histórico y que saque conclusiones basado en pruebas sólidas.

Pero si uno es un miembro desprevenido de la comunidad, con escasos conocimientos sobre la masonería, la opinión que se forme dependerá de apreciaciones completamente individuales, sujetas a las lecturas que se hagan o a los comentarios que se escuchen.

Trasfondos conspirativos

Los grupos antimasónicos organizados, producto del siglo XVIII, han evolucionado y alcanzado considerable audiencia, por cortesía de Internet. Sin embargo, la historia está repleta de actividades antimasónicas, que van desde la paranoia de la preguerra en la Alemania nazi hasta las actuales conspiraciones, según las cuales, por ejemplo, la masonería creó secretamente un pentagrama cuando algunos de sus integrantes diseñaron las calles de Washington (véase el capítulo 17).

Un vistazo breve a las acciones antimasónicas más conocidas, persecuciones y escándalos mostrará que como cualquier otra organización basada en membrecías, y muy seguramente más con una tan señalada como secreta, los masones han soportado su buena cuota de conflictos, paranoia, engaños y malas semillas dentro de la organización por parte de algunos de sus miembros, quienes le han agregado considerable combustible a las teorías y acusaciones antimasónicas.

Primeras inquisiciones

Dos de los primeros casos registrados de persecución masónica tuvieron por escenario a Portugal e Italia. El primero rodea a la Iglesia católica romana y a Tommaso Crudeli, quien fuera miembro de una logia condenada el 25 de junio de 1737 por el jefe inquisidor de Roma.

Dos años más tarde, el 10 de agosto de 1739, Crudeli fue arrestado y torturado para que revelara los secretos de la hermandad. Encarcelado durante los dos años siguientes, Crudeli fue liberado finalmente, pero el tiempo que pasó en la prisión, junto con las torturas a que fue sometido, le arruinaron la salud. Falleció en 1745.

El segundo incidente involucra a un masón suizo, el joyero John Coustos. Habiendo vivido en Inglaterra desde la niñez, Coustos se convirtió en masón en 1730. Su iniciación es de interés particular para la hermandad, puesto que fue el primer masón recién iniciado en recibir un par de guantes blancos.

Hecho

John Coustos dejó también registro en la historia masónica, ya que fue el único masón inglés hecho blanco de la Inquisición católica.

Trece años después de su introducción al Culto, en 1743, Coustos fundó una logia y se convirtió en maestro en Lisboa. Fue allí donde empezaron sus problemas. Al caer víctima de la Inquisición católica, Coustos y dos de sus hermanos franceses, Thomas Brasle y Jacques Mouton, fueron arrestados y torturados durante dos meses. Ya otros tres masones habían sido ahorcados en 1743. Coustos sobrevivió y fue enviado a galeras, pero sus dos compañeros fallecieron. Hacia 1744, una vez asegurada su libertad a instancias del rey Jorge II y ordenada por un ministro británico, Coustos se embarcó hacia Gran Bretaña y allí, más adelante, escribió un libro en el que hace un recuento de su desgarradora experiencia.

Condena previa a la guerra

Muchos años antes de estallar la Segunda Guerra Mundial ya se habían presentado incidentes antimasónicos en Europa, que crearon el marco propicio para un largo período de persecución a la masonería. Fue en Hungría, a partir de 1919, cuando las fuerzas militares del régimen de Horthy comenzaron las redadas contra las logias masónicas. Los allanamientos buscaban saquear las obras de arte, bibliotecas y documentos de la hermandad, que posteriormente eran destruidos o exhibidos en espectáculos antimasónicos.

Hacia el año de 1920 corrieron fuertes rumores sobre una oleada antimasónica en Alemania, puesto que uno de los héroes de la Primera Guerra Mundial, el general Eric von Ludendorff, con la ayuda de su esposa, comenzó a esparcir propaganda antisemita y antimasónica. Sus incendiarias publicaciones, tales como *Aniquilación de la masonería mediante la revelación de sus secretos*, revelaban que judíos y masones eran los responsables de la derrota alemana durante la Primera Guerra Mundial.

Información esencial

En 1928, la Gran Oriental Española, una de las grandes logias de ese país, fue cerrada cuando el dictador Miguel Primo Rivera abolió la masonería en la Península. Fueron arrestados todos aquellos de quienes se decía que habían confabulado contra el Gobierno. Muchos eran masones. Tiempo después quedaron casi todos en libertad, menos el gran maestro y cinco de sus hombres de confianza.

En 1920, Adolfo Hitler se encontraba ocupado en la prisión escribiendo su autobiografía, *Mein Kampf* (Mi lucha). En ella aseguraba que los judíos utilizaban a los masones para alcanzar sus metas, especialmente con la influencia que la hermandad tenía sobre la alta sociedad. Hitler afirma en su libro que los masones fueron responsables de la "parálisis pacifista generalizada del instinto nacional de autopreservación".

Il Duce versus la masonería

Durante la década de 1920, la masonería italiana enfrentó un nuevo enemigo en el dictador Benito Mussolini, cuyo Consejo Fascista expidió el 23 de febrero de 1923 un decreto que obligaba a los masones que fueran fascistas a elegir entre las dos afiliaciones. En respuesta a la amenaza, la Gran Oriental, que tenía jurisdicción sobre las logias italianas, aclaró que a los masones se les permitía perder el derecho a su membrecía con el fin de permanecer leales a su país. Como resultado de ello, efectivamente, muchos renunciaron al Culto.

Una excepción fue la del general Luigi Capello, uno de los comandantes del Ejército italiano durante la Primera Guerra Mundial y uno de los fascistas más prominentes de la Península. Cuando Mussolini expidió su decreto, Capello, en su momento gran maestro suplente de una de las más grandes logias de Italia, la Gran Oriental, renunció al fascismo, pero siguió en la masonería. En el curso del año siguiente el general, víctima de una trampa para incriminarlo, fue procesado en un juicio largamente publicitado, y convicto por conspiración, sindicado de haberle entregado dinero a unos individuos que planeaban asesinar a Mussolini. Fue sentenciado a 30 años, de los cuales los primeros seis fueron en confinamiento.

Hacia 1924, la persecución a los masones se hizo más intensa, pues Mussolini expidió una declaración en la que llamaba a delatar a quienes no fueran fascistas y pertenecieran a la hermandad. Se formaron comités para recoger toda la información que pudiera encontrarse relativa a los masones.

Hacia 1925, las posiciones de Mussolini se hicieron aún más críticas, cuando en el curso de una entrevista aseguró que la masonería italiana, bajo el mandato de la Gran Oriental de Francia, era, simplemente, una institución política. Sí aceptó que las organizaciones masónicas inglesa, americana y alemana eran de caridad y basadas en la filantropía, pero, según él, esto no aplicaba a las italianas. Como tal, los masones italianos fueron acusados por *Il Duce* de ser agentes de Inglaterra y de Francia y de oponerse al Ejército italiano. Siguió una persecución masiva que finalmente resultó en el asesinato de muchos prestigiosos masones.

La Gran Oriental de Italia se las arregló para permanecer abierta hasta 1925, pero al año siguiente la logia fue ocupada por el Gobierno. Comizio Torrigiani, gran maestro de la Gran Oriental, defendió la democracia en una carta abierta a Mussolini, tras lo cual fue exiliado a las islas Lipari, donde murió en 1932.

La hermandad italiana fue totalmente disuelta por Benito Mussolini en 1925. Durante los dos años siguientes, los infames esbirros del dictador salieron a profanar los domicilios de los masones en todas las ciudades del país. Más de 100 masones fueron asesinados durante esta ofensiva.

Masonería en la Alemania nazi

Las organizaciones o individuos que detentan cierto grado de poder suelen convertirse en blanco de quienes aspiran a tener su propia cuota. El fenómeno no es nuevo en la historia, puesto que desde la aparición del hombre se han formado grupos que soportan todas las formas de persecución, como resultado de un poder agobiante que pesa sobre ellos.

Así como muchos grupos e individuos fueron horriblemente perseguidos en Alemania durante la Segunda Guerra Mundial, de igual manera la masonería fue víctima de la arremetida nazi bajo el régimen de Adolfo Hitler.

Ya a lo largo de la década de 1920 habían aflorado sentimientos antimasónicos, así que no sorprende que a los oficiales del Partido Nazi se les entregara en 1931 una "Carta de guía instructiva" que decía: "Es necesario trabajar frenéticamente la hostilidad natural del campesinado hacia los judíos, y su hostilidad contra la masonería en su condición de sirvientes de los judíos".

La hermandad bajo fuego

Fue en enero de 1933 cuando Adolfo Hitler se convirtió en canciller de Alemania. El 7 de abril de ese mismo año, el gran maestro Von Heeringen, de la Gran Logia Tierra, de Alemania, fue llamado a una entrevista con uno de los más altos jefes de Hitler, Hermann Göring, quien en una ocasión había considerado convertirse en masón. En la entrevista, Von Heeringen fue informado de que en una Alemania nazi no había lugar para la masonería.

Información esencial

Según los registros, Alemania contaba con nueve grandes logias, con una membrecía de aproximadamente 80 000 masones. Las tres más grandes eran la Gran Logia de los Tres Globos, la Gran Logia Nacional de Todos los Masones Alemanes y la Gran Logia Real York de la Amistad.

Se dice que el Gobierno nazi informó a varios líderes masónicos que no se prohibirían sus actividades siempre y cuando se respetaran ciertas reglas. Para que la masonería pudiese continuar, tendrían que proscribirse las palabras "masón" y "logia", deberían cesar las relaciones internacionales y toda la confidencialidad, la hermandad tendría que ser completamente de ascendencia alemana y debería retirarse de las prácticas rituales cualquier referencia al Antiguo Testamento.

En cumplimiento de las demandas nazis, el gran maestro nacional, Dr. Otto Bordes —quien posteriormente, junto a su esposa, pasó nueve meses en un campo de concentración— y sus funcionarios cambiaron el nombre de su organización, llamada Asociación de Masones Alemanes, por el de Orden Nacional Cristiana de Federico el Grande. La Gran Logia de Prusia también cumplió esta exigencia y se convirtió en la Orden Cristiana Alemana de la Amistad.

Pese a todo, la situación continuó empeorando. Ante una gran audiencia, el ministro alemán de Agricultura, Dr. Walter Darre, proclamó a la masonería como el "archienemigo del campesinado alemán", y la acusó de sabotear las políticas del régimen nazi. Como consecuencia, los masones fueron excluidos de la enseñanza y de la prestación de otros servicios públicos.

Las grandes logias cristianas: la Gran Logia de los Tres Globos, la Gran Logia Nacional de Todos los Masones Alemanes y la Gran Logia Real York de la Amistad —tres de las cuales eran las más antiguas del país— fueron disueltas en 1934 por orden del premier, Hermann Göring.

Se arguyó que el nacionalismo nazi invalidaba como innecesarios a los masones y que su contacto con hermandades internacionales podría ser potencialmente hostil.

Precipitación del antisemitismo

Durante muchos años, como un secreto a voces, existió en Alemania un sentimiento que relacionaba a los masones con los judíos. Se dice que el virulento movimiento antimasónico y antisemita se basó en gran parte en la necesidad de culpar a masones y judíos de la derrota sufrida por Alemania durante la Primera Guerra Mundial. Dado que los rituales masónicos simbólicamente contenían referencias judías, es fácil ver por qué tantas logias enfrentaban la arremetida gubernamental.

Hacia 1934 los masones habrían de encontrar un oponente más en Adolfo Eichmann, joven sargento austriaco de la *Sicherheitsdienst*, una rama de la seguridad secreta de la SS. Eichmann estaba dedicado a hacer listas de los nombres de masones alemanes de alto perfil y a profundizar en el aspecto internacional de la hermandad. Al hacerlo, se familiarizó íntimamente con lo que llegó a conocerse como la "cuestión judía". Su naturaleza ambiciosa lo convirtió muy pronto en un experto en el tema.

Hecho

Durante el gobierno de Hitler, muchos masones de diversos países perecieron en campos de concentración. Uno de ellos fue Leo Muffelmann, fundador y gran maestro de la Logia Simbólica de Alemania, reubicada en Palestina hasta el final de la guerra.

Poder absoluto y corrupto

El golpe final a la masonería llegó el 8 de agosto de 1935, cuando se anunció en el periódico de Hitler, el *Voelkischer Beobachter*, que todas las logias serían disueltas. En el periódico, los masones eran culpados del asesinato, el 28 de junio de 1914, del archiduque de Austria Franz Ferdinand, que dio comienzo a la Primera Guerra Mundial. También fueron acusados de querer iniciar otra guerra, que resultaría en la creación de una "república mundial".

La respuesta al anuncio fue rápida: un decreto expedido por el presidente Von Hindenburg, en el que se acusaba a las logias masónicas de acciones subversivas, y la orden del ministro del Interior de que todas las logias y sus propiedades fueran confiscadas. También arreció la propaganda. El inspector nazi para las escuelas informó al público que en 1918, masones traidores, que habían trabajado en el departamento de mapas del Ejército alemán, habían pasado secretos militares a los británicos.

Heinrich Himmler era el jefe de las SS y el hombre más temido en la Alemania nazi durante la Segunda Guerra Mundial. Su suplente principal, Reinhard Heydrich, declaró que todas las organizaciones que se oponían al Partido Nazi habían sido destruidas, pero lanzó una fuerte advertencia para recordar que la "conspiración del mundo judeo-masónico" seguía en su empeño de destruir al pueblo alemán.

La propaganda se hizo más evidente en 1936 cuando *Der Angriff*, periódico de Berlín, publicó un informe en el que se decía que los masones norteamericanos estaban piloteando más de una docena de aviones que se dirigían hacia España para luchar contra los militares fascistas del general Francisco Franco.

Idos, pero no olvidados

Aun antes del comienzo de la Segunda Guerra Mundial, muchos masones eran mantenidos en campos de concentración. Hacia 1937, muchos más fueron ingresando a medida que la Gestapo saqueaba bibliotecas y museos en busca de nombres de quienquiera estuviera asociado con el Culto. En conformidad con el sentimiento antimasónico, el ministro de Propaganda, Dr. Joseph Goebbels, acérrimo antiestalinista y conocido bajo cuerda con el apodo la "Gran Mentira", abrió en 1937 la Exposición Antimasónica de Múnich, que exhibía templos masónicos totalmente amoblados, producto del pillaje.

Al parecer, el régimen nazi no coronó el intento por diezmar a los masones, puesto que cinco años después, en 1942, y ya en medio de aquella guerra virulenta, Hitler expidió una declaración en la que culpaba a los masones y a sus aliados, los "enemigos ideológicos del Nacionalsocialismo" de la guerra contra Alemania. Una vez más, los militares allanaron sin consideración alguna los edificios masónicos en busca de alguna guarnición que les permitiera llenar sus museos y exhibiciones. Al año siguiente, la maquinaria propagandística continuó aceitándose cuando Heinrich Himmler aseguró en un discurso que la mayor parte del espionaje que se había cometido contra los alemanes era obra de judíos y masones.

Persecución continental

Durante la guerra y después de ella, los masones estaban siendo asesinados, encarcelados o desterrados en todos los países de Europa, como resultado de las campañas de los gobiernos antimasónicos y dictatoriales. En los Países Bajos, por ejemplo, donde había más de 6000 masones, solo sobrevivió la tercera parte. En Austria, en 1938, la Gran Logia de Viena fue asaltada y saqueada por la Gestapo, que arrestó al gran maestro, Dr. Richard Schlesinger, quien murió tras el brutal encarcelamiento.

En Francia, en 1935, una pandilla simpatizante del fascismo, conocida como Grupo Interparlamentario de Acción contra la Masonería expidió una atrevida declaración según la cual "los masones deben ser derribados". El grupo prometió que las fuerzas nacionales lucharían a muerte sin "tregua ni respiro". Cuando los alemanes derrotaron a Francia en 1940, la Gran Oriental y la Gran Logia de Francia fueron disueltas y sus propiedades vendidas para su uso posterior en museos antimasónicos.

¡Alerta!

El antimasón Bernard Fay, autor de *Revolución y masonería*, fue la peor pesadilla para la hermandad, puesto que a él se le dio poder para dirigir la persecución. Se dice que arrestó a miles de hermanos, deportó a 1000 y causó la muerte de 1000 más.

Los masones españoles enfrentaron sus propios problemas, especialmente tras el comienzo de la Guerra Civil Española, en 1936, cuando las tropas del dictador y generalísimo Francisco Franco comenzaron la arremetida de destrucción de templos y de ejecuciones brutales a los miembros de la hermandad. En una ciudad, los miembros de una logia fueron obligados a cavar sus propias tumbas antes de ser asesinados.

Cientos de masones fueron muertos o encarcelados en toda España, y en los territorios españoles de Marruecos y de las islas Canarias. Hacia 1939, los masones españoles fueron proscritos. Quienes no se arrepentían de participar en el Culto eran hechos prisioneros. El Decreto 1940, de Franco, para la "supresión del comunismo y la masonería" hizo que cada masón capturado en España pagara con la vida o con largos años de cárcel. Las cortes militares, creadas específicamente para aniquilar a la masonería, enviaron a prisión a miles de sus miembros por términos hasta de 30 años.

Escándalo en Italia

La historia de la masonería en Italia no solo es un estudio de la hermandad, sino una crónica tempestuosa de la evolución política y social del país. La historia de la Logia P2 y los acontecimientos que se desataron a raíz de su escándalo fueron otro mal sueño. El balance final es que la verdad del asunto aún se desconoce. Aunque los hechos puedan ser precisos, continúan las especulaciones.

En la masonería existe lo que se conoce como logias irregulares, aquellas que no son oficialmente reconocidas por la hermandad. Italia y Francia siempre han sido países altamente politizados, especialmente durante tiempos de revolución, y, como tales, muchas de sus logias masónicas operaban literalmente en secreto.

Italia, país unificado solo desde 1870, contaba con muchas logias irregulares. En el siglo XVIII se crearon muchas logias masónicas, pero fueron suprimidas. Fue a partir de 1860 cuando la masonería logró revivir. Se formaron entonces dos grandes logias.

Sin embargo, entre 1926 y 1945, la masonería italiana fue prohibida, tras lo cual surgieron varios grupos que competían entre sí, como la Gran Oriental de Italia o la Gran Logia Nacional. Las Grandes Logias Americanas reconocieron oficialmente a la primera, que, hacia 1972, fue reconocida además por las grandes logias Escocesa, Inglesa e Irlandesa, entre otras. La Gran Logia Nacional permaneció como irregular, y muchos de sus miembros la abandonaron para unirse a la Gran Oriental.

La Logia P2

Uno de los hechos que más comúnmente es asociado a la masonería italiana es el escándalo, relativamente reciente, que involucra a la Propaganda Dos (*Due*) o Logia P2, de Roma. A manera de anécdota, la llamada Evolución de la Logia de la Propaganda Masónica es la misma a la que la Gran Oriental le expidió una orden judicial en 1877. La Logia de la Propaganda Masónica era más bien un club privado, que no figuraba en los registros oficiales de la Gran Oriental. El gran maestro de la Logia ejercía control total sobre quienquiera que él mismo hubiera iniciado, de tal modo que la membrecía estaba integrada por muchos políticos y empleados gubernamentales.

Pregunta

¿Por qué se llama P2? Tras la Segunda Guerra Mundial, la Gran Oriental de Italia volvió a abrirse, y, en un esfuerzo por ganar nuevos adeptos bajo su jurisdicción, se sortearon números que fueron asignados a las nuevas logias. La Logia de la Propaganda Masónica seleccionó el número dos y llegó a conocerse como la P2.

La Logia P2 fue dirigida por el maestro Lucio Gelli, antiguo soldado y fascista, que sirvió en la República Social Italiana de Mussolini. Se dice que en 1944, cuando luchaba contra el Partido Comunista, Gelli dirigió asaltos en los que muchos soldados de la resistencia fueron ejecutados. Irónicamente, Gelli sintió, como muchos otros fascistas de la época, que los aliados podían ganar la Segunda Guerra Mundial. Cambió a tiempo de bando e intentó mantenerse en los círculos del poder militar.

Esta escuela de pensamiento llevó a Gelli a instigar un plan que lo congraciaría con los aliados. No obstante, cuando finalizó la guerra y él se hizo pasar por miembro de un movimiento de resistencia, no logró convencer a los antifascistas ni a los comunistas, por lo que debió escapar a Argentina en 1945. Años más tarde, durante la guerra fría, al regresar a Italia protegido por la amnistía a los fascistas, Gelli se involucró en prácticas comerciales menos que aceptables con Rumania, incluido el mercado negro.

A través de sus negocios, Gelli hizo amigos poderosos de todas las banderas políticas. Cuando tomó las riendas de la Logia P2, la membrecía superaba los 2000 mil integrantes e incluía a ministros del gabinete, oficiales militares de muy alto rango, líderes del servicio civil y periodistas.

El problema comenzó cuando se revelaron los negocios de Gelli con Rumania, a lo que siguió un tremendo alboroto. En 1974, durante una reunión de las Comunicaciones de la Gran Oriental, el gran maestro de la Gran Oriental de Italia propuso tomar la medida de erradicar la Logia P2. Con una votación aplastantemente mayoritaria, la P2 fue eliminada.

Espectáculo de títeres

Cuatro meses después de que la P2 fuera expulsada de la hermandad, Gelli hizo algunas acusaciones atrevidas contra el gran maestro, según sus palabras, por "serias irregularidades financieras". En un extraño giro de los acontecimientos, se autorizó una nueva P2, tras lo cual Gelli se retractó de sus acusaciones. Pero su reintegro fue de corta duración, pues en 1976 hizo una solicitud a la Gran Oriental en el sentido de que una nueva expulsión de la P2 quedara en una simple suspensión. Esto se tradujo en que Gelli retuvo el poder de controlar la membrecía sin que la Logia tuviera participación alguna. Durante todos estos acontecimientos, la Gran Oriental se convirtió en pasto de la crítica pública, ya que la expulsión de la P2 fue interpretada como una maniobra para hacer creer que todo el tiempo esta había estado trabajando con la Logia.

Hecho

El gran maestro de la Gran Oriental de Italia se convirtió en 1978 en blanco de las críticas cuando fue relacionado con actividades financieras sospechosas. Una campaña financiera para elegir a un gran maestro fue arreglada por Gelli, pero su candidato no salió electo.

Ya en 1980, la masonería italiana se había cansado de Gelli, que durante una entrevista de prensa llamó a la masonería un "espectáculo de títeres" en el que él era el titiritero. Al año siguiente fue expulsado de la hermandad por un tribunal masónico, que, además, afirmó que la P2 había sido oficialmente eliminada en 1974, con lo que se derogaron las acciones "ilegales" del anterior gran maestro.

En 1981, la policía italiana empezó a involucrarse más en serio con Lucio Gelli y sus actividades fraudulentas. Allanamientos a su casa llevaron al descubrimiento de todo tipo de documentos que lo vinculaban a mucha gente influyente. Se recuperó un registro de la membrecía de la Logia P2, que reveló casi 1000 nombres de personas prominentes, entre los cuales había estadistas, ministros, diputados, oficiales militares y políticos. La situación se fue agravando hasta crear un efecto dominó sobre el Gobierno italiano, pues muchos funcionarios, incluido el primer ministro, Arnaldo Forlani, fueron obligados a renunciar. El Gobierno entró en caos, y Gelli, el instigador, se voló del país.

La masonería y el Banco del Vaticano

Los documentos de Lucio Gelli presentaban una relación comercial entre él y más de un individuo de dudosa reputación. Uno de sus colegas era Roberto Calvi, presidente de la junta del Banco Ambrosiano de Milán, exclusiva entidad bancaria cuyos clientes incluían a Gelli y al Vaticano. Otro miembro de la Logia P2 de Gelli era Michele Sindona, banquero y presunto asesor del papa Pablo VI, quien tenía vínculos con la mafia italiana, *Monorata Societa*. Sindona fue hallado muerto en su celda de prisión en la década de 1980, presuntamente por envenenamiento.

Calvi, a quien la prensa conocía como el "Banquero de Dios", ha sido tema de muchas teorías antimasónicas y conspirativas, pues sus actividades y misteriosa muerte siguen siendo tema de discusión. En 1982, estaba en la mira de la justicia cuando el Banco de Italia lo cuestionó con respecto a una gran suma de dinero que no aparecía. Cuando el Banco Ambrosiano de

Milán colapsó, se especulaba que los fondos en cuestión iban desde varios cientos de millones a más de mil millones de dólares. Calvi escapó a Inglaterra, a un refugio seguro en medio de sus compañeros masones, tal como lo conjeturan algunos expertos.

El 19 de junio de 1982, Calvi fue encontrado ahorcado bajo el puente Blackfriars de Londres, que, según algunos, tiene conexiones masónicas. La causa de la muerte fue reportada como suicidio, pero las circunstancias que la rodearon tomaron un nuevo rumbo cuando se descubrió que tenía los bolsillos llenos de droga en cantidades suficientes para causar su muerte. Una segunda investigación solo sirvió para alimentar la llama de una supuesta conspiración, pues la muerte de Calvi fue registrada como debida a "causas desconocidas".

Asesinato masónico

La muerte de Roberto Calvi se convirtió en un caso sórdido que despertó sospechas, ante todo sobre el Gobierno italiano y sobre la masonería en el mundo entero. El hecho de que el Parlamento italiano publicara un informe sobre el escándalo de la P2 dos años después de la muerte de Calvi pareció dar crédito a las teorías de que de alguna manera los masones estaban involucrados. Eso, a pesar de que el Parlamento afirmaba que los masones no eran responsables del escándalo de la P2 y, de hecho, habían sido el blanco principal de Gelli.

Como seguían creciendo las especulaciones en torno al asesinato de Calvi, la información sobre la P2 volvió a ser rigurosamente examinada. Continuó así tejiéndose todo tipo de teorías.

¡Alerta!

En 1992 fue exhumado el cuerpo de Calvi y los forenses concluyeron que había sido asesinado. En 2003, la Policía de Londres reabrió la investigación.

El asunto de Lucio Celli, la Gran Oriental de Italia y Roberto Calvi está lleno de escándalo, drama, intriga, fraude y asesinato, entretejido todo en la tela de la masonería italiana. Desde los humildes comienzos de la Logia de la Propaganda Masónica hasta la corrupción de la P2 y la muerte de un banquero del Vaticano, nunca han faltado acusaciones sobre conspiración.

Ciertamente, como no ha sido resuelto el caso, los juicios de quienes han estado involucrados continúan abiertos hasta la fecha.

Un falsificador reverente

No hay nada que un antimasónico disfrute más que un buen escándalo, y eso fue, justamente, lo que brindó a manos llenas el caso del Dr. William Dodd a finales del siglo XVIII en Inglaterra. Sorprendente y trágico, su relato fue una experiencia que le abrió los ojos a la sociedad en todos sus niveles y que al mismo tiempo abonó la mala publicidad para la hermandad masónica.

William Dodd era un hombre de enormes logros, dignos de admiración, entre ellos, un grado en matemáticas. También se ordenó en la Iglesia de Inglaterra, sirvió como canónigo del prior de la Iglesia de San Juan y escribió más de 50 libros, poemas y trabajos teológicos, según se afirma. Dodd, era además, un renombrado conferencista, tutor de los niños de la aristocracia e importante defensor de las organizaciones de caridad.

Hecho

Una de las obras de caridad que fundó el Dr. Dodd fue el Hogar Magdalena, en Streatham, para "mujeres caídas", nombre cortés para las prostitutas. Asimismo, fue instrumental en la Sociedad Humana para la Recuperación de Personas Aparentemente Ahogadas y, en lo que habría de convertirse en un vuelco irónico, la Sociedad para el Alivio de los Deudores Pobres.

Por tanto, ¿qué pudo haber hecho un hombre tan cabal e íntegro que ofendiera a tantos? En una palabra: falsificación. La vida de William Dodd, por fuera de su carrera, fue también en su época motivo de especulación. Aunque casado y con medios económicos limitados, tenía propensión a ofrecer fiestas espléndidas. Poseía una casa en la ciudad y una en el campo, y escribió una novela que volteó unas cuantas cabezas clericales, pues estaba enfocada en el sexo.

Error clerical

El primer error de Dodd fue un asunto de soborno, una intriga menor que inició en 1774 en un esfuerzo por asegurarse una residencia a la moda, y gratis, en la Plaza Hanover en Londres. El hogar, antes utilizado por un vicario que había sido recientemente promovido y trasladado, le fue entregado al Lord canciller Lord Apsley como un regalo para que hiciera con él lo que considerara conveniente. En un momento de estupidez, Dodd le escribió a Lady Apsley pidiéndole que persuadiera a su marido para otorgarle el hogar a un individuo cuyo nombre sería revelado tras el acuerdo. En cuanto a ella, recibiría 3000 libras.

Al parecer, Dodd falló en su intento por escribir la carta en forma anónima, pues Lord Apsley instigó una investigación que terminó a las puertas de Dodd. Una vez interrogado, los investigadores quedaron convencidos de que Dodd era el culpable. El Rey se enteró de la intriga por Lord Apsley, como resultado de lo cual Dodd cayó en desgracia y fue despedido de su posición como capellán real.

Dodd le pidió ayuda a un antiguo alumno, en ese momento conde de Chesterfield, y en poco tiempo recibió una nueva residencia en la vicaría de Wing, en Bedfordshire. Dodd fue iniciado en la Logia de San Albán Nº 29, el 3 de abril de 1775, y fue también miembro de la Logia Nueve Musas. Había cubierto su resbalón con el soborno, así que fue aceptado en la hermandad sin vacilación. Inmediatamente después se creó una posición nueva para él y pasó a convertirse en el primer gran capellán oficial de Inglaterra.

Deuda de vida y muerte

Uno pensaría que un hombre capaz de recuperarse en tal forma de un escándalo público, renombrado predicador, humanitario y mason, habría vivido felizmente y para siempre. Pero no fue así. Habiendo sido nombrado gran capellán para un segundo período, confortablemente instalado en un nuevo hall de la masonería en Londres, con una oficina creada especialmente para él, Dodd siguió con su fiesta parisina. No mucho después, un remolino de rumores hizo saber que estaba viviendo otra vida en Francia y gastando enormes cantidades de dinero.

Información esencial

Se dice que el Dr. Dodd a menudo frecuentaba las pistas de carreras en Francia y que en Londres estaba conectado con prostitutas de alto vuelo.

En 1777, Dodd necesitó un préstamo por más de 4000 libras, para lo cual le ofreció al prestamista un depósito bajo fianza que su amigo Lord Chesterfield había expedido. Dodd recibió el dinero, pero el prestamista sospechó algo y estableció contacto con Lord Chesterfield. Fue en ese momento cuando se descubrió la falsificación de Dodd, y, a pesar de todos los intentos hechos por él para repagar la deuda de inmediato, fue acusado y enjuiciado. Dodd imploró clemencia, seguro de que su antiguo alumno Lord Chesterfield no desearía su enjuiciamiento, pero eso no sucedió.

Colgado por lo alto

En un elaborado discurso, Dodd intentó durante el juicio representar su caso, pero fue en vano. En diez minutos el jurado lo encontró culpable. Y puesto que el castigo por falsificación en esos tiempos era la muerte, fue sentenciado a la horca. Igualmente, en abril de 1777, la masonería expulsó a Dodd de la hermandad, mediante voto unánime. En junio, William Dodd fue ahorcado frente a una enorme multitud en Tyburn.

Por supuesto, el relato de William Dodd no termina ahí. Los acontecimientos que siguieron al ahorcamiento continúan siendo un interrogante, pues se dice que no murió y que los masones llevaron su cuerpo directamente a una casa donde fue reanimado y posteriormente sacado de contrabando a Francia. El relato fue en apariencia corroborado por una carta escrita por Dodd a un amigo un mes después de su ahorcamiento, en la que hacía el recuento de su resurrección y el sitio de su ubicación en Francia en esos momentos.

También se cuenta la otra cara de la historia: que el carruaje de la masonería no pudo atravesar la inmensa multitud que presenció el ahorcamiento de Dodd y que no pudo llegar a su destino antes de que él expirara realmente.

Capítulo 13

Desmitificación de la masonería

Hay muchos misterios relacionados con las sociedades secretas, y la masonería no es la excepción. Con el misterio cunden los errores basados en teorías y opiniones que van desde lo ligero hasta lo indignante. Aunque sea cierto que los masones sí mantienen en secreto algunos aspectos del Culto, no lo es menos que ello guarda relación más que todo con su privacidad. Independientemente de lo que sea, como cualquier organización orientada hacia la membrecía, los masones tienen determinados términos, símbolos y rituales que requieren una explicación histórica en el contexto de la fraternal orden.

¿Sociedad secreta o sociedad de secretos?

Los antimasones han sacado a relucir montones de críticas estridentes al carácter de "sociedad secreta" que se le cuelga a la masonería. La idea misma de un grupo de personas que intercambian saludos rituales, se estrechan la mano en forma socialmente reconocible y llevan a cabo reuniones privadas a puerta cerrada ha sido amenazadoramente mágica a través de los tiempos.

A lo largo de siglos, individuos y grupos dogmáticos que a menudo buscaban medrar le hicieron creer a todo el mundo que algo se estaba cocinando allí. En términos sencillos, cabe también aplicar la crítica a cualquier reunión de junta, convención de negocios y cita previa a un encuentro de fútbol. Entonces, ¿por qué todo este escándalo en torno de la confidencialidad? En buena parte, por la historia y la tradición. Tanto más si ambas son malinterpretadas y mal encauzadas.

Confidencialidad en el trabajo

En la Edad Media, cuando los picapedreros operativos se reunían para formar sindicatos, había muchos imperativos profesionales para establecer quién era y quién no trabajador calificado. Los saludos con estrechones de manos y contraseñas específicas identificaban a los artesanos no solo entre sí, sino también con los albañiles maestros que los empleaban, en una forma muy parecida a lo que significa hoy un carné sindical. Los trabajadores semicalificados que sabían apenas lo suficiente, podían ser identificados para ir quedando por fuera del gremio o ser pacientemente entrenados hasta adquirir un nivel aceptable de habilidad.

Información esencial

Desde la perspectiva de la seguridad en una profesión tan peligrosa, y para prevenir errores costosos, no había duda de que mantener señales de identificación servía a los mejores intereses de los albañiles.

Aparte de abrir oportunidades de empleo, la membrecía en la fraternidad también aseguraba atención social y bienestar. Los masones en situación económica desesperada podían solicitar ayuda, y las familias de los masones que fallecían recibir asistencia financiera. Era obvia la tentación de los no masones por hacerse a estas oportunidades. Se hacía entonces necesario verificar que quienes solicitaban la asistencia fueran realmente miembros del Culto. No existían aún sistemas confiables de registro y la forma más segura para identificar a un miembro necesitado era probar si conocía las señales celosamente guardadas.

Tradicionalmente, las logias masónicas han saludado con calor y entusiasmo a los miembros viajeros de la fraternidad. Aunque hoy día un mínimo sentido del decoro insta a los masones que salen de su jurisdicción a hacer contacto previo y llevar cartas de presentación firmadas por el secretario de la respectiva logia, en el pasado los masones estaban en libertad de visitar a voluntad otras logias. Aquí, nuevamente, el conocimiento de contraseñas, señales con las manos y rituales masónicos aseguraba a la logia anfitriona que su hospitalidad sí estaba siendo extendida a un hermano y compañero.

Mentes suspicaces

También ha habido razones decididamente siniestras para guardar los secretos de la membrecía masónica, provocadas por regímenes represivos y fanáticos que a lo largo de la historia persiguieron activamente a los masones y condenaron a muchos de ellos a la cárcel o a la muerte. En este sentido, es notablemente irónico que una orden basada en la igualdad, en la libertad de culto y en la búsqueda del conocimiento, de la conciencia de sí mismo y de la caridad altruista hubiera de convertirse en el blanco de las sospechas en las sociedades libres. Fueron estas mismas cualidades las que incitaron la desconfianza hacia la masonería en aristocracias y dictaduras que restringían la libertad de pensamiento y exigían obediencia absoluta a su autoridad.

Hecho

Adolfo Hitler culpó a la masonería y a los judíos por la participación de Alemania en ambas guerras mundiales. Benito Mussolini disolvió la masonería italiana en 1925 y el dictador español Francisco Franco expidió el Decreto 1940 que suprimía el comunismo y la masonería.

En un clima tal, mantener la identificación con señales y palabras era una necesidad absoluta para proteger la vida, la propiedad y la seguridad de los miembros compañeros. Vale la pena mencionar que la represión de la masonería y de la mayoría de las demás formas de libre pensamiento sigue vigente hoy en buen número de países, incluidos China, Vietnam y Cuba.

Masonería al descubierto

Prácticamente, todos los "secretos" de la masonería han sido revelados en uno u otro momento de la historia. Desde las primeras décadas del siglo XVIII hasta hoy se han hecho publicaciones que prometen revelar más y lo último. Internet está llena de sitios dedicados a ampliar la llamada naturaleza secreta de la masonería. Esto, en realidad, les ha hecho muy poco daño a los compañeros de la masonería, y, por el contrario, gran parte de la publicidad ha resultado en esclarecimiento de las intenciones de los masones y en la promoción de sus filosofías.

En el mundo occidental, los masones no mantienen en secreto su afiliación a la fraternidad. Las logias masónicas aparecen listadas en los directorios telefónicos y en Internet y sus actividades son publicitadas activamente. Muchas de ellas son pilares de sus comunidades y reflejan la asombrosa pericia arquitectónica y de construcción. En los sitios en la Red y en almacenes alrededor del mundo están disponibles los broches, anillos, alfileres de corbata y demás parafernalia de los masones. Los masones suelen actuar como una fuerza altamente respetable en sus jurisdicciones respectivas e invariablemente están orgullosos de pertenecer a la hermandad.

La tradición de mantenerse en guardia al estrechar las manos, las contraseñas y demás señales de los grados masónicos continúan vigentes hasta nuestros días. ¿Es esto necesario en una sociedad moderna? Probablemente no. Pero sí da continuidad a una larga tradición y mantiene el sentido de camaradería y compañerismo al permitir un rápido contacto. Para ser realistas, esto es tan dañino y confidencial como la tradición de colocar diversos símbolos e imágenes gráficas sobre las puertas para identificar los baños.

Fraseología de la masonería

Como muchas organizaciones, los masones han acopiado ciertos términos y frases que guardan un significado específico para la hermandad. Muchos de ellos se remontan a la Antigüedad y son específicos de los masones, puesto que aparecen en sus principios, constituciones, rituales, reuniones y leyendas. Otros son términos generales que se utilizan comúnmente en público, como "tercer grado" y "sobre el nivel". Así como muchos deportes tienen palabras pertinentes al respectivo juego, así los masones emplean su propia fraseología.

Una de las frases masónicas más ampliamente utilizadas es "Así sea", que se pronuncia al comienzo y al fin de cada reunión de una logia. Derivada del término anglosajón motan, que significa"permitir"o"que así sea la cosa". También puede significar"así sea"o, cuando se utiliza en una oración, muestra deferencia hacia Dios, como en la fórmula "se hará la voluntad de Dios". Aun el legendario poeta inglés Geoffrey Chaucer utilizó la frase en su trabajo para decir "que así sea la cosa". En su definición más simplista, dentro de la hermandad, básicamente se utiliza como una antigua forma de la palabra "amén", que a través de los tiempos ha sido utilizada, reverenciada y respetada en sus muchas encarnaciones espirituales.

Para los masones, "así sea la mota" es una frase particularmente significativa, pues son las palabras finales del Poema regio o Manuscrito de Halliwell. Uno de los documentos más importantes de la masonería data de finales del siglo XIV e incluye, entre otras cosas, la leyenda de York y antiguas reglamentaciones gubernamentales del Culto (véase el capítulo 2).

Términos del oficio

Muchos términos que utilizan los masones no necesariamente son de uso exclusivo de la hermandad, puesto que a menudo son utilizados por el público. La frase"sobre el nivel" es otro término comúnmente utilizado entre los hermanos. En contexto, su significado para el Culto es que cuando los masones se reúnen, lo hacen como iguales en toda la magnitud de la palabra. El nivel, por su naturaleza misma, sugiere equilibrio, y para la hermandad se traduce en igualdad con respecto a los derechos, deberes y privilegios de cada individuo.

Información esencial

La palabra "encapuchado", a menudo una práctica malinterpretada en el ritual masónico, es simplemente la acción de cubrir los ojos del iniciado. En la conversación se usa de una manera muy similar, como un término coloquial cuyo significado es que alguien está"tapándole el cielo con un tamiz"a otro.

Otros términos, como "sobre la escuadra" y el "asunto de la escuadra" también son frases generales, pero para los masones comportan una simetría obvia por su simbolismo. El término "bola negra", usado a menudo para señalar a alguien cuya reputación está por el suelo o que ha sido excluido, se aplica al proceso masónico de votación. Básicamente, las bolas negras y blancas tienen el mismo significado que en cualquier parlamento. Si un miembro potencial es "negreado con la bola", quiere decir que recibió un voto negativo (literalmente una bola negra), y eso indica que su membrecía en la hermandad ha sido rechazada.

Santidad del templo

Usualmente, los antimasones son gente de mente rápida cuando se trata de malinterpretar el significado literal de unos cuantos términos arcaicos utilizados en la masonería. En este contexto, la palabra "profano" necesita una explicación, puesto que su uso masónico es visto a veces como ofensivo cuando se utiliza en referencia a los no masones.

Hecho

En la forma antigua de la palabra latina, *pro* significa "antes", y *fanum* "templo", lo que traduce literalmente "por fuera del templo", básicamente como antónimo de la palabra "sagrado".

Cuando un masón hace referencia a que un individuo o grupo de individuos es "profano", quiere decir que no es masón y no se le permite estar dentro de un templo masónico. Es un asunto de semántica e interpretación y en la realidad, simplemente, indica que no se es miembro. En el mismo sentido, si los masones utilizan el término "lenguaje profano", lo hacen para indicar palabras que no se pronuncian dentro de la santidad de un templo. Quizá, parte de la confusión deriva del hecho de que la palabra usualmente está ligada a la blasfemia, lo que sugiere vulgaridad.

Connotaciones religiosas

A menudo, la masonería se cita como si se tratara de una religión, lo que definitivamente no es el caso. Los masones sí creen en una deidad, pero la hermandad por sí misma no es una organización religiosa. Varios de los títulos otorgados a los individuos que ostentan posiciones en el Culto y los diversos ritos y grados que alcanzan sí contienen leyendas religiosas, simbolismos y términos como "venerable" y "sacerdote", lo que a menudo se convierte en fuente de confusión para los no masones.

En la Logia Azul, o Culto de la Masonería, al individuo que es elegido como líder de una logia se le llama maestro venerable. Aunque el término "venerable" es religioso, en su connotación actual es un título de respeto no exclusivo de la masonería, ya que equivale al término "honorable" que uno emplea para dirigirse al alcalde de una ciudad.

¡Alerta!

Contrariamente a la creencia popular, el masón que sirve como alto sacerdote en un Capítulo del Arco Real no es un clérigo. En realidad, el título está más relacionado con el de presidente de junta u organización.

Los grados del Arco Real en el Rito de York contienen varios títulos eclesiásticos, incluido este de alto sacerdote, quien es el oficial que preside el capítulo en Norteamérica. En otros países, a veces se usa el término "rey" o hasta principal primero, segundo y tercero. En la jerarquía del Arco Real sigue el gran alto sacerdote y el gran general alto sacerdote. Hay también un excelentísimo alto sacerdote, maestro ilustre de un consejo y hasta un comandante eminente de la comandancia, aunque la masonería no tiene fuerzas militares.

Estrechada de manos y contraseñas

Mucho se ha dicho en los mundos antimasónicos y conspirativos acerca de la institución por parte de los masones de contraseñas y estrechadas secretas de manos. Tomados fuera de contexto, un gesto, una tomada del brazo o una palabra rara dejan traslucir algo extraño para una sociedad calificada como "secreta". Por supuesto, ¿cómo puede ser secreta si todo el mundo la conoce?

Los masones toman un juramento que requiere mantener en secreto ciertas cosas, entre otras, las diversas metáforas de la masonería y ciertos modos de reconocerse. Similar a lo que sucede con cualquier otro grupo o individuo, hay también ciertos incidentes personales que uno quiere dejar en la reserva. Es una cuestión de semántica, pues la palabra "privacidad" suele ser malinterpretada como "confidencialidad". Si a un individuo se le niega la membrecía en cualquier organización, es usual no revelar en público las razones para evitar herir sentimientos. Lo mismo pasa con la masonería.

Las estrechadas de manos y contraseñas que los masones juran mantener en secreto son hechos menores dentro de la existencia de las sociedades.

En siglos pasados, estos modos de reconocimiento eran muestras de compadrazgo. Los masones que buscaban trabajo recibirían tratamiento preferencial si el empleador era un masón y los unos y los otros se reconocían entre sí por una palabra o un gesto. En realidad, una estrechada de manos entre masones, por secreta que sea, no es nada diferente a una entre dos adolescentes que se inventan un saludo basado en cualquier gesto con movimiento de cadera o alguna estrofa. Los masones mantienen estos modos de reconocimiento por respeto hacia el Culto y como muestra de verdadero vínculo fraternal.

Pregunta

¿Qué son los códigos masónicos? En la antigua masonería, casi todo lo relacionado con el Culto, incluidos los rituales y leyendas, se comunicaban por vía oral. No hay códigos en el sentido literal de la palabra, sino mensajes cifrados o en clave, por definición codificados. Los mensajes cifrados actuaban como insinuaciones que uno podía utilizar para traer a la memoria cierta leyenda o rito.

Geometría

El arte y la ciencia de la geometría son altamente reverenciados en la masonería. Como símbolo, la letra G, que significa Dios o geometría, es uno de los más comunes. La letra G suele utilizarse junto con la escuadra y el compás (véase el capítulo 14).

Dentro de las siete artes liberales y ciencias, frecuentemente se afirma que la geometría es la más importante. En la Antigüedad, el vínculo con los masones primitivos y sus oficios resulta obvio, pues los principios contenidos en el trabajo de la geometría trabajan de la mano con los principios de la construcción y la arquitectura.

El simbolismo, las leyendas, los ritos y rituales masónicos están repletos de geometría. Las escuadras, círculos, triángulos, ángulos y herramientas utilizadas para crear figuras geométricas se hallan fuertemente asociadas al Culto. También son altamente reconocidos por el público.

En los textos y constituciones antiguas la masonería es llamada con frecuencia geometría. En ella se conectan con la hermandad la ciencia y el arte en relación con los principios muy similares que comparten. Geometría significa literalmente "medición de la tierra", y uno puede correlacionarlo con la forma como buscan los hermanos medir su propio progreso espiritual y educativo.

Los principios divinos

Hay dos personajes legendarios que tienen un papel preponderante en la geometría y en el Culto. Euclides, matemático griego conocido como el "padre de la geometría", vivió en Alejandría, Egipto, hasta su muerte en 325 a. C. Autor de una serie de trece libros de texto llamados *Elementos*, Euclides utilizó números enteros y objetos geométricos como base para los métodos axiomáticos que evolucionaron hacia las modernas matemáticas.

Una de las leyendas asociadas con Euclides muestra cuán estrechamente estaban ligadas en Egipto la religión y la ciencia, tomando en cuenta la diversidad de dioses y el conocimiento combinado alcanzado en matemáticas, geometría, física y astronomía. En los tiempos antiguos, ciencias como las matemáticas eran consideradas sagradas. Las líneas elegantes del diseño y las correlaciones geométricas prueban, en la mayoría de los casos, la armonía entre el arte y la ciencia y el mundo. Como tal, están íntimamente ligadas a la masonería tanto en su simplicidad simbólica como en su complejidad.

El problema 47 de Euclides, conocido también como el Teorema de Pitágoras, es una de las joyas simbólicas de los maestros del pasado. El problema, que Euclides publicó por primera vez, pero que había sido descubierto mucho antes por Pitágoras, también figura en forma prominente en la iniciación y ritual del tercer grado, el de Maestro Masón. Simbólicamente, el problema enseña el amor por las artes y las ciencias.

Información esencial

Como matemáticos y filósofos, los pitagóricos, aparte de su enfoque en la geometría axiomática, creían en la transmigración del alma (reencarnación) y en la igualdad sexual.

Buscadores del conocimiento

Como Euclides, Pitágoras también ejerció un impacto sobre la hermandad. Matemático griego y filósofo del siglo VI a. C., Pitágoras es considerado el "padre de los números" y un enorme proponente de la creencia de que todas las cosas guardan relación con las matemáticas y pueden ser predichas utilizando patrones rítmicos.

Pitágoras creía que los números estaban en el corazón de todas las cosas. En 529 a. C., Pitágoras estableció una escuela en Crotona, sur de Italia, enfocada hacia las enseñanzas pitagóricas. Muchas de las disciplinas de la escuela fueron adoptadas por los masones un milenio después. Buscador del conocimiento y amante de la sabiduría, Pitágoras ejerció un fuerte impacto en la educación y aspectos filosóficos del Culto.

Por los números

Los números desempeñan un papel significativo en las fascinantes leyendas del Culto y en las lecciones alegóricas enseñadas a la hermandad. Los números más notables y reconocibles para el masón medio son el tres y el siete.

El papel que los números desempeñan como herramientas mnemotécnicas y técnicas de aprendizaje enseña que ciertos números están conectados a conjuntos específicos de ideas y leyendas.

Los críticos de la masonería han tenido un auténtico día de campo con intentos descabellados de aplicar la numerología a la masonería. Por definición, la numerología es el estudio del significado oculto de los números, pero no hay nada, ni siquiera remotamente secreto, en los números y sus significados, según son reconocidos por los masones.

El número tres

El número lleva en sí una asombrosa cantidad de referencias dentro de la masonería. Hay tres grados del Culto de la Masonería, tres posiciones de la escuadra y el compás, tres puntos cardinales encendidos, tres lados de un triángulo perfecto, los tres principios fundamentales de la masonería, y sigue la lista.

Y, para no olvidarlo, también están las tres virtudes teologales del Culto: fe, esperanza y caridad, y los tres principios del amor fraternal: amor, alivio y verdad.

El número siete

Según reivindican los historiadores, hay cientos de referencias al número siete en la masonería: la construcción del Templo de Salomón se tardó siete años; hay siete artes liberales y ciencias; Noé tuvo siete días para construir el arca antes del diluvio; el arca arribó al descanso en el monte Ararat en el séptimo mes; los símbolos pitagóricos de la escuadra y el triángulo y sus lados combinados, cuatro y tres, suman siete. Aquí nuevamente, la lista sigue y sigue.

Conspiración según los números

La combinación de números e ideas en la masonería, aunque es innegablemente una herramienta efectiva para la memoria y la enseñanza, también ha provisto un enorme forraje de teorías de conspiración contra la masonería. No se necesita en realidad tener tanta imaginación como para jugar con combinaciones de números que parecen asumir las dimensiones de un patrón, particularmente cuando este se ajusta al número con el que se juega.

En combinación con las referencias a lo que parece oculto en la numerología, virtualmente nadie que tenga una pizca de habilidad matemática, una calculadora de mano y una agenda dejará de hacer malabarismos con los números hasta meterlos en un aterrador portento de sino y melancolía. Se incluyen aquí unos cuantos ejemplos entre los más comunes (junto con unos pocos de patente ridiculez).

La marca de la bestia

Durante años se ha acusado a la masonería de estar ligada al concepto de la dominación del mundo. Por una sola malinterpretada referencia a Lucifer hecha por Albert Pike, la hermandad ha sido caracterizada como una organización satánica que hace pactos con el diablo (véase el capítulo 16). Quienes creen en esta teoría conspirativa opinan que los masones no solo desean dominar el mundo controlando en secreto al Gobierno de los Estados Unidos, sino que tienen también tratos con Satán. Estos individuos encuentran en Washington lo que consideran la prueba numérica de esta conspiración.

Hecho

En Apocalipsis 13:18, la Biblia hace referencia directa al número 666 como la marca de la bestia, conocida generalmente como el Anticristo, quien, según la profecía, traerá la ruina al mundo.

Dentro de la geografía de Washington se encuentran el Círculo Dupont, el Círculo Scott y el Círculo Logan. Todas estas vías cuentan con seis calles principales que se encuentran en lo que algunos creen es un código para el número 666. La calle R limita con la Casa del Templo, Consejo Supremo de la Jurisdicción del Rito Escocés del Sur. La letra R es la número dieciocho del alfabeto, y si usted suma seis tres veces, le da dieciocho. Esta teoría persiste entre quienes defienden la teoría de la conspiración, a pesar de que físicamente la dirección de la Casa del Templo está en la calle 16.

El número 13 de la mala suerte

Fuera del fallecimiento de Jacques de Molay el 13 de octubre de 1307 (un viernes 13), no hay ninguna relación significativa entre este número y la masonería. Quienes hablan de conspiración han intentado vincular el viernes 13 con la teoría de la dominación del mundo y el satanismo de la masonería al señalar que la bandera tiene 13 rayas significativas. Estas personas han ido tan lejos que alegan que las 50 estrellas son de hecho 5 pentagramas. Estos ejemplos son solo parte de otra lista que sigue sin asociación racional ninguna con la masonería.

¿Hasta que la muerte los separe?

La masonería ha coexistido todo el tiempo con antimasones y con una diversidad de teóricos que han criticado a la hermandad por sus prácticas y rituales secretos. A menudo los críticos censuran a la masonería por lo que llaman "juramentos de sangre", que consideran arcaicos y ofensivos. Para los masones, los juramentos son totalmente simbólicos. Reviven antiguas leyendas y, ciertamente, no hay sangre en ninguno de los rituales. Los juramentos que toma la hermandad van en serio, pero hacen referencia únicamente a las obligaciones para con ella. En su forma más simplista, los juramentos representan la vergüenza del hombre al romper una promesa.

Juramentos de sangre

Es justo decir que toda la histeria del pasado y el tema de las conspiraciones del presente con respecto a los juramentos de sangre tal vez provengan de la leyenda de Hiram Abiff, figura prominentemente en los rituales y ceremonias de iniciación al Culto de la Masonería (véase el capítulo 2). A fin de comprender el simbolismo de los supuestos juramentos de sangre, es importante comprender parte de la leyenda dentro de su contexto.

La muerte de Hiram Abiff, Maestro Masón del rey Salomón a manos de Jubela, Jubelo y Jubelum fue particularmente violenta. Jubela le cortó la garganta con un calibrador de 24 pulgadas, Jubelo lo atacó con una escuadra de arquitecto y Jubelum lo remató golpeándole la cabeza con un mazo corriente. Luego escondieron el cuerpo y volvieron más tarde esa noche para enterrarlo.

Información esencial

Los llamados "juramentos de sangre" y las sanciones a las que hacen referencia se originaron en el sistema legal de la Inglaterra del Medioevo. En una época, estos eran castigos que el Rey les imponía a quienes se oponían a la tiranía religiosa o política.

Al mismo rey Salomón se le informó al día siguiente sobre el complot para asesinar a Hiram Abiff y él envió una partida a rescatarlo. Fue uno de ellos quien oyó los lamentos de los tres asesinos por el atroz acto que habían cometido. A quien primero se oyó fue a Jubela, que exclamaba:

"¡Oh, que mi garganta sea atravesada, mi lengua despedazada y mi cuerpo enterrado bajo las ásperas arenas del mar, en un bajío por donde la marea fluya y refluya dos veces en 24 horas, por haber ayudado a matar a un hombre tan bueno como nuestro gran maestro, Hiram Abiff!".

A continuación se oyó a Jubelo:

"¡Oh, que mi pecho sea abierto y despedazado y mis entrañas arrojadas al valle de Josafat, y que una vez allí se conviertan en presa de las bestias salvajes y buitres del aire por haber yo conspirado en la muerte de un hombre tan bueno como nuestro gran maestro, Hiram Abiff!"

Y entonces Jubelum confesó:

"¡Que mi cuerpo sea partido por la mitad en dos partes, que mis intestinos sean quemados y dispersados a los cuatro vientos, que no haya de mí ni un recuerdo entre los hombres, oh, masones, de tan vil y perjuro desdichado que soy yo! ¡Ah, Jubela y Jubelo, fui yo quien le asestó el golpe más duro, fui yo quien le dio el golpe fatal; fui yo quien lo mató contundentemente!".

Una vez juzgados por el rey Salomón, los tres hombres expresaron su deseo de morir, y fueron ejecutados en la forma en que cada uno lo había descrito en su lamento.

Le cortaron la garganta a Jubela, le despedazaron la lengua y su cuerpo fue enterrado en la arena. El corazón de Jubelo le fue retirado y sus entrañas lanzadas por sobre su hombro izquierdo para que las devoraran los buitres. Y Jubelum fue partido en dos y sus intestinos quemados hasta quedar hechos cenizas.

En la película *Desde el infierno*, que sigue la teoría conspirativa según la cual Jack el Destripador era masón, a dos de las víctimas del Destripador les habían arrancado el corazón y lanzado los intestinos sobre el hombro derecho.

Muerte simbólica

De acuerdo con el asesinato de Hiram Abiff, es fácil ver cómo uno podría malinterpretar el término "juramento de sangre" en relación con el ritual masónico. El asunto de fondo es que la repetición por el aspirante de las palabras pronunciadas por los tres rufianes durante la ceremonia de iniciación es puramente simbólica. Aunque es cierto que los masones sí toman sus obligaciones muy en serio y que suele haber alguna sanción por dar información confidencial, esto no puede interpretarse de manera literal. En la masonería hay solo tres sanciones reales —reprimenda, suspensión de la membrecía o expulsión— por violar las leyes del Culto. Nadie ha sido dañado jamás durante los procedimientos de la iniciación o al ser expulsado de la hermandad.

Capítulo 14
Simbolismo masónico

La hermandad es rica en simbolismos que al mismo tiempo son históricos y de naturaleza altamente alegórica. Muchos símbolos masónicos dan pie a una enorme cantidad de interpretaciones, pero, en general, muchos de los objetos guardan relación con la masonería operativa y con las herramientas del oficio. Los símbolos suelen estar caracterizados por dibujos, formas, colores, letras u objetos con un significado particular. En la masonería, los símbolos recorren toda una gama que va desde herramientas reales y detalles arquitectónicos hasta filosofías religiosas y geométricas.

Influencia masónica

La mayoría de las personas han visto diversos símbolos masónicos en la arquitectura, la literatura y el cine, muy probablemente sin darse cuenta. A menudo la escuadra y el compás se consideran los símbolos más significativos de la masonería y son ampliamente reconocidos. También el ojo que todo lo ve y que adorna la moneda norteamericana, muy seguramente fuente eterna de debate. Menos conocidos son las colmenas, los pilares y los delantales de cordero.

Los símbolos del Culto se toman muy en serio, según lo demuestra su importancia en los diversos ritos masónicos de iniciación y en ceremonias públicas tales como los entierros. Cuando se utilizan conjuntamente con el volumen de la Ley Sagrada, la escuadra y el compás se vuelven altamente significativos, puesto que forman parte de las Tres Grandes Luces de la masonería. Combinados la escuadra moral, el virtuoso compás y el libro como un conducto para llegar a Dios, se convierten en un símbolo formidable y poderoso.

Hecho

La escuadra es una de las Tres Grandes Luces de la masonería, y herramienta de trabajo para los compañeros masones. También sirve como emblema oficial del Maestro Masón.

La triada conceptual de cuerpo, mente y alma también guarda relación con las Tres Grandes Luces y con la estructura de tres niveles de la masonería. La escuadra como el cuerpo, el compás como la mente y el volumen de la Ley Sagrada como el alma refuerzan la naturaleza simbólica de la Tierra, el cielo y la relación del hombre con la deidad.

Muchos símbolos masónicos han evolucionado a partir de antiguas prácticas. Cada una de ellas encierra su propia interpretación y hace alusión a una alegoría, sea de naturaleza práctica, espiritual, física o religiosa. El punto dentro de un círculo, por ejemplo, tiene diversas representaciones, derivadas de los tiempos antiguos.

Los pilares, que datan de la época del Templo de Salomón, ofrecen un amplio campo a la especulación, desde lo arquitectónico hasta el obvio simbolismo fálico.

Herramientas del oficio

Los masones operativos hicieron uso de una amplia variedad de herramientas, cada una única en su perfección, diseño y propósito. Muchas, como la escuadra, el compás, la plomada y el nivel se relacionan con la geometría. Otras, como la paleta, el mazo y el delantal son de tipo práctico. Una variedad de símbolos esotéricos, como el reloj de arena, la guadaña y el incensario también prevalecen dentro del Culto.

Un vestigio de la simbología antigua se utiliza ahora en masonería especulativa. Es el caso de la paleta, una de las herramientas de trabajo del Maestro Mason. En la práctica, la paleta se utiliza para esparcir el cemento, el agente vinculante que une todas las partes de una estructura. Como símbolo, representa la bondad y el afecto que une a la hermandad en el mundo entero.

El calibrador y el mazo también son símbolos familiares de la hermandad, traídos desde tiempos antiguos. El calibrador de 24 pulgadas, o regla, fue utilizado por los masones (obreros) para hacer el trazado de sus mamposterías, y se ha convertido en un símbolo amplio, que representa todo tipo de medición, tanto en el sentido literal como figurativo de la palabra. El número 24 se aplica al tamaño de las piedras que se están cortando y también al número de horas por día. A los masones se les enseña a dividir el día completo en tres partes, con ocho horas dedicadas al servicio de Dios y a aliviar a otros en su aflicción, otro tercio al trabajo de cada uno y la última porción para el descanso.

Información esencial

El mazo, que simbólicamente se le entrega al Maestro Mason, lleva el nombre de Hiram, en homenaje al arquitecto del Templo de Salomón. Como Hiram, este mazo rige a la hermandad y le inculca orden a la logia.

El mazo, uno de los utensilios de trabajo del Aprendiz Ingresado, era una herramienta utilizada para partir las esquinas de los bloques cuadrados de construcción, llamados piedra labrada burda. Simbólicamente sirve para estimular a los individuos a librarse de los vicios e impurezas de la vida, a mantener una predisposición positiva y a adaptar el cuerpo como una piedra "viviente" para el templo espiritual.

La escuadra y el compás

Aunque de naturaleza sencilla, la escuadra es uno de los símbolos más significativos de la masonería, y encierra también muchos significados históricos y alegóricos. La escuadra representa la moralidad y la veracidad. Actuar honestamente es actuar "sobre la escuadra". Para el masón operativo, la escuadra muestra una superficie plana y lados en ángulo de 90 grados. Sirve para probar los costados de una piedra con fines de precisión.

Históricamente, la escuadra es altamente reverenciada en muchas culturas antiguas y contiene un significado específico, pues simboliza la perfección y la bondad. Los arquitectos egipcios utilizaban una escuadra perfecta como la base de sus pirámides. Las culturas chinas creían que la escuadra representaba la bondad y el comportamiento justo. Se dice que no hay nada más cierto que una escuadra perfecta: los lados son iguales y los ángulos agudos.

A diferencia del compás direccional magnético, el utilizado por los marineros o aviadores es un dispositivo de medición en forma de V, también empleado por los masones operativos para determinar las diversas proporciones del diseño de una construcción. Los arquitectos utilizan el compás para asegurar estabilidad, precisión y belleza a sus diseños. Como la escuadra, el compás es uno de los símbolos más prominentes de la masonería, y está destinado a simbolizar la virtud como medida de nuestra propia conducta. También significa circunspección, destreza y conocimiento.

Utilizados conjuntamente o en tándem, la escuadra y el compás son los símbolos más visibles de la masonería. Aparecen ya en tallas antiguas y trabajos de arte y sobreviven en el arte, la literatura y el cine de los tiempos modernos. Una interpretación usual de la escuadra y el compás nos indica que ambos representan la unión entre el cielo y la Tierra, donde la escuadra simboliza la Tierra y el compás el arco del cielo.

Hecho

En la película de 2001, *Desde el infierno*, protagonizada por Johnny Depp, la escuadra y el compás se representan prominentemente en los instrumentos quirúrgicos de Jack el Destripador.

El simbolismo del cielo y la Tierra está relacionado con la astronomía. En su estudio de las estrellas, el hombre antiguo no tardó en advertir que la escuadra no era lo más apropiado para medir los cielos, y halló que un círculo, el compás, le era invaluable, especialmente para determinar los puntos específicos, ideal para la medición astronómica y un compañero natural de la prosaica escuadra, más pegada a la Tierra. Con el tiempo, círculo y compás llegaron a simbolizar la virtud espiritual del hombre. Un círculo sin fin significaba la eternidad y lo Divino, y le dio razones al hombre para dirigir su mirada hacia arriba y rendir homenaje al Ser Supremo.

Plomada y nivel

Tanto la plomada como el nivel eran utilizados por los masones operativos para comprobar si horizontalmente las superficies quedaban a nivel o perfectamente verticales. La palabra plomo en latín es *plumbum*. Una línea a plomo es una cuerda o línea con una bola amarrada en la punta. Con esto, el albañil aprovecha la gravedad para asegurarse de que en las paredes está derecho su trabajo. Simbólicamente, la plomada se extiende al hombre en el sentido de que él es tan derecho como una pared sólida y que no se derrumbará ante las tensiones o presiones. La línea de la plomada representa verticalidad y rectitud.

El nivel es una medida de equilibrio, especialmente sobre un plano horizontal, que le servía al masón operativo al colocar las piedras. Para que las cosas sean iguales, todo debe estar a nivel. Es un concepto similar al de la línea de la plomada con respecto a la perfección y la simetría, solo que se relaciona con la medición horizontal. En la masonería, el nivel representa la igualdad y el equilibrio de la fraternidad, que reconocen a cada hermano los mismos derechos, deberes y privilegios.

Vestuario de la hermandad

A primera vista, podría parecer raro ver a un hombre andando por ahí con delantal blanco sin ser chef, pero cuando se entra a estudiar el simbolismo, de inmediato se entiende la riqueza de la historia. Su importancia es obvia en la masonería especulativa para el Aprendiz Ingresado, y mucho más para el Maestro Masón. De hecho, el delantal es el código de vestuario de la hermandad, puesto que es requisito para asistir a las reuniones de la logia.

El histórico delantal

El delantal como símbolo ha aparecido en muchas culturas y sectas a lo largo de la historia. Algunos llegan incluso a especular que fueron Adán y

Eva quienes dieron origen al delantal cuando crearon unos de hojas tras ser expulsados del Paraíso. El delantal ha simbolizado la verdad, el orgullo, el honor y el predominio y, en el caso de la realeza, la autoridad. Los delantales aparecen en el antiguo imaginario egipcio, así como en las descripciones de los griegos, romanos y palestinos, y aun en la religiosa secta judía de los esenios, a partir del siglo II a. C. Hasta los clérigos israelíes usan *ephods*, una faja en la frente y un delantal.

Los delantales utilizados por los masones operativos en la Edad Media se hacían de cuero y eran muy grandes. Se sostenían mediante una faja alrededor del cuello, se ataban alrededor de la cintura y cubrían al albañil desde el pecho hasta los tobillos. Posteriormente, se introdujeron las versiones del delantal hasta la rodilla, pero se especula que los viejos delantales fueron usados por los albañiles hasta bien entrado el siglo XIX.

¡Alerta!

Según algunos historiadores, las primeras descripciones del delantal masónico aparecen en 1717, en un grabado con un retrato del gran maestro Anthony Sayer, así como en una ilustración del primer libro de Anderson, el *Libro de las constituciones*, en 1723.

La práctica de decorar los delantales comenzó hacia 1730, a medida que los símbolos masónicos se iban convirtiendo en adornos decorativos. Esta costumbre artística es actualmente parte de las ceremonias de grado de la Logia Azul.

Los delantales en un ritual

El delantal es considerado como la escarapela del masón, lo que se evidencia en cada reunión de la logia. En el primer grado, el recién iniciado Aprendiz Ingresado recibe un delantal blanco de piel de cordero como su "escarapela de inocencia". Suyo de allí en adelante, el delantal está desprovisto de adornos, lo que le pone de presente que para ascender en el camino de la perfección son necesarias la pureza de la vida y la rectitud de su conducta. Con el tiempo, los hermanos reciben otra clase de delantales, pero para el nuevo hermano el primer delantal es altamente significativo, puesto que denota el primer regalo que recibe de la logia.

El cuero de cordero guarda dos significados. Los corderos, por su misma naturaleza, han simbolizado históricamente la inocencia y el sacrificio. La inocencia para el aprendiz representa su nacimiento al Culto. El aspecto esotérico de su inocencia indica que está libre de defectos morales.

Hecho

En una escena de la película de vaqueros de 1969, *El verdadero regalo*, protagonizada por John Wayne, el personaje de Kim Darby mira a su padre muerto en la sala del funeral y le dice a su peón de labranza:"Cuando llegues a casa, lo pones en un ataúd mejor y lo entierras con su delantal de masón".

A los individuos a quienes se les otorga el grado de Compañero de Culto reciben también un delantal de piel de cordero, pero en el de ellos aparecen, en la parte inferior, un par de escarapelas de color azul cielo. Únicamente los funcionarios tienen delantales adornados con emblemas oficiales, en color blanco o plata y grabados en el centro del delantal.

La letra G

La letra G es otro símbolo de la masonería enormemente reverenciado y altamente visible. Para nadie es un secreto que Dios y la geometría están profundamente integrados en el Culto y, como tal, comparten la representación de la letra G (inicial de *God* —Dios, en inglés—). La referencia a Dios como el Gran Arquitecto del Universo o Gran Maestro del Universo es también una interpretación común. Sigue siendo un misterio dónde se originó el símbolo, y debería decirse que es en la masonería norteamericana y canadiense donde más a menudo aparece la letra G, y menos en las hermandades británica y europea.

Información esencial

Uno de los símbolos más sagrados del Culto, la letra G en la masonería norteamericana, se coloca a menudo en el centro de emblemas como la escuadra y el compás. También es muy común verlos en los anillos y demás joyería masónica.

El fructífero matrimonio entre la geometría y la masonería ha sido de larga data, puesto que la masonería de la Antigüedad está intrínsecamente vinculada a la arquitectura e involucra aspectos geométricos. Muchos expertos han conjeturado que la letra G no muestra una evolución estricta como símbolo masónico. No obstante, es una creencia común que originalmente la letra G significa geometría, y que lentamente creció hasta representar a Dios cuando el segundo grado, o grado de Compañero de Culto, se estableció en el siglo XVIII. Durante dicho rito de iniciación un candidato es introducido a las siete artes liberales y ciencias, incluida la geometría.

Como representación de Dios, la letra G sirve como recordatorio de que todas las acciones de los individuos son vistas por Dios, que la Deidad domina la naturaleza y a todos los hombres y que las bendiciones de la vida emanadas de Dios se perturban cuando las acciones del hombre son contrarias a la voluntad divina. La G, en referencia a la Deidad, no era desconocida en la Antigüedad. En el alfabeto griego es *Tau,* y en hebreo es *Yod.*

Dios y la geometría le asignan a la letra G un lugar preponderante en el simbolismo masónico. Los hermanos consideran el universo como el mayor de los símbolos; y juntos, Deidad y ciencia geométrica forman un profundo vínculo. En cierto sentido, le dan al individuo la virtud necesaria para construir un templo de pensamientos divinos para su alma.

Otros símbolos importantes

A medida que un hermano progresa avanzando en los grados del Culto, se le enseñan los significados más profundos de los símbolos masónicos, que a través del uso de la alegoría sirven para ampliar su educación y su espiritualidad. Muchos de estos íconos son comunes a civilizaciones antiguas y abren una amplia gama de interpretaciones. A menudo, los símbolos se relacionan con la ciencia, la arquitectura y la teología o el ascenso espiritual de la humanidad, mientras que aquellos de naturaleza esotérica, como la guadaña y el reloj de arena representan la vida y el tiempo.

Hecho

La escalera es otro símbolo común a los masones, y representa el ascenso del plano más bajo al más alto. Históricamente, las escaleras han sido utilizadas como símbolo en muchas culturas, típicamente con siete peldaños.

Tablero de calco

En términos sencillos, un tablero de calco en los tiempos modernos es el equivalente a la presentación de diapositivas que destacan diversas imágenes y simbologías. Durante los primeros días de la masonería especulativa, los símbolos se trazaban sobre el suelo, con tiza, que más tarde podía lavarse. El sistema evolucionó paulatinamente hasta ir trazando imágenes sobre telas en el piso, que luego podían ser enrolladas y reutilizadas. Al final, las telas eran colocadas en caballetes y en el siglo XVIII fueron trasladadas a tableros de calco.

Estos elementos eran utilizados comúnmente como herramienta de entrenamiento durante los diversos grados de ritos de iniciación, y contienen ilustraciones y emblemas específicos de cada grado. Las imágenes que aparecen en los tableros son altamente simbólicas y ricas en alegorías, y apuntan a conferir un sentido de historia a los iniciados y a su hermandad.

Los tableros de calco suelen ser confundidos con los tableros de caballete, utilizados por los masones operativos para elaborar diseños y planos de proyectos.

Pilares

En el Culto, los pilares encierran diferentes simbologías e ideologías. También están profundamente enraizados en la historia, como lo prueban las más antiguas civilizaciones. La arquitectura en Egipto, Grecia y Roma despliega diversas clases de pilares, cada una con diferentes diseños y emblemas, que, al mismo tiempo, sirven de monumento a las diversas creencias religiosas y simbólicas.

Los pilares del porche y su simbolismo desempeñan un papel importante en la iniciación de la ceremonia de grado de la hermandad del Culto, pero la misma alegoría que rodea estos dos pilares prevalece en todo el Culto. En la Biblia, los pilares reciben los nombres de Jachin y Boaz, quienes permanecían a la entrada del Templo de Salomón. Con asombrosa persistencia, ambos representan la fortaleza y, por asociación, el concepto de que el hombre debe mantener en su vida el equilibrio de poder y el control para obtener el éxito supremo.

¡Alerta!

Según algunos historiadores, los dos pilares del Templo de Salomón son el pilar de las nubes y el pilar del fuego, que guiaron a los israelitas hasta la Tierra Prometida.

Simbólicamente, las logias masónicas están respaldadas por grandes pilares, que denotan la sabiduría, la fortaleza y la belleza. Además, los pilares simbolizan a los tres funcionarios principales de la logia. El pilar de la sabiduría es el maestro venerable, quien, como maestro de la logia, puede ofrecer instrucción y estabilidad fraternal. El guardián mayor es el pilar de la fortaleza. Es él quien asiste en los detalles al maestro de la logia y respalda la armonía de la hermandad. El pilar de la belleza es el guardián menor, cuya observación del Sol mantiene la belleza del día.

Líneas verticales y el punto dentro del círculo

El punto dentro del círculo y las dos líneas verticales son otros símbolos de la masonería, abiertos a muchas y diferentes interpretaciones, algunas prácticas y otras esotéricas. En algunos casos, por ejemplo, un círculo cerrado con un punto en el centro representa la Deidad y la relación entre el hombre y Dios. En general, no obstante, es justo decir que ambos símbolos son de origen geométrico. La figura es simplemente un punto rodeado por un círculo y las líneas verticales están a los dos lados del círculo, en formación paralela.

Una interpretación usual relaciona a los santos patronos de la masonería, san Juan Bautista y san Juan Evangelista, con el calendario y con los dos días que marcan cambios estacionales extremos. Se dice que san Juan Bautista personifica el solsticio de verano y san Juan Evangelista el de invierno. Cada uno es una línea vertical a los lados de un sol simbólico que rota entre ellos. En esta interpretación, los símbolos representan el control sobre la propia conducta. Yendo un paso más allá, también se dice que en esta especulación las dos líneas verticales hacen referencia a los signos zodiacales Cáncer y Capricornio.

Otra teoría retoma lo que ocurre en la ceremonia del grado de iniciación, cuando los hermanos deambulan alrededor. El círculo simboliza el circuito que un iniciado recorre alrededor del altar de la logia, representado por el punto dentro del círculo. La hermandad que se yergue al lado del altar está encarnada por las líneas verticales.

Hecho

La alquimia es, por definición, un proceso de transmutación por medio de un poder al parecer mágico. Con respecto a esa ciencia, el punto dentro del círculo simboliza el Sol y el oro filosófico.

En los tiempos del antiguo Egipto, el punto dentro del círculo era una representación del dios Ra, el Sol, y su naturaleza eterna. Las líneas a cualquiera de los lados del círculo evocaban el *akhet*, que, según una versión, significaba el horizonte y también el levante y el poniente. Como tal, el *akhet* simboliza la antigua puerta del Sol y las acciones del renacimiento y la resurrección.

Y hay aún otra relación alegórica, que se remonta a los antiguos tiempos místicos y al simbolismo del falo como regeneración masculina. En sitios megalíticos, como Stonehenge, las piedras solas solían ser erigidas en el centro de los círculos. Como representación de la virilidad, la piedra se convierte casi en un símbolo religioso, que en algunas culturas señala la veneración al Sol y sus poderes regenerativos.

Colmenas

A simple vista, una colmena podría parecer un símbolo extraño para una sociedad secreta, pero, en realidad, es altamente emblemático. La colmena significa lo industrioso, no en el sentido tradicional de la manufactura moderna, sino como devoción por una tarea o un esfuerzo. Las interpretaciones masónicas de la colmena sugieren que cada individuo nace al mundo como un ser racional e inteligente y, como tal, deberá ser industrioso y jamás estar satisfecho si no ofrece ayuda a los demás, si está en sus manos hacerlo.

Información esencial

Muchas culturas antiguas y modernas tenían y tienen a la abeja en alta estima. Para los egipcios, significaban la obediencia y veneración al rey. Tras su coronación, Napoleón adoptó a la abeja como símbolo de eficiencia y productividad y también como emblema de la inmortalidad y la resurrección.

Ser industrioso es una virtud que se les enseña a todos los masones, en particular al Maestro Masón. Se les inculca también que el salario que ganan para sostener a su familia puede ser igualmente utilizado para ayudar a otro hermano o a la familia de otro hermano si enfrentan penurias. Las analogías con la abeja y la colmena reflejan esa noble causa. Es poco lo que puede hacer una abejita sola, pero una vez en la colmena y como parte de una hermandad se vuelve mucho más fácil lograr tareas o metas excepcionales.

Volumen de la Ley Sagrada

La más prominente de las Tres Grandes Luces de la masonería (las otras dos son la escuadra y el compás) es el volumen de la Ley Sagrada. Debe decirse que el término "biblia" que se emplea tan a menudo es aquí poco apropiado, pues los miembros del Culto practican diferentes religiones y por ello varía el texto sagrado de su elección.

Para los masones cristianos, ciertamente es la Santa Biblia. A los iniciados, no obstante, se les permite elegir durante sus ceremonias de grado qué texto sagrado desean colocar sobre el altar.

El volumen de la Ley Sagrada es crucial para la perfección de una logia, Sus enseñanzas ayudan a administrar y gobernar la fe personal. Ningún individuo puede convertirse en miembro de la hermandad si no profesa una creencia en las grandes verdades de los textos sagrados que él mismo ha elegido.

La Ley Sagrada representa la verdad, que, combinada con la escuadra (moralidad) y el compás (virtud), representa la búsqueda de la verdad última dentro del texto sagrado.

El ancla y el arca

Un par de símbolos altamente alegóricos son el ancla y el arca, que representan la esperanza y una vida bien llevada. El ancla expresa la esperanza del alma en la gloria y en el cumplimiento de las promesas de Dios, y simboliza la firmeza en la fe, a pesar de las tentaciones. El arca hace referencia al Arca de la Alianza, el cofre que contiene los Diez Mandamientos.

En términos de la masonería, el ancla y el arca, conjuntamente, son "emblemáticos del arca divina, que triunfalmente nos conduce por ese mar tempestuoso lleno de problemas; y del ancla que nos amarra a puerto seguro, donde los malvados cesan de poner problemas y los agotados descansan".

Símbolos esotéricos

Hay diversos símbolos esotéricos que denotan diferentes aspectos del Culto, y varios de ellos se aplican al grado de Maestro Masón.

Entre ellos están: la vasija del incienso que simboliza la pureza de corazón y el sacrificio de la Deidad, y el brillo incandescente del incienso que refleja el brillo de la gratitud del corazón hacia el autor de la existencia por las bendiciones que uno disfruta.

Hecho

En la película *Elmer Gantry*, Edward Andrews representa a un agente de bienes raíces. En un momento del filme, él dice: "¿Se da usted cuenta de que prácticamente cada presidente norteamericano era masón y protestante?". Más adelante, dice también: "¡Estoy en el negocio! ¡Soy un masón de grado 32!".

El reloj de arena y la guadaña representan alegóricamente el tiempo, en lo que respecta al viaje humano. Como un antiguo dispositivo de medición, el reloj de arena contiene una cantidad fija de arena que desciende de la cámara superior a la inferior en un lapso de una hora. Como símbolo masónico, representa a la vida humana por el hecho de que uno no puede comprender cada partícula diminuta que imperceptiblemente va pasando hasta que se termina la hora. La vida es corta, pero jamás debería ser desperdiciada, y cuando llega el final la muerte nos escolta hasta el oscuro lugar de descanso.

La guadaña, una cuchilla larga, curva, de un solo borde con filo, corta el precario hilo de la vida lanzándonos a la eternidad. Si uno escapa a las maldades de la edad temprana y finalmente llega a la vejez, la guadaña del tiempo lo corta y lo envía a la tierra de sus antepasados.

Capítulo 15

Teorías sobre conspiraciones

Desde tiempos en que los historiadores se han documentado, los teóricos de la conspiración han estado atentos a hechos y ficciones, con la esperanza de dar el siguiente grito por el descubrimiento de algo nuevo y sensacional. Esto, cuando más, es una ironía, puesto que la investigación histórica espera exponer la verdad de los eventos a la par que lucha por alcanzar la exactitud. Los masones no han logrado escapar a las oleadas de fábulas sobre conspiraciones, con gente que va desde Mozart hasta el bávaro *Illuminati*.

Juramento de confidencialidad

Los masones jamás lograrán deshacerse del término "sociedad secreta". Es un legado que los ha envuelto desde sus comienzos, sea que uno decida que tuvieron su origen en los antiguos picapedreros que construyeron el Templo del rey Salomón o en los maestros que levantaron las grandes catedrales de Europa. El hecho de que sus ceremonias y rituales se mantenían en secreto, de que profesaban ciertas creencias y se ceñían a unas determinadas reglas, inevitablemente terminó por clasificarlos como organización secreta. Infortunadamente, eso los hizo vulnerables a todo tipo de teorías sobre conspiración y a desaforadas acusaciones que van desde lo político hasta lo religioso.

Lo verdaderamente irónico es, quizá, que los masones, como fraternidad, siempre han honrado sus raíces caritativas, y frecuentemente el bien que ellos hacen queda ensombrecido por la constante desinformación. Los misterios que rodean la masonería siguen siendo fuente de continuo debate, independientemente de si el tema tiene que ver con la antigüedad del grupo, la presunta participación en determinado acontecimiento o los procedimientos en tiempos modernos. El demonio está en esa área terminalmente gris entre lo verdadero y lo falso y, cuando se trata de conspiraciones —incluyendo aquellas en que supuestamente están involucrados los masones—, todo acaba en lo que se especula, lo que se presume y lo que se sabe.

Si los teóricos de la conspiración rigieran el mundo, sin duda la masonería se extinguiría rápidamente. Si hay que creer en lo que se presenta al público tanto en la literatura como en la Red, entonces los masones son satánicos, luciferinos, asesinos, un culto religioso, infiltrados de la KGB, protectores del Santo Grial, y los Iluminados (*Illuminati*), un poderoso grupo de hombres iluminados y herméticos que controlan absolutamente todo lo que sucede en el mundo. Y esos son precisamente los puntos críticos. La realidad de las cosas es que los masones son, simplemente, una organización fraternal, enraizada en la historia simbólica, cuyo propósito es superarse espiritual y moralmente a la par que trabajan por mejorar la sociedad.

Los Iluminados bávaros

Una de las más grandes conspiraciones del pasado, del presente y, muy seguramente, del futuro es el concepto de que un pequeño grupo de hombres poderosos terminarán rigiendo el mundo. Sería lo que en el término más amplio de la palabra se conoce como los Iluminados. Sin duda, muchos habrán oído antes el término, puesto que a menudo este grupo aparece en las películas y en la literatura bajo circunstancias oscuras y con un enfoque relacionado con algún propósito demoníaco.

El mero susurro de la palabra "secreta" en relación con la masonería es suficiente para que los teóricos de la conspiración especulen que la hermandad es un brazo de los Iluminados o que, de hecho, estos últimos salieron de la masonería. En la mayoría de los casos hay una considerable ausencia de pruebas. Las grandes conspiraciones o alegatos suelen estar basados en malinterpretaciones, literales o históricas.

¡Alerta!

Los Iluminados bávaros no fueron el primer grupo organizado de individuos "ilustrados". En el siglo XVI aparecieron los Alumbrados de España, secta mística de jesuitas y franciscanos reformados que a menudo eran citados como Iluminados. En 1770 se formó el de los Ilustrados franceses de Avignon, grupo que posteriormente se convirtió en la Academia de Masones Verdaderos.

Los eruditos, historiadores y teóricos de las conspiraciones cuentan con una cantidad asombrosa de bagaje histórico al cual recurrir en relación con la conexión bávara. Hay, de hecho, una exigua asociación entre los masones y los Iluminados bávaros, y es lo que da lugar a que los masones sean mencionados como parte de diversas organizaciones secretas del tipo de la de los Iluminados, como la del Priorato de Sion, los Bilderberger y la Comisión Trilateral, para solo mencionar a unas cuantas.

Nacimiento de los Iluminados

Adam Weishaupt nació en 1748 en la población alemana de Ingolstadt. Educado por jesuitas, avanzó hasta convertirse en profesor de derecho canónico en la Universidad de Ingolstadt, en 1775. Weishaupt de inmediato tuvo problemas, puesto que sus puntos de vista eran radicales y ofensivos para el clero. Primero condenó el fanatismo y la intolerancia y retó las supersticiones clericales, y luego reunió a un grupo de hombres jóvenes y brillantes, y creó un partido de oposición dentro de la universidad. Reuniéndose en secreto, Weishaupt imbuyó al grupo de ideas liberales, lo que marcó el comienzo de la Orden de los Iluminados o "Ilustrados", comúnmente denominados Iluminados bávaros.

El 1º de mayo de 1766, Weishaupt y su colaborador, el masón alemán barón Adolph von Knigge, fundaron oficialmente los Iluminados bávaros, cuyo vertiginoso objetivo apuntaba a regir el mundo, luego de derrocar a la Iglesia católica romana y a todos los gobiernos. En la organización regían el secreto y el subterfugio conspirativo. De cinco miembros originales, el grupo pasó a tener más de 2500, muchos de ellos masones o antiguos masones. Debe decirse que en el momento de la fundación de los Iluminados, Weishaupt no era miembro de la hermandad, y su posible iniciación aún está en duda.

Masones y dominación mundial

No hay prueba que sugiera que los masones respaldaron o crearon el grupo de los Iluminados, pero la estructura de todos los grupos de librepensadores y radicales constituidos en aquel período copia el sistema organizativo de la masonería. Los Iluminados se dividieron en tres clases, juraban obediencia e iban escalando los diversos grados de oficiales. Algunos especulan que habían establecido relaciones con diversas logias masónicas en Baviera, y que su membrecía ilustrada llegó a más de 4000 en algo más de diez años.

Hecho

En la película de 2001 *Lara Croft: Tomb Raider*, protagonizada por Angelina Jolie, Lara debe luchar para prevenir que los Iluminados encontraran un antiguo artefacto que les daría el poder para controlar el mundo.

El clima político de entonces era de tolerancia mesurada hacia la masonería. Baviera era un Estado conservador dominado por la aristocracia y la Iglesia católica. La creciente y polémica publicidad que rodeaba a los Iluminados terminó por inclinar la balanza contra todas las sociedades secretas. Como lo anota un experto, el barón Von Knigge entró en desacuerdo con Weishaupt y rompió con el grupo.

Una teoría sugiere que los jesuitas, aún muy poderosos pese a que la orden había sido expulsada de Baviera, se pusieron a la tarea de destruir a Weishaupt y a los Iluminados. En 1784 se expidió un decreto que prohibió todas las asociaciones secretas. En este punto, los Iluminados bávaros supuestamente cesaron su actividad. Weishaupt escapó a las persecuciones, pero sus metas últimas se volverían públicas a medida que documentos basados en sus tesis revolucionarias fueron descubiertos por el Gobierno. No está claro lo que sucedió con Weishaupt, pero sus ideales son alternativamente vilipendiados y venerados, incluso en nuestros días.

La Revolución francesa

La influencia de Adam Weishaupt, de los radicales Iluminados bávaros y, por asociación, de los masones, ayudó a difundir la teoría de que la masonería desempeñó un papel importante en la Revolución francesa de 1789. No cabe duda de que las filosofías masónicas de tolerancia, igualdad para todos los hombres, fraternidad y mutua ayuda para el mejoramiento de la humanidad se oponían a las actitudes altivas de la aristocracia francesa. No obstante, la extrema decadencia de la vieja sociedad y la ruina de la economía, que le abrieron el camino a la revolución, estaban demasiado generalizadas como para culpar a un solo grupo. En realidad, los masones quedaron en las dos orillas del conflicto.

Información esencial

Antes de la Revolución francesa había más de 60 logias en París y 463 en las provincias, colonias y países extranjeros, todos bajo La Gran Oriental de Francia. La Gran Oriental tenía más de 130 logias en y alrededor de París. Durante la guerra, únicamente 3 de las logias de París permanecieron abiertas.

Durante el siglo XVIII, en la masonería francesa confluían clérigos, aristócratas, oficiales del Ejército y burgueses, pero no todos se hallaban interesados en provocar cambios en el sistema social. Muchos masones no tenían un vivo interés en el clima político. Querían, sí, un país gobernado por la persona "correcta", y fue esa aspiración la que inflamó las llamas revolucionarias.

Se presume que Napoleón fue iniciado como masón en 1798 en la Logia del Ejército de Filadelfia. También se dice que la mayoría de los miembros del Gran Consejo del Imperio, como también los altos oficiales, eran masones. Un experto cuenta que la masonería no tomó parte principal en la instigación de la revuelta, pero la hermandad sí sufrió enormemente, puesto que la mayoría de los maestros de las logias de París perdieron la vida.

La flauta mágica de Mozart

Una de las más fascinantes tradiciones históricas, joya de la teoría conspirativa, se encuentra oculta en un pequeño rincón de la agitación política que sacudió al siglo XVIII. Se trata de la historia del compositor masón Wolfgang Amadeus Mozart, y, particularmente, de *La flauta mágica*, una de las óperas más celebradas y controversiales que se hayan escrito jamás. Para comprender cómo vivió y murió Mozart, es importante entender el ambiente de la época.

Entre mediados y finales del siglo XVIII, el Siglo de las Luces, Europa experimentaba un cambio total. La época del oscurantismo estaba siendo arrasada de cuajo, y en los medios intelectuales se aireaban nuevas filosofías e ideas políticas, que no tardaron en ser predominantes. A ello contribuyeron enormemente los principios básicos de la masonería. El ambiente cultural y social de Europa estaba experimentando un cambio enorme, y, a los ojos de la posteridad, resulta todavía asombroso el sinnúmero de acontecimientos dramáticos ocurridos durante este breve período de tiempo.

Hecho

La revolución norteamericana estremeció al Imperio británico hasta los cimientos. En 1778, Benjamín Franklin, notable masón, tuvo éxito en convencer a los franceses para que declararan la guerra a la Gran Bretaña en respaldo a los nacientes Estados Unidos. Escasos 12 años después, los franceses llevaron a buen término su propia revolución nacional.

Los nobles y la realeza ora abrazaban ora vilipendiaban a la masonería. Escritores, músicos y filósofos librepensadores se convirtieron en masones activos, y su influencia llegaba hasta las más altas esferas de la sociedad. Este despertar intelectual no tardó en ser reprimido en forma aguda por los aristócratas paranoicos y los clérigos, que lo sentían como una seria amenaza al orden secular y a su propio poder. Con la caída de las monarquías y el triunfo de la revolución, se creó un nuevo clima de tolerancia y estímulo a la masonería.

Ilustración masónica

En 1780, a la muerte de su madre, la regente María Teresa, José II se convirtió en gobernante único del imperio austriaco, conocido en aquel entonces como el Sacro Imperio Romano. Mientras rigió el destino del territorio, María Teresa mantuvo un enfoque represivo. José, en cambio, fue uno de los "monarcas iluminados". Abogó fuertemente por la emancipación del campesinado, la extensión de la educación y un mayor laicismo en las costumbres que se alejara de las órdenes religiosas.

Intelectualmente, José simpatizaba con la masonería austriaca, pero era lo suficientemente pragmático como para mantener un cierto nivel de cautela. No hay que olvidar que sobre Austria, junto a la influencia filosófica, pesaba la amenaza militar de Federico el Grande de Prusia, también masón notable. Los vestigios de los Iluminados bávaros y la actividad de los masones eran aún objeto de sospecha, y, en 1785, José expidió un edicto por el cual limitaba el número de logias masónicas en el Reino y obligaba a los funcionarios a delatarlos ante las autoridades.

Aunque los puntos de vista del emperador vienés hacia la masonería eran ambiguos, José protegía las artes y respaldaba a los artistas, muchos de ellos masones activos. El más notable fue Wolfang Amadeus Mozart.

Una musa masónica

Nacido en 1756 en Salzburgo, entonces jurisdicción independiente del Sacro Imperio Romano y hoy perteneciente a Austria, Mozart dio muestras desde temprana edad de su asombroso talento musical. Su padre, Leopoldo, que no solo era un reconocido maestro musical, sino también un masón activo, instruyó al joven Mozart en el violín y el piano. Con la aptitud natural de un empresario, aunque algo charlatán, Leopoldo se dio cuenta de que la inmensa destreza de su hijo podía convertirse en una inmensa fortuna si vendía ese talento como curiosidad en las cortes europeas.

Información esencial

Tras un viaje a la capilla Sixtina a una presentación del *Miserere*, de Allegri, Mozart transcribió, completamente de memoria, la totalidad de la partitura, tan celosamente guardada.

Así, desde la tierna de edad de siete años, Mozart fue exhibido por su padre en las cortes reales de Francia, Inglaterra, Holanda, Suiza e Italia. El joven Wolfang fue sometido a este ritmo de giras permanentes hasta bien avanzados los veinte años. En 1781, tras la dramática ruina del principal patrón financiero, Wolfang Amadeus Mozart fue a residir a Viena, donde se casó, comenzó una familia y continuó desarrollando su carrera musical. Aunque nunca logró obtener un puesto permanente en ninguna de las cortes reales, su carrera fue mantenida a flote por el patrocinio de José II y la nobleza austriaca.

En Viena, Mozart entabló estrechos lazos con librepensadores contemporáneos y artistas, y se convirtió en gran amigo y compañero del también compositor y masón Joseph Haydn, con quien militó en la misma logia. Haydn y Mozart se tenían en alta estima, y se sabe que Mozart escribió seis cuartetos para cuerdas en honor a Haydn.

Música para hermanos

Con la muerte de José II, en 1790, los ingresos económicos de Mozart comenzaron a caer en forma alarmante, pues Leopoldo II, hermano de José y su sucesor, dejó de reconocer el genio musical del músico. Los trabajos, antes tan lucrativos, empezaron a caerle a cuentagotas. Fue entonces cuando su compañero masón y buen amigo, Emmanuel Schikaneder, le ofreció una oportunidad inmejorable.

¡Alerta!

Con el ascenso de Leopoldo II a la monarquía y el ambiente de sospecha engendrado por la Revolución francesa, el estatus de la masonería volvió a entrar en arenas movedizas. También los Iluminados amenazaron la existencia de la hermandad.

Emmanuel Schikaneder, fervoroso masón y bien conocido personaje en los círculos musicales vieneses, había escrito diversas composiciones para la masonería. No se sabe si Schikaneder vino con la propuesta a Mozart por su propia cuenta o a instancias de la hermandad, pero la idea resultó inteligente.

Con la fama de Mozart como compositor y las habilidades de Schikaneder como artífice de la palabra, la propuesta fue escribir una ópera basada en bien conocidas historietas, cuya atracción serían las causas nobles de la taquilla universal, los exóticos antecedentes del antiguo Egipto, la crueldad y la villanía y el triunfo del bien sobre el mal. Grandiosa música y cuentos fabulosos, todo hecho con pompa e innegable simbolismo masónico.

El esfuerzo tenía dos aspectos. El primero, ofrecer un espectáculo que fuera un golpe publicitario y generara ingresos, y el segundo, tejer sutilmente los aspectos positivos de la masonería en una producción accesible a todos los públicos. El texto implícito de la ópera presentaba muchos símbolos de la masonería, agua y fuego, tierra y aire, artefactos e instrumentos, referencias a cimientos y muros, como también usos diversos del número tres y de las cuerdas musicales masónicas. El telón egipcio hace hincapié en la profunda influencia masónica del antiguo Egipto.

Una gran apertura

Para hacerse a una idea del impacto que tenía una producción operática sobre la audiencia vienesa del siglo XVIII, ayuda recordar que las oportunidades de entretenimiento eran relativamente limitadas en comparación con las de la sociedad moderna. Las óperas eran muy populares y abiertas a todos los sectores sociales. Los palcos y las mejores sillas eran ocupados por la aristocracia, pero abajo permanecían de pie quienes tenían fondos limitados. Era como ver hoy por un dólar una gran producción en Broadway de *Chicago* o *Gatos*.

La flauta mágica abrió temporada en Viena el 30 de septiembre de 1791, con entradas más bien parcas los primeros días, pero rápidamente encontró su audiencia y fue recibida con aclamaciones entusiastas. Siguieron decenas y decenas de representaciones. Aunque *La flauta mágica* seguiría perdurando entre la gente como una pieza maestra, el intento por crear una coda masónica influyente terminó frustrándose y se vio ensombrecido por la represión en cuanto cambió la monarquía.

Tras el estreno de *La flauta mágica*, Mozart recibió el encargo de escribir un réquiem para el conde Von Walsegg. Se dice que el encargo le fue entregado a Mozart por un extraño encapuchado, sin identificar. Según la leyenda, tras empezar a componerlo, Mozart cayó en un marasmo perturbador y terminó por convencerse de que el réquiem que escribía para Von Walsegg lo estaba haciendo en realidad para sí mismo. La salud se le deterioró con rapidez. Murió el 5 de diciembre de 1791, a la edad de 35 años, solo tres cortos meses después de estrenar *La flauta mágica*.

Conspiración musical

El médico que atendía a Mozart al momento de morir, expidió el certificado de defunción sin identificar la causa de la enfermedad. Al cadáver no se le hizo autopsia. Ambas fallas prepararon el terreno para la difusión de un montón de rumores y teorías. Los primeros hablaban de que Mozart había sido envenenado, lo que demandaba la pregunta obvia: ¿por quién?

Un conjunto de teorías no sustentadas e inverosímiles endilgaron la culpa a los masones. Según la acusación, estos estaban molestos con Mozart por revelar demasiados secretos masónicos en *La flauta mágica*. También se adujo que Mozart había creado un subtexto antimasónico dentro de la ópera. Se propagó que el misterioso encapuchado era un mensajero masónico que le notificaba a la víctima la sentencia fatal. Todas estas teorías ignoran por completo el hecho de que Mozart solo escribió la música de *La flauta mágica*, no la letra, pero ese descuido en la teoría conspirativa fue después subsanado con la idea de que los masones habían asesinado a Emmanuel Schikaneder.

Hecho

Mozart tenía un competidor profesional bien conocido, de nombre Antonio Salieri, también lanzado al remolino de conjeturas. Según rumores no sustentados, Salieri confesó en su lecho de muerte, en 1825, haber asesinado a Mozart.

Las teorías conspirativas sobre la muerte de Mozart sirven para armar una gran narración, con ribetes de fábula, pero no hay, ni ha habido nunca, ninguna prueba histórica de la que se desprenda con certeza absoluta que Mozart murió de nada distinto a causas naturales, la más probable, una fiebre reumática. En los círculos masónicos, Mozart es reverenciado como el hermano que quizá más haya contribuido artísticamente al mundo y a la masonería.

El Priorato de Sion

El Priorato de Sion es un estudio fascinante tanto en la historia como en la conspiración, especialmente con respecto a su presunta conexión con Jesucristo, María Magdalena, los Caballeros Templarios medievales y, finalmente, la masonería, por cortesía de documentos secretos y diversas asociaciones de hechos en la historia. Con respecto al Priorato, no faltan las teorías conspirativas desde el siglo XI hasta nuestros días.

Sus orígenes como organización secreta están definitivamente en disputa. Algunos sostienen que el grupo fue fundado muy recientemente, hacia 1950. Otros aseguran que se remonta a los tiempos de las Cruzadas, en

1099. Agréguese a la anterior mezcla un conjunto de documentos secretos, todos cifrados, de conexiones con el místico Rennes-le-Château, de Francia, y de suposiciones sobre el supuesto linaje de María Magdalena, origen de la dinastía merovingia, y se podrá ver por qué el Priorato es un tema cundido de controversia.

El *Prieure de Sion*, o Priorato de Sion, fue fundado en Annemasse, Francia, en 1956 por Pierre Plantard. Con una membrecía de solo cinco hombres, la sociedad alegaba haberse originado en la Orden de Sion, fundada por el francés Godofredo de Bouillon en 1090. Líder durante las Cruzadas, Bouillon se convirtió en el primer gobernante del Reino de Jerusalén en 1099. Muerto Bouillon, no transcurrió mucho tiempo antes de que los Caballeros Templarios fueran reconocidos oficialmente. Otros expertos han especulado que fue el Priorato de Sion quien creó a los Caballeros Templarios como una orden militar y administrativa. Supuestamente, el nombre de Prior de Sion fue cambiado en 1188 por el de Priorato de Sion, cuando sus miembros chocaron con los Templarios.

Pregunta

¿Por qué suena tan familiar el nombre de Priorato de Sion? Porque desempeña un gran papel en un libro muy vendido de Dan Brown, *El código Da Vinci*, donde el Priorato y su gran maestro son parte integral de una enredada historia que involucra al Santo Grial.

Se dice que el Priorato de Sion ha sido una sociedad secreta, dirigida durante varias eras por grandes maestros, incluidos Leonardo da Vinci, Isaac Newton, Victor Hugo y Sandro Botticelli. El primer gran maestro fue Jean de Gisors, quien sirvió desde 1188 hasta 1220. Plantard mismo reclamó haber servido como secretario general antes de ser nombrado gran maestro del Priorato entre 1981 y 1984. Si en realidad existió el Priorato, la lista de grandes maestros incluiría a personajes de la aristocracia, el ocultismo, la alquimia y la masonería.

¿Secretos o mentiras?

En 1975 se descubrió un conjunto de pergaminos en la Biblioteca Nacional de París, documentos conocidos como los "expedientes secretos". No está claro cómo llegaron a la biblioteca, pero algunos especulan que fue a través de Plantard mismo, en un esfuerzo por reforzar su posición sobre la antigüedad del Priorato. Para comprender el contenido de los documentos, que incluían genealogías y algún tipo de estatutos masónicos, es necesario examinar una de las leyendas asociadas al descubrimiento.

Se dice que el Priorato de Plantard se desbandó en 1957, pero que él hizo un intento por revivirlo varios años después. Para hacerlo, alistó al autor francés Gerard de Sède y al cineasta y periodista Philippe de Chérisey para crear documentos apócrifos que corroboraran la aseveración original de Godofredo sobre el Priorato de Sion.

Hecho

Gerard de Sède publicó un libro en 1967, basado en la historia de Plantard, que intrigó a tres periodistas británicos, Michael Baigent, Richard Leigh y Henry Lincoln, quienes se enfrascaron en una búsqueda que duró una década antes de escribir el libro *Santa sangre, Santo Grial.*

Según se afirma, los documentos tuvieron su origen en Rennes-le-Château, sur de Francia, una iglesia misteriosa del Languedoc que por largo tiempo ha sido centro de fascinante atracción para eruditos e investigadores por sus supuestos vínculos con el Santo Grial, el Arca de la Alianza, el arca de Noé y los tesoros ocultos del Templo de Salomón. El sacerdote de la parroquia de Château era Berenguer Saunière, quien supuestamente descubrió cuatro pergaminos dentro de una columna visigoda hueca.

La historia que Plantard le contó a su amigo Gerard de Sède fue que los documentos que Saunière había descubierto confirmaban la tradición popular francesa en el sentido de que, en realidad, Jesús había evadido la muerte y vivido en Francia con María Magdalena. Sus linajes dieron como resultado la dinastía merovingia. El Santo Grial, aseguraba Plantard, o Sang-real, traduce "Santa Sangre", literalmente, del francés. Por supuesto, la implicación era que la sangre de Cristo fluyó a través del linaje merovingio. Cuando finalmente la dinastía cayó, los descendientes pasaron a la clandestinidad y fueron protegidos por el Priorato de Sion, junto a sus defensores, entre quienes se contaban los Caballeros Templarios y los masones, también íntimamente involucrados con el Priorato.

La verdad está allá afuera

Sea cierta o no la historia de Plantard, o que fueran él y sus seguidores quienes crearan o no los documentos de los expedientes secretos, el debate prosigue. En cuanto hace referencia a otras conexiones del masón Plantard, hay una teoría adicional que lo vincula a él y a los expedientes secretos a la Gran Logia Alpina de Suiza. Se afirma que "Les descendants Merovingiens ou l'enigme du Razes Wisgoth", que fue el primero de los cuatro documentos, fue publicado en la logia suiza. No está confirmada la fecha, y la logia misma ha negado cualquier participación.

Una teoría sugiere que Plantard y sus colegas Gerard de Sède y Philippe de Chérisey finalmente se enemistaron, y que Plantard denunció en público que los dos pergaminos fueron en realidad fabricados por Chérisey. No hay respuestas firmes al misterio del Priorato de Sion, pero se han escrito muchos libros excepcionales sobre la existencia de la organización legendaria y su posible conexión con los Caballeros Templarios, los masones y una serie de acontecimientos.

Capítulo 16

Descubrimiento de la verdad

Albert Pike es una figura sobresaliente en la masonería, y los masones que conocen de él, de su historia y de su legado lo tienen en muy alta estima. Pike es digno de que se escriba un libro sobre él, no obstante, a menudo permanece en el primer plano por un solo comentario que hizo con respecto a Lucifer. Internet está plagada de conspiraciones antimasónicas alrededor del comentario de Pike. Sin embargo, hay pruebas documentadas que anulan tales afirmaciones.

Albert Pike: un legado masónico

Desde 1859 hasta 1891, Albert Pike fue el Gran Comandante Soberano de la Jurisdicción del Rito Escocés del Sur. La leyenda de Pike y su influencia en la historia masónica es una descripción llena de colorido, controversial y contradictoria. Presenta uno de los legados más fascinantes y extraordinarios de la masonería. Para comprender y apreciar la leyenda que rodeó a Albert Pike es necesario situar al hombre en medio de sus antecedentes y perspectiva histórica.

Información esencial

Aunque su asistencia a Harvard es discutible, se sabe que Albert Pike llegó a ser maestro de escuela rural y que enseñaba en diversas escuelas en Massachusetts.

Albert Pike nació en Boston, Massachusetts, el 28 de diciembre de 1809, en un hogar relativamente pobre. Demostró ser un estudiante brillante en las escuelas públicas, y, a la edad de 15, pasó los exámenes de admisión en Harvard. Aunque algunos historiadores creen que asistió a Harvard hasta los dos primeros años de la carrera y se vio obligado a retirarse debido a limitaciones financieras, no se tienen registros de si realmente Pike pasó por esa universidad. Según otros, Pike no asistió a Harvard, y citan la falta de pruebas y la poca probabilidad de que hubiese pagado por anticipado dos costosos años de matrícula.

Aventura por el oeste

A los 22 años, Pike emprendió camino hacia el oeste. Comenzó así una serie de aventuras, que continuarían por muchos años. En Saint Louis, Misuri, se unió a una expedición de comerciantes que lo llevó a Santa Fe, en esos tiempos aún parte de México. Dice la leyenda que hizo a pie la mayor parte del viaje, pues el caballo se le escapó. Pike continuó cazando y comerciando y finalmente se abrió camino hasta llegar a las Grandes Llanuras.

A la edad de 24 años, en 1833, Pike se estableció en Arkansas, donde una vez más enseñó en escuelas antes de convertirse en reportero del *Arkansas Advocate* (Defensor de Arkansas), en Litle Rock. Se casó con Mary Ann Hamilton, y con la ayuda financiera de su dote compró un periódico y se convirtió en su único propietario. Durante este período, Pike estudió leyes y se convirtió en miembro del Club de Abogados de Arkansas entre 1835 y 1837.

El llamado de la Caballería

Cuando estalló la guerra mexicano-norteamericana, en 1846, a Pike le salió a flor lo mejor de su espíritu aventurero y patriótico y se unió a la Caballería. Fue nombrado comandante de tropa y luchó exitosamente en la batalla de Buena Vista, el último gran combate de la guerra.

Hecho

Las fuerzas estadounidenses en Buena Vista estaban comandadas por el general Zachary Taylor, quien capitalizaría su éxito en la contienda para ganar la Presidencia en 1848. El coronel Jefferson Davis, quien comandaba los Rifles de Misisipi y quien se convirtió en presidente de la Confederación durante la guerra civil, también fue participante fundamental.

Albert Pike mostró su naturaleza rebelde y dogmática con irreflexivos comentarios sobre la conducta de la infantería de Arkansas durante la batalla, que dieron pie a un duelo con su oficial comandante, el coronel John Roane. El duelo resultó no ser sangriento, pues los dos disparos fallaron. Roane se convirtió en gobernador de Arkansas en 1848.

El águila legal

Tras la guerra mexicano-norteamericana, Albert Pike regresó a las leyes, que practicó esta vez en Nueva Orleans, Louisiana. En 1857 regresó a Arkansas, donde alcanzó toda la dimensión de su estatura en su condición de abogado y autor de tratados legales. La experiencia anterior de Pike en el comercio le había proporcionado un acervo útil para el trabajo con los indios, y durante este tiempo ganó del Gobierno federal un arreglo monetario cuantioso a favor de los indios creek. A lo largo de todos esos años, Pike desarrolló un interés en la masonería y se convirtió en participante activo.

En 1859 fue elegido como el Gran Comandante Soberano de la Jurisdicción del Rito Escocés del Sur, posición que mantuvo a lo largo de la guerra civil y hasta su muerte.

La batalla de Pea Ridge

Aunque en los años políticamente tan cargados que condujeron a la guerra civil Pike era un incondicional creyente en los derechos de los estados del Sur, argumentaba en contra de la secesión. Cuando finalmente estalló la guerra, en mayo de 1861, se atuvo a sus convicciones sureñas y se unió al Ejército confederado con el grado de brigadier general. A Pike se le entregó el mando del territorio indio bajo influencia confederada, y reclutó varios regimientos de caballería entre las tribus que simpatizaban con el sur.

Durante la batalla de Pea Ridge, en Arkansas, Pike dirigió a 800 guerreros indios, que posteriormente fueron acusados de mutilar y arrancar las cabelleras a los soldados de la Unión. Estas acusaciones, junto a las amenazas de arresto por cargos de mal manejo de fondos y materiales, llevaron a Pike a desertar del Ejército y a esconderse. Meses más tarde, fue arrestado.

Los cargos contra Pike por los hechos de la batalla de Pea Ridge no tenían mayor respaldo, y se le aceptó su renuncia al Ejército confederado en julio de 1862. Pasó algún tiempo en Nueva York y Canadá, hasta cuando recibió el perdón formal de parte del presidente Andrew Johnson en 1865. Regresó entonces a Arkansas, donde reinició su práctica de leyes. Ejerció después, durante un término de un año, como asociado de la justicia en la Corte Suprema del Estado de Arkansas.

Los años finales de Pike

En 1870, Albert Pike se trasladó a Washington, donde continuó practicando la abogacía y se convirtió en editor de *The Washington Patriot*. En la capital sirvió como Gran Comandante Soberano del Rito Escocés del Sur durante los siguientes 21 años de su vida. Falleció el 2 de abril de 1891, y está enterrado en la Casa del Templo, instalaciones de la Jurisdicción del Rito Escocés del Sur, en Washington.

Aunque los sucesos aquí narrados son de por sí extraordinarios, resultan solo aspectos llenos de colorido de una vida dedicada al estudio de la religión antigua, la historia, el lenguaje, la metafísica y, lo más importante, la filosofía masónica.

Albert Pike y la masonería

Gran parte del legado masónico de Albert Pike deriva de su intenso estudio de los grados del Rito Escocés. Pasó años agregando sustancia y significado a los grados, y todavía hoy la Jurisdicción del Rito Escocés del Sur utiliza los rituales básicos de Albert Pike.

Debido a la relativa densidad de los escritos victorianos de Pike, la Jurisdicción del Rito Escocés del Sur ha actualizado gran parte del lenguaje de los rituales de grado para hacerlos más accesibles. Mucho más que un legado resulta ser el trabajo fundamental de Pike, *Moral y dogma*, considerado la piedra angular del Rito Escocés. La obra resume cientos de documentos masónicos de valor histórico, que reposaban en la extensa biblioteca de Pike, a los que se suman las propias interpretaciones y comentarios del autor.

El volumen consta de ochocientas setenta y una páginas, y suele ser considerado una pieza filosófica maestra de un formidable genio, aunque para otros no es más que un farragoso conglomerado de misticismo arcano, indescifrable y oscuro.

¡Alerta!

A pesar de los primeros turbulentos años, Pike fue, ante todo, un filósofo destacado y erudito con un enorme intelecto y una voraz curiosidad respecto a los significados de la vida.

Pike se internó en las filosofías europea y oriental, aprendiendo por sí solo los idiomas sánscrito, hebreo y griego, y tradujo al inglés, meticulosamente, decenas de trabajos y miles y miles de páginas.

La perspectiva de Pike estaba orientada hacia la búsqueda del conocimiento. Creía firmemente en la absoluta libertad de interpretación e insistía en que ninguna autoridad por sí sola podía ligar la masonería a un dogma. La idea no es que sorprenda mucho si se tiene en cuenta que Albert Pike, literalmente, se enseñó a sí mismo todo lo que sabía.

El espíritu de Lucifer

De *Moral y dogma* sale una frase única y picante que durante décadas ha lanzado a los antimasones y a los literalistas religiosos a una voltereta de acusaciones y gritos sobre la influencia satánica en Albert Pike y, por asociación, en toda la masonería. Dicha frase es:

"Lucifer, ¡Hijo de la mañana! ¿Es él quien lleva la luz, y con sus intolerables esplendores enceguece a las almas débiles, sensuales o egoístas? ¡A no dudarlo!".

Aunque la referencia a Pike es bastante clara para estudiosos de la terminología, la mitología y las filosofías griega y romana, sus detractores la han transformado en una auténtica industria casera de retórica antimasónica.

Lucifer y el rey Jaime

Lucifer, según muchos teólogos, es el nombre del ángel arrojado del cielo. El resto de las veces se le llama Satán. Este concepto a menudo se le atribuye a la versión de la Biblia del rey Jaime, en Isaías 14:12, que dice:

"¡Cómo has podido caer de los cielos, oh, Lucifer, hijo de la mañana! ¡Cómo te rebajaste hasta los suelos, tanto que has debilitado las naciones!".

En esta única referencia a Lucifer en la Biblia del rey Jaime el nombre de Lucifer inició su espiral a la baja hasta caer al infame sinónimo de Satán. Y para Pike y los masones se convertiría en algo altamente controversial. Para mostrar qué tan significativo es para la masonería el siguiente descubrimiento, es necesario mostrar cómo evolucionó hasta llegar a lo que es.

Lucifer y la literatura

La Biblia del rey Jaime se publicó en 1611 en Inglaterra, cuando el poeta John Milton tenía tres años. Milton, quien más adelante se convertiría en un férreo puritano, creció con el "nuevo" libro, aunque la influencia que tuvo sobre él a lo largo de su educación y de su carrera como escritor quedaría ensombrecida por la de la Biblia de Ginebra, la aceptada por su generación.

En su poema épico, escrito en 1667, *El paraíso perdido*, Milton cimentó la relación entre ambos nombres al llamar "Satán" al ángel caído Lucifer, ya arrojado de los cielos. Indudablemente, Milton estuvo influenciado por el versículo de Isaías, junto al del Apocalipsis 12:9, que dice: "Y el gran dragón fue arrojado, esa vieja serpiente llamada el Diablo, y Satán, que al mundo entero engañó: fue arrojado a la Tierra y sus ángeles con él".

A primera vista, uno podría advertir fácilmente la discutible relación entre el uso de la palabra "Lucifer" en la Biblia, la versión de Milton sobre Lucifer y la referencia de Albert Pike al mismo nombre. La explicación es un fascinante viaje de descubrimientos históricos.

Diversas publicaciones contemporáneas sobre Albert Pike y la masonería señalan que la palabra "Lucifer" en Isaías 14:12 resulta ser una traducción errónea hecha por la Vulgata en latín del año 425, y muestran a la Vulgata como la fuente primordial para la versión de la Biblia del rey Jaime. Aquí la implicación es que el uso del término "Lucifer" es un error de traducción que pasó de la Vulgata directamente a la versión del rey Jaime alrededor de 1200 años más tarde, un salto cuestionado por un hecho histórico.

Información esencial

LaVulgata en latín de 425 d. C. fue traducida por san Jerónimo por orden del papa Dámaso I. Fue la primera Biblia cristiana que tradujo el Antiguo Testamento directamente del hebreo, en lugar de hacerlo de la Septuaginta griega.

La influencia puritana

Cuando el rey Jaime I ascendió al trono en 1603, la Iglesia de Inglaterra fue dividida abruptamente entre los tradicionalistas y un movimiento radical cuyos practicantes eran desdeñosamente conocidos como "puritanos". Estos, que se oponían a la pomposidad ceremonial y a la naturaleza aristocrática de la Iglesia de Inglaterra, estaban cosechando un fuerte respaldo público en pro de una reforma, y simultáneamente creando una división potencialmente peligrosa en el clima político del país.

Oportunidad diplomática

En un intento por conjurar la amenaza, el rey Jaime sostuvo una conferencia de líderes religiosos. Aunque esta resultó ser un fracaso, sí se convirtió en una oportunidad diplomática para que el rey Jaime aplacara a ambas partes al prometer cumplir una de las pocas exigencias en que coincidían ambos bandos: la de autorizar una versión oficial de la Biblia en inglés. La decisión le sirvió al rey Jaime para dos fines prácticos, ninguno de las cuales era religiosamente altruista.

Los puritanos adherían con devoción a la Biblia de Ginebra, editada por expatriados ingleses en esa ciudad suiza, en 1560. La Biblia de Ginebra apenas era tolerada por la Iglesia, pero gozaba de amplia aceptación entre el público.

Pregunta

¿Por qué le disgustaba a la Iglesia de Inglaterra la Biblia de Ginebra? Parte del atractivo de la Biblia de Ginebra se debió a la proliferación de anotaciones y notas marginales, muchas de las cuales eran críticas agudas a la Iglesia de Inglaterra.

En 1568 la Iglesia autorizó revisar la Gran Biblia, también conocida como la Biblia del Obispo. Aunque esta última estaba basada directamente en la Gran Biblia y en la Biblia de Ginebra, era mucho menos incendiaria, sin las anotaciones antimonárquicas y las críticas a la alta jerarquía, y, por tanto, más aceptable para las autoridades. La Biblia del Obispo se convirtió en la Biblia de uso común dentro de las iglesias, pero nunca logró el mismo nivel de popularidad con que era acogida en cada hogar la Biblia de Ginebra.

Al autorizar una nueva versión de la Biblia, el rey Jaime esperaba que la Biblia de Ginebra se volviera obsoleta al darles a los puritanos un texto local de referencia. Como el trabajo iría sin anotaciones marginales peyorativas, confiaba en complacer también a las autoridades de la Iglesia.

Directrices de la versión del rey Jaime

Por la documentación histórica y por las influencias políticas y religiosas predominantes en la época, es opinión comúnmente aceptada que la Vulgata en latín fue la fuente primaria de la versión del rey Jaime. Participaron en la traducción 47 de los 54 eruditos asignados por el Rey a la tarea. Sus instrucciones, algunas de las cuales aparecen listadas aquí en el orden numérico en que se expidieron originalmente, están documentadas y son bastante específicas.

1. La Biblia ordinaria leída en las iglesias, comúnmente llamada la Biblia del Obispo, habrá de seguirse, y con tan pocas alteraciones como lo permita el original.
2. Habrán de retenerse los nombres de los profetas y de los escritores santos, junto a los demás nombres en el texto, tan fidedignamente como sea posible, según se usan hoy vulgarmente.
4. Cuandoquiera que una palabra tuviese significados diversos, deberá mantenerse el más comúnmente utilizado por la mayoría de los padres eminentes, siempre y cuando sean concordantes con lo apropiado del lugar y las analogías de la fe.
6. No se fijarán notas marginales, sino únicamente las necesarias para explicar las palabras en hebreo o en griego que no puedan expresarse en el texto, pero tan breve y ajustadamente como sea necesario y sin ninguna digresión.
14. Las siguientes traducciones habrán de utilizarse en aquellos textos que mejor concuerden con la Biblia del Obispo: las de Tyndale, Coverdale, Mathew (Roger), Whitchurch (Crammer) y Ginebra.

Los 47 prominentes eruditos cumplieron con diligencia las instrucciones y llevaron a cabo la portentosa empresa. Con la disponibilidad de los textos transcritos del griego y el hebreo y la completa biblioteca de Biblias de referencia listadas, se ignoró la Vulgata en latín. La palabra "Lucifer" se abriría paso en la versión del rey Jaime a través de un sendero más indirecto.

Breve historia bíblica

Causa asombro el impacto que la historia de la Biblia inglesa y la historia de una sola palabra de menor importancia tuvieron sobre la masonería. A lo largo de unos 1000 años, los individuos que concienzudamente tradujeron y transcribieron las Escrituras eran eruditos de integridad altruista que literalmente arriesgaban sus vidas en grado sumo.

La Biblia de Wycliffe

La primera traducción completa al inglés de la Biblia fue adelantada hacia 1300 por un erudito de Oxford llamado John Wycliffe. Con un acceso limitado a los textos en hebreo y en griego, Wycliffe tradujo directamente del latín. Tras su muerte, en 1384, el rey Enrique IV declaró la versión como herejía y ordenó confiscar y destruir las copias hechas a mano. El papa Martín V dispuso desenterrar y quemar los huesos de Wycliffe 42 años después de su muerte.

La Biblia Coverdale

Con las Escrituras en inglés todavía bajo prohibición en Inglaterra, William Tyndale publicó en 1534 su versión del Nuevo Testamento, en Bélgica. Se disponía a culminarla cuando fue encarcelado, estrangulado y quemado. Su ayudante y discípulo, Miles Coverdale, publicó una traducción completa de la Biblia en 1537, utilizando gran parte de las traducciones del hebreo y del griego hechas por Tyndale.

· Hecho

A pesar de la publicación de la versión del rey Jaime, la Biblia de Ginebra continuó siendo popular y una de las favoritas en Inglaterra durante muchos años. Llegó a conocerse como la "Biblia del peregrino" cuando los puritanos la llevaron a Plymouth, en Norteamérica, en 1620.

La Biblia de Ginebra

La Biblia de Ginebra fue editada en 1560 por expatriados ingleses en Ginebra, Suiza. Única en su formato y texto, fue la primera Biblia inglesa en incluir las divisiones de capítulos y versículos, que continúan vigentes hasta nuestros días. Se le hicieron muchas anotaciones al margen y en pies de página, que llegarían a servir como el primer "estudio" práctico de la Biblia para la gente del común de habla inglesa.

La Biblia del Obispo

La Biblia del Obispo fue una revisión de la Gran Biblia de 1539, la primera Biblia inglesa autorizada para uso público. Introducida para competir con la popular Biblia de Ginebra, fue considerada muy pesada y de precisión cuestionable y no logró casi aceptación por fuera de las ceremonias eclesiásticas.

Este breve recuento de las traducciones al inglés de la Biblia ayuda a poner en contexto los versículos de Isaías y a ofrecer una perspectiva racional de las acusaciones sin fin levantadas en contra de Albert Pike y la masonería. Lo que sigue son las diversas versiones de Isaías 14:12, comenzando con la moderna versión del rey Jaime y terminando en la Vulgata.

- Versión del rey Jaime (moderna). "¡Cómo has podido caer de los cielos, oh, Lucifer, hijo de la mañana! ¡Cómo te rebajaste hasta los suelos, tanto que has debilidtado las naciones!".

- Versión del rey Jaime (1611). "¿Cómo has caído de los cielos, oh Lucifer, hijo de la mañana? ¿Cómo te rebajaste hasta los suelos, y así debilitaste las naciones?".

- La Biblia del Obispo (1568). "¿Cómo has caído de los cielos oh Lucifer, vos, niño limpio de la mañana? ¿Cómo has podido tú caer hasta los suelos, y así debilitaste las naciones?".

- La Biblia de Ginebra (1560). "¿Cómo habéis caído de los cielos, oh Lucifer, vos hijo de la mañana? ¿Y rebajarte hasta los suelos, que por ti mucha debilidad cayó sobre las naciones?".

- La Biblia Coverdale (1535). "¿Cómo habéis caído de los cielos (oh, Lucifer) vos que sois el niño lindo de la mañana? ¡Has caído hasta los suelos, vos que (no obstante) habéis subyugado a la gente?".

- La Biblia de Wycliffe (1395). ¡"Ah! Lucifer, que te levantasteis temprano, cómo habéis caído desde el cielo; vos que estarías con las gentes, caíste totalmente en la Tierra".

- La Vulgata en latín (425). "De que modo decidiste caer Lucifer, con qué mano corroíste en la Tierra que vulneras a las gentes".

Ha habido cierta especulación en el sentido de que san Jerónimo, al publicar la Vulgata, tradujo el hebreo *helal*, a propósito o por equivocación, como lucifer. *Helal* significa "estrella del día", y en latín, pasó a lucifer. Técnicamente, la traducción de san Jerónimo es bastante correcta, y las pruebas indican que la palabra "lucifer" no fue traducida del latín al inglés.

Esto lo demuestra 2 Pedro 1:19, en la Vulgata, que también utiliza el término latino "lucifer". Aquí se muestran, otra vez en orden descendente, desde la versión del rey Jaime hasta la Vulgata, las diversas fórmulas de 2 Pedro 1:19, que han prevalecido a lo largo de los años en las diversas versiones de la Biblia.

- Versión del rey Jaime (moderna). "También tenemos una palabra más segura de profecía; con lo cual vosotros haréis bien en tomar en cuenta una luz que brilla en un lugar oscuro, hasta el amanecer, y la estrella del día se levanta en vuestros corazones".

- Versión del rey Jaime (1611). "También tenemos una palabra más segura de profecía, con lo cual haréis bien en tomar en cuenta como una luz que brilla en lugar oscuro, hasta el amanecer del día, y la estrella del día se levanta en vuestros corazones".

- La Biblia del Obispo (1568). "También tenemos un derecho seguro a la palabra de la profecía, con lo cual vosotros tomaréis en cuenta, sobre una luz que brilla en un lugar oscuro, haréis bien hasta el amanecer del día, y la estrella del día se levanta en vuestros corazones".

- La Biblia de Ginebra (1560). "También estamos seguros de los profetas, a lo cual vosotros habréis de tener en cuenta, como sobre una luz que brilla en lugar oscuro, hasta el amanecer del día, y la estrella del día se levanta en vuestros corazones".

- La Biblia de Coverdale (1535). "Nosotros tenemos una palabra segura de profecía, sobre lo cual habréis de tener en cuenta, como sobre una luz que brilla en lugar oscuro hasta el amanecer del día, y la estrella del día se eleva en vuestros corazones".

- La Biblia de Wycliffe (1395). "Y tenemos una triste palabra de profecía, a la cual vosotros haríais bien en tener en cuenta, puesto que la linterna con la que ilumináis un lugar oscuro, hasta el comienzo de la luz del día, y florece la estrella del día en vuestros corazones".

- La Vulgata en latín (425). "Et habemus firmiorem propheticum sermonem cui bene facitis adtendentes quasi lucernae lucenti in caliginoso loco donec dies inlucescat et lucifer oriatur in cordibus vestris".

En el latín coloquial de la Vulgata, Lucifer es el nombre de la estrella de la mañana (o del día), Venus. Los eruditos bíblicos, en diversas revisiones de la Biblia han corregido la traducción, sea del latín, del griego o del hebreo.

En la Nueva Biblia Americana, patrocinada por la Diócesis Católica Norteamericana, Isaías 14:12 dice:

"¡Cómo has caído desde los cielos, oh, estrella de la mañana, hijo del amanecer! ¡Cómo has llegado al piso, vos que segaste las naciones!".

La intención de Albert Pike

Albert Pike era un hombre de enorme inteligencia y conocimiento. También era un cristiano devoto que hablaba con fluidez el hebreo y el griego. Indudablemente, era consciente de la mala interpretación y connotación falsa del término "lucifer".

No había duda de que era también consciente de las asociaciones menos comunes de la palabra. Lucifer, Eosphorus y Phosphorus son palabras en latín y griego para la misma cosa, la estrella de la mañana.

Albert Pike estaba bien versado en la mitología y en las filosofías griega y latina, como también en los antiguos escritos de Valerius Flaccus, Ovidio y Cicerón. Todos eran reconocidos intelectuales y eruditos, y todos hicieron referencia a Lucifer, la estrella de la mañana.

Información esencial

En Londres, en 1827, John Walker creó la primera cerilla por fricción utilizando fósforo como agente de ignición. Un empresario de nombre Samuel Jones recreó estas igniciones de "fósforo", las empacó y les puso la etiqueta "Lucifers". Las vendió por años y el nombre pegó durante décadas.

Además de su brillante intelecto, Albert Pike tenía poca paciencia frente a la ignorancia. Isaías 14:12 es aceptado universalmente por los eruditos como un mofador, que ridiculizaba al rey de Babilonia, probablemente Nabucodonosor, quien perseguía a los israelitas. El versículo no tiene nada que ver con Satán, y "lucifer" es, simplemente, una palabra en latín. Toda esta nueva documentación ofrece pruebas de que las acusaciones contra Albert Pike y los masones con respecto a una asociación con Lucifer son completamente falsas.

El engaño de Leo Taxil

Leo Taxil, un confeso engañador y mentiroso compulsivo, contribuyó enormemente a la absurda noción de que la masonería era un frente para la práctica de la veneración al diablo. Dotado de una imaginación elaborada, y maldito por sus pocos escrúpulos, Taxil hizo de Albert Pike el blanco de sus historias increíbles, y la Iglesia católica, incluido el Papa, creyeron por completo la charada.

El Paladión

Artista consumado para el timo, Leo Taxil nació en Francia en 1854. Bautizado como Gabriel-Antoine Jogand-Pages, se presentó a sí mismo en 1885 como antiguo masón y católico devoto y se lanzó a contar una fábula. Comenzó publicando revelaciones que delataban a un ficticio "Paladión" de la masonería, un grupo de hombres masónicos y mujeres que se involucraban en orgías sexuales, sacrílegas y sádicas, y en satanismo.

Afirmó, además, que Albert Pike era el supremo pontífice de la masonería universal y el que dirigía los diversos Consejos Confederados Supremos del Mundo. Taxil metió en la historia a una heroína inocente escapada supuestamente del endiablado Paladión, que acusó a su depravado director, Albert Pike. El público devoró todas esas estupideces y durante 12 años Leo

Taxil las alimentó profusamente. La jerarquía de la Iglesia católica fue tan crédula como el público y hasta llegó a invitar a Taxil a una audiencia privada con el papa León XII.

La confesión

El 19 de abril de 1897, Taxil confesó alegremente su engaño a una audiencia repleta de reporteros, clérigos católicos e intelectuales provenientes de diversos sectores. La confesión, el engaño y todo lo relacionado con Taxil fueron denunciados ampliamente por la prensa, la Iglesia y el público. Con el transcurso de los años, y apoyado en su habilidad para atraer a grandes auditorios, Leo Taxil había acumulado una considerable reserva económica, y, sigilosamente, se refugió en su jubilación.

Capítulo 17

¿Realidad o ficción?

Los masones, como muchas otras sociedades presuntamente secretas, han sido asociados a más de una intriga, sacada a la luz por autores de corrientes antimasónicas y por teóricos de conspiración. Como es el caso común con esta clase de fabulaciones, el hecho es que el asunto en sí se mantiene al margen de esas sensacionales historietas de misterio, caos y asesinato.

La masonería como culto

A quien pregunte si la masonería es o no un "culto" puede respondérsele burlonamente: "Todo depende de la definición que usted dé a la palabra". El diccionario *American Heritage* define "culto" de seis formas diferentes, lo que hace de ello un análisis ideal:

1. Religión o secta religiosa generalmente considerada extremista o falsa.
2. Sistema o comunidad de adoración y rituales religiosos.
3. Manera formal de hacer referencia al tema religioso; ceremonia y ritual religioso.
4. Método usualmente no científico o régimen que, según afirman sus creadores, tiene poder exclusivo o excepcional para curar una enfermedad.
5. Devoción o veneración obsesiva, especialmente maniática, por una persona, principio o cosa.
6. Grupo exclusivo de personas que comparten un interés esotérico, usualmente artístico o intelectual.

Las primeras tres definiciones, todas religiosas, claramente caen fuera del blanco, puesto que la masonería jamás ha sido, y jamás pretendió serlo, una religión. A los masones jamás se les disuade de la posibilidad de continuar con sus creencias personales y están en libertad de venerar al Ser Supremo de su elección.

Tampoco cabe la cuarta definición, pues no hay impedimentos médicos o restricciones de ninguna suerte dentro de la masonería. Además, los Santuarios y otros organismos adjuntos respaldan activamente las facilidades y los cuidados médicos para niños y necesitados.

Aún menos la que ve el culto como "devoción o veneración obsesiva, especialmente maniática, por una persona, principio o cosa". El comportamiento racional y el pensamiento independiente constituyen un elemento altamente valorado en la masonería. No hay caudillo que manipule la masonería y a todos los masones se les estimula a participar en papeles de liderazgo dentro de la logia y en la propia comunidad. Aunque los masones utilizan simbolismos y objetos como herramientas instructivas, a los miembros se les permite aplicar sus propias interpretaciones y significados. Tras varios siglos de existencia organizada, la masonería, definitivamente, no es una manía.

La última definición es la descripción más cercana. Sin embargo, aun en los comienzos mismos de la hermandad, la exclusividad fue una de las muchas barreras sociales e intelectuales a la que los masones definitivamente no se le apuntaron. La membrecía masónica está abierta a todos los hombres por igual. Ni hay restricciones que prohíban a los masones vincularse a cualquier otra organización o grupo.

Tampoco se ajusta a la definición estricta del término "culto" el hecho de que los masones están en libertad de dar por terminada su membrecía en cualquier momento, sin que haya represalias de ninguna clase. A los masones jamás se les obliga a permanecer afiliados al Culto y, lo que es más significativo, a nadie se le pide unirse a la organización. Convertirse en masón es algo que se hace por voluntad propia. La pregunta de si la masonería es o no un culto se responde con la mayor precisión utilizando una sola palabra: "no".

Sospechas de satanismo

Los antimasones y teóricos de la conspiración nunca saben qué hacer cuando se trata de vincular a los individuos y a las organizaciones con el Señor de la Oscuridad. Dado que la masonería es percibida a veces como un culto religioso, resulta apenas natural que sus integrantes sean acusados de profesar creencias satánicas. Parte del conflicto tal vez radique en la creencia profesada de los masones en un Ser Supremo, que no especifica a ninguna deidad en particular. Todos los masones, no obstante, se dedican a buscar la Verdad y la Luz Divinas y a superarse tanto moral como espiritualmente. El amor fraternal, la ayuda y la verdad no pueden menos de entrar en conflicto con la creencia en Satán.

Uno de los temas que enfocan los antimasones es el pentagrama, que tiene raíces en la geometría y en la Antigüedad y que a menudo se toma por un símbolo satánico. El pentagrama, una estrella de cinco puntas, no tiene vínculo histórico alguno con el satanismo ni se usa como símbolo ritual dentro del Culto. Sin embargo, sí se utiliza como ornamento sobre sellos y banderas de las grandes logias, y los maestros de las logias y grandes maestros lo exhiben en sus collares de oficio.

El pentagrama

El pentagrama guarda interés para el Culto en relación con la geometría. Históricamente, el símbolo fue ampliamente utilizado por el cristianismo, y es más conocido como la estrella de Belén o la estrella de Oriente. En el Medioevo, los masones dedicados al comercio asociaban el pentagrama con la sabiduría profunda. Los constructores lo han utilizado durante siglos como adorno arquitectónico. La gente suele confundirse porque asocia el pentagrama con los rituales satánicos y wiccanos (culto moderno a la brujería). Muchos lo consideran un signo de sanación. Para otros, se trata de un amuleto que sirve como escudo poderoso para repeler al diablo si se presenta en forma de espíritu o encarnado en una bruja.

Hecho

El pentagrama es de origen griego. Para los pitagóricos, el pentagrama representaba el conocimiento y la salud. En la iconografía masónica es emblemático de iniciación.

Las calles satánicas de Washington D. C.

Además de los prejuicios anteriormente mencionados, algunos antimasónicos propalan que las calles de Washington representan el número 666, considerado un símbolo numérico de Satán. Se trata de otra opinión divertida y persistente. Esta teoría conspirativa, que se enfoca en un mapa de la capital estadounidense, une los cinco sitios principales, incluido el edificio del Capitolio. Da un pentagrama. Se presume que quienes construyeron y diseñaron la ciudad y las calles fueron masones que intencionalmente buscaron perpetuar los símbolos masónicos en la capital de los Estados Unidos.

El satanismo de las calles de Washington fue revelado en *Los secretos de la arquitectura de nuestra capital de la nación. Los masones y la construcción de Washington D. C.*, por el profesor de astrología David Ovason. En el libro, Ovason enfoca arquitectura, símbolos, constructores y planificadores de Washington tejiendo entre ellos un hilo masónico y astrológico.

Albert Pike y el Ku Klux Klan

Albert Pike siempre fue una figura histórica controversial y durante mucho tiempo ha sido el blanco de los antimasónicos. Al hacer referencia a las acusaciones muy generalizadas de que Pike estuvo involucrado con la primera encarnación del infame Ku Klux Klan (KKK), es imperativo analizar los hechos con rigor y desechar las esquirlas y el serrín.

La principal acusación sale del libro *The Ku Klux Klan*, escrito en 1905 por William Fleming, quien cita a Albert Pike como una figura destacada del grupo. Para unos, Fleming es objetivo, para otros, simplemente, está mal informado. No falta quien afirme que es un invencionero y un mitómano. Fleming mismo es visto alternativamente como un sabio erudito, un apologista del Klan o un revisionista histórico.

Nacimiento del Klan

El Ku Klux Klan nació en Tennessee, en 1866, aproximadamente un año después de la guerra civil. Surgió como una banda diminuta de oficiales del Ejército sureño, empecinados en continuar oponiéndose a la Unión y al desmantelamiento de la Confederación. El espíritu del Klan era alimentado por el resentimiento de muchos comerciantes, pues fueron los políticos del norte quienes aprovecharon las oportunidades económicas de la reconstrucción y ganaron respaldo popular en los estados sureños.

¡Alerta!

El nombre Ku Klux Klan probablemente derive de la palabra griega *kuklos*, que significa "banda". Quizá el Klan haya tomado como modelo la fraternidad Kuklos Adelphon (Banda de Hermanos) fundada en la Universidad de Carolina del Norte en 1812 y disuelta durante la guerra civil.

El Klan atrajo también a una membrecía más ruda, conformada por insurgentes radicales, descontentos y criminales declarados. Hacia 1866, las actividades del KKK degeneraron en terrorismo doméstico y fueron duramente reprimidas por las autoridades civiles y militares. Las presiones civiles y sociales redujeron rápidamente el atractivo del grupo, y su líder de hecho, Nathan Bedfort Forrest, lo desbandó oficialmente en 1869. Aunque Forest ejercía escaso control sobre muchas de las facciones antagónicas, el KKK, efectivamente, se disolvió.

El enigma de Pike

Que Albert Pike fue un oficial confederado, racista, segregacionista, es innegable. Él era producto de una estructura social en la que la separación de las razas era vista como algo natural. También es innegable que Pike fue un cooperante libre en la Masonería Prince Hall y campeón de la opción de membrecías afroamericanas.

No es inconcebible que Pike pudiese haber sentido simpatías hacia los ideales del Ku Klux Klan en sus comienzos. Lo que se sabe es que quienes fundaron el KKK, quienesquiera que fuesen, terminaron alejandose de él a medida que presenciaban cómo el grupo degeneraba en bandas de inadaptados incontrolables y sin ley.

El Ku Klux Klan de 1868 y los que lo siguieron se volvieron socialmente repudiables, y con el tiempo se fueron corrompiendo hasta llegar a ser ética y moralmente detestables. Desde un punto de vista racional, cualquier intento por vincular masonería y Ku Klux Klan resulta ridículo.

El ojo que todo lo ve

No menos confusión hay frente al ojo que todo lo ve y frente al ojo en la pirámide que uno encuentra en el billete de un dólar. Es otro tema favorito de los teóricos de la conspiración. El ojo que todo lo ve, llamado a menudo el ojo de la Providencia, es, ciertamente, un emblema masónico, un símbolo que cuenta con una larga historia, pues a menudo aparece en las culturas egipcia y hebrea como una representación de la Deidad, que vela por el universo.

El ojo que todo lo ve, dentro de un triángulo equilátero que puede dirigirse sea hacia arriba o hacia abajo, tiene una gran tradición histórica. Es el mismo símbolo que en el cristianismo representa a la Santísima Trinidad. Suele también encontrarse en el arte masónico e, incluso, en los rituales, dependiendo de la jurisdicción. Se supone que debe recordarle a un iniciado el Ser Supremo, cuyo ojo vigilante actúa como juez sobre sus palabras y acciones.

La pirámide, que para los masones es un homenaje obvio a los constructores del pasado, no se utiliza comúnmente en los rituales, como tampoco se usa en el Culto el ojo que todo lo ve combinado con una pirámide. No obstante, a menudo se utiliza dentro de un triángulo y es ahí donde aparece la confusión.

En 1776, cuatro hombres asumieron el trabajo de diseñar un sello oficial para los Estados Unidos. El grupo estaba compuesto por Thomas Jefferson, Benjamín Franklin, John Adams y el artista Pierre Du Simitiere, el que más contribuyera a los diseños.

De los cuatro, únicamente Franklin era masón. En 1780, aún no había sido concretada la tarea, y fue un consultor del segundo comité oficial, Francis Hopkinson, quien presentó un diseño en el que utilizaba una pirámide inconclusa. El grupo responsable de este segundo diseño nada tuvo que ver con la hermandad.

Hecho

Una pirámide inconclusa, junto con el ojo que todo lo ve, es un símbolo norteamericano relacionado específicamente con el sello de los Estados Unidos. De hecho, este fue adoptado por el Congreso 14 años antes de que la hermandad agregara oficialmente el ojo que todo lo ve a su repertorio simbólico.

Una de las interpretaciones sostiene que el ojo sobre el sello de los Estados Unidos simboliza a la Deidad que interviene en las acciones de la humanidad. El ojo masónico se remonta a los tiempos de la Antigüedad como representación de la Deidad que observa calladamente las empresas de la humanidad. Esta parecería ser una interpretación razonable.

Infortunadamente, persisten las teorías conspirativas que vinculan a los masones con los padres fundadores y con muchas afirmaciones sobre la arquitectura y la infraestructura de Washington D. C. Según otras teorías, el ojo y la pirámide son signos de los masones y de los Iluminados bávaros.

Los ídolos caídos

A menudo, los masones son víctimas de todo tipo de teorías sobre conspiraciones, que van desde lo sutil hasta lo indignante. Dos de las más difundidas involucran nada menos que a un presidente y a un sumo pontífice, quienes, por una u otra razón, se encontraron por pura casualidad ligados a la masonería. Por supuesto, no hay prueba alguna de que fueron los masones quienes le dispararon a John F. Kennedy o que fueron ellos quienes le causaron la muerte al papa Juan Pablo I, pero eso no ha impedido que los rumores adquieran vida propia.

¿Masones sobre el montículo de hierba?

No sorprende que haya teorías sobre conspiraciones en la muerte del presidente norteamericano John F. Kennedy, incluso algunas que vinculan a los masones con el infame asesinato. Si esto parece algo fuera de órbita, se debe a que solo había una entrada para llegar al montículo desde donde se hizo el disparo. Sin embargo, aún persisten las acusaciones y es posible que continúen hasta que la historia misma cese de documentarse.

Como ocurre con la mayoría de las teorías sobre conspiraciones, hay unas cuantas que parecen correctas antes de que se imponga una nueva teoría. Con respecto a Kennedy y los masones, las hipótesis van desde leves acusaciones hasta sindicaciones increíblemente intrincadas, que ligan a los masones hasta con los nombres de las calles, la longitud de las piedras angulares y la numerología. Hay unas que señalan también las coincidencias entre los asesinatos de Kennedy y del presidente Abraham Lincoln.

Información esencial

John F. Kennedy no era masón, pero sí hubo varios masones presentes en los diversos acontecimientos que rodearon el asesinato. Por ejemplo, el vicepresidente Lyndon Johnson era Aprendiz Ingresado.

Lo que suele confundir más es un discurso que Kennedy pronunció el 27 de abril de 1961. Hablando ante un grupo de medios publicitarios, el estadista fue malinterpretado y, por supuesto, sus palabras fueron asumidas por quienes buscaban un vínculo conspirativo con los masones. Kennedy afirmó:

La sola palabra "secreta", ya de por sí es repulsiva en una sociedad libre y abierta; y nosotros, como personas, somos inherente e históricamente opuestos a las sociedades secretas, a los juramentos secretos y a los procedimientos secretos. Hace tiempo decidimos que los peligros del ocultamiento no garantizado de hechos pertinentes superan de lejos los peligros que se citan para justificarlo. Aún hoy, hay poco valor en oponerse a la amenaza de una sociedad secreta imitando sus restricciones arbitrarias.

Algunos antimasones pensaron que las palabras de Kennedy habían sido pronunciadas como un ataque contra alguna logia. En verdad, eran una fuerte crítica a la Agencia Central de Inteligencia (CIA) y no a cualquier organización "secreta", masónica o antimasónica.

La muerte de un Pontífice

Fue en 1978 cuando Albino Luciani se convirtió en la nueva cabeza de la Iglesia católica romana. Apodado el "Papa sonriente", Luciani tomó el nombre de Juan Pablo I. Su reinado, no obstante, fue muy corto, pues solo 33 días después fue hallado muerto en su cama. La causa oficial, un ataque cardíaco. La historia termina ahí para la gran mayoría. Para los teóricos de la conspiración, es ahí donde comienza.

El papa Juan Pablo I era inmensamente popular entre el público. Se le veía como el hombre que iba a renunciar a formalismos y privilegios. En muchos sentidos, era un liberal reformista, y se dice que planeaba revisar varias prohibiciones de la Iglesia, incluida su posición de larga data sobre la anticoncepción y otros tratamientos relacionados con la fertilidad.

Los rumores se dispararon por los relatos conflictivos sobre su fallecimiento, el sitio donde murió, la hora de su muerte y la persona que lo encontró.

El hecho de que no se le hiciera autopsia le agregó leña al fuego. Los planes del Papa para orientar a la Iglesia en una nueva dirección refuerzan las teorías conspirativas, pues se afirma que más de 100 masones, desde sacerdotes hasta cardenales, iban a ser excomulgados. Se ha especulado que el Papa estaba a punto de hacer una limpieza de lo que se percibía como un nido de corrupción dentro del Vaticano.

La conspiración que vincula a los masones con la muerte del papa Juan Pablo I salió a luz en 1984, en un libro escrito por David Yallop y titulado *En el nombre de Dios: una investigación sobre la muerte del papa Juan Pablo I*, en el que afirma que el pontífice fue envenenado en un intento por tapar a un grupo de cardenales, también masones, involucrados en actos fraudulentos que implicaban al Banco del Vaticano.

El Vaticano rebatió abriendo su propia investigación sobre la muerte del Papa. El resultado, otro libro que llegó a la conclusión de que fue la delicada salud del pontífice la causa de su temprano fallecimiento. Se filtró, asimismo, un rumor, sugerido, al parecer, por el cardenal Jean Villot, según el cual el Papa, por accidente, se habría medicado en exceso.

El presunto dedo en el gatillo que selló el destino de Albino Luciani fue la decisión adoptada por él en 1978, cuando le solicitó al cardenal Villot revisar las operaciones del Banco del Vaticano. Como resultado, empezó a circular en secreto una lista de nombres de diversos prelados, supuestamente masones, a quienes se les habría pedido renunciar o aceptar ser asignados a posiciones inferiores. Se rumora que el nombre del cardenal Villot, secretario de Estado del Vaticano y Maestro Masón, era el que encabezaba la lista.

Hecho

En la película *El padrino III*, filmada en 1990, cuyos protagonistas fueron Al Pacino y Andy García, el infame Don Michael Corleone intenta legitimar su imperio criminal asociándose con el Banco del Vaticano.

Aunque hubo muchas sospechas a raíz de la muerte del papa Juan Pablo I y se llegó a hablar de conexiones con la logia masónica P2 de Italia (véase el capítulo 12).

La causa oficial de la muerte del Papa nunca ha sido modificada. Tampoco se ha probado jamás si los masones estuvieron involucrados.

La conspiración de lo secreto

A menudo los masones se han visto vinculados a diferentes organizaciones secretas, estos señalamientos han sido formulados tanto por diversos antimasones como por teóricos de conspiraciones.

La acusación se enfoca en tres aspectos principales, el primero, su carácter de sociedad secreta. El segundo, el hecho de que Adam Weishaupt, fundador de los Iluminados bávaros, supuestamente fue masón (véase el capítulo 15). El tercero, el Priorato de Sion, si verdaderamente existió en la Antigüedad y existe hoy, que estaría ligado a la masonería y a los Caballeros Templarios.

Las organizaciones "secretas" integradas por membrecías relativamente pequeñas de individuos poderosos han sido el plato favorito de los conspiracionistas en el mundo entero.

Pongámoslo en términos de "dominación del mundo" o "nuevo orden mundial" y uno tiene a su disposición una variedad de manjares en cuanto a especulaciones y sospechas que nunca terminan.

La verdad de cualquier conexión masónica con otros grupos secretos y poderosos, como los *Illuminati* (Iluminados) ha sido tema controversial durante décadas. Se hace mención de organizaciones como la Comisión Trilateral, el Consejo de Relaciones Exteriores, los Bilderbergers y el Club de Roma, para solo nombrar unos cuantos.

Muchos libros se han escrito acerca del vínculo entre los masones y las organizaciones similares a los *Illuminati*, de las cuales una de las principales es la Comisión Trilateral, por mucho tiempo tema favorito de los antimasones y teóricos de la conspiración, quienes especulan que tal comisión está controlada por masones.

Fundada en 1973 a instancias de David Rockefeller, la Comisión Trilateral es un grupo privado de varios cientos de individuos prominentes de las tres áreas industriales del mundo: la Unión Europea, Japón, Canadá y los Estados Unidos.

Información esencial

El Club de Roma, a menudo acusado de ser un frente para los *Illuminati*, fue fundado en 1968 por un erudito industrial italiano, el Dr. Aurello Peccei. Está compuesto por dos jefes de Estado y por científicos, economistas y hombres de negocios provenientes del mundo entero, cuyas preocupaciones se enfocan globalmente en el futuro de la humanidad y los sistemas del mundo.

La comisión se reúne anualmente, en un esfuerzo por trabajar coordinadamente unas naciones con otras. También se discuten temas y se producen informes. El grupo, que no permite el ingreso de quienes estén en posiciones gubernamentales, incluye líderes en las áreas de los negocios, los medios y la academia.

Durante mucho tiempo, los masones han sido asociados a poderosas y exclusivas asociaciones secretas, como la Comisión Trilateral, y acusados de todo tipo de control y poder sobre un sinnúmero de individuos.

El Santo Grial

Otro error muy generalizado es el que achaca a la hermandad su conexión con el Santo Grial, originalmente el vaso sagrado utilizado por Jesús durante la Última Cena. Corren diversas fábulas sobre la leyenda del Santo Grial y numerosas teorías que alertan sobre su misterioso propósito, ubicación y protectores. Cientos de libros han sido escritos a lo largo de los siglos sobre el Grial, todos ellos una mezcla de ficción y realidad, hecha por historiadores, eruditos y autores de la corriente literaria dominante.

Hecho

El Santo Grial aparece en muchas películas, entre ellas, *Indiana Jones y las últimas Cruzadas*, *El primer rey pescador*, *Excalibur* y hasta la comedia clásica sobre el Culto, *Monty Python y el Santo Grial*.

No hay prueba alguna que demuestre que la hermandad tuviera vinculación alguna con el Grial. Se la asocia fundamentalmente con los Templarios y, aunque los Caballeros son parte del Rito de York de la masonería, sus integrantes alegan no tener vínculos con los cruzados medievales originales.

Una historia no resuelta

Muchas leyendas rodean al Santo Grial. Una es la historia tradicional, según la cual José de Arimatea tomó el vaso sacro y recogió la sangre de Cristo mientras él colgaba en la cruz. José llevó el Grial a Bretaña y el rey Arturo y sus galantes caballeros convirtieron la leyenda en una búsqueda. La especulación que ha rodeado el Grial evoluciona constantemente. Diversos expertos conjeturan que el Grial es el Sudario de Turín. Otros, que fue la lanza del soldado romano que atravesó a Jesús.

Una de las especulaciones más populares es la que vincula a la masonería con el objeto legendario, que en este caso pasa a ser no un objeto, sino una persona.

Santa Sangre, Santo Grial

Una de las búsquedas más recientes, emprendida por los investigadores es la de Michael Baigent, Henry Lincoln y Richard Leigh en una obra que marcó un hito en ventas en el mundo, *Santa Sangre, Santo Grial*, publicado en 1982.

Enfocada en los Caballeros Templarios y la sociedad secreta conocida como el Priorato de Sion, o Prieure de Sion, ofrece una mirada diferente y una explicación alterna sobre qué, y en este caso quién, es realmente el Grial.

Sangre Real, Sang Real o Santo Grial, introduce la noción de que Jesús sobrevivió a su crucifixión y vivió el resto de su vida en Francia con María Magdalena, quien fue, de hecho, el Santo Grial.

Sus descendientes se convirtieron en la dinastía de los merovingios, protegida a través de los siglos por el Priorato de Sion, cuya empresa era devolver la dinastía al trono. En la Antigüedad, el Priorato creó los Caballeros Templarios y su brazo militar. Los Templarios serían los precursores de la masonería.

Con tanta fantasía, tantas leyendas y tanto misterio, que en algunos casos se remontan a los tiempos antiguos y medievales, es fácil ver por qué la masonería suele estar mezclada en el asunto.

Pero tampoco en lo relacionado con el Santo Grial hay alguna prueba que demuestre que la hermandad tuvo o tiene conexión alguna con el objeto sagrado. A pesar del hecho, o, quizá, debido a él, no hay duda de que los masones continuarán siendo mencionados y relacionados con él.

Pregunta

¿Hay algún tipo de misterio enterrado bajo la Capilla Rosslyn? A raíz de los rumores sobre los Caballeros Templarios y los masones, algunos expertos han aventurado que las instrucciones sobre cómo encontrar el Santo Grial podrían estar escondidas en bóvedas situadas bajo la Capilla Rosslyn.

La Capilla Rosslyn

Ubicada en Roslin, Midlothian, Escocia, la capilla es una de las más intrigantemente hermosas de Europa. Ha sido vinculada a las más asombrosas leyendas, personas y tesoros, incluido el Santo Grial, el Arca de la Alianza, los Caballeros Templarios medievales y los masones. A través de los siglos, la Capilla Rosslyn les ha suministrado a los historiadores, eruditos, escritores y a todo tipo de personas un rico legado lleno de misterio e historia. La arquitectura masónica y las tallas en los muros, repletas de simbolismos del Culto, ofrecen un vasto campo a las especulaciones sobre la hermandad.

La Capilla Rosslyn fue construida y diseñada por Sir William Saint Clair, último príncipe Saint Clair de Orkney, cuyo noble linaje descendía de caballeros normandos y, según se dice, de los Caballeros Templarios. El trabajo de la Capilla Rosslyn se inició en 1440, se fundó oficialmente seis años más tarde y tomó 40 años culminarlo. Su interior está adornado con profusos simbolismos y una imaginería que va desde lo bíblico hasta lo pagano.

La capilla es renombrada por un par de pilares, el del aprendiz y el del maestro, a cuyos lados hay sendas figuras que representan a dos trabajadores competentes y claramente diferenciados. El parentesco con la leyenda de Hiram es obvio, pues muchos han conjeturado que los pilares del aprendiz y del maestro simbolizan a Jachin y Boaz, los dos pilares colocados a la entrada del Templo de Salomón. De hecho, según una leyenda, el pilar del aprendiz sirve como lugar de escondite para el Santo Grial. Otra teoría sugiere que la cabeza momificada de Jesús está escondida en su interior.

Talladas en las paredes de la capilla aparecen muchas otras imágenes relacionadas con la leyenda masónica de Hiram. Una de las tallas más famosas, sometida a constante debate, es la del "aprendiz asesinado", cuya apariencia parece haber sido alterada. La cara original de la talla tenía barba y bigote, que en los tiempos de Hiram únicamente se permitía llevar a los maestros. La alteración de la talla haría entonces de ella la del "maestro asesinado", un vínculo interesante con la masonería. La leyenda hirámica, que tanto venera la hermandad, no fue parte del Culto hasta el siglo XVIII, cientos de años después de haberse construido la Capilla Rosslyn.

Hecho

Un mensaje musical cifrado, tallado en el techo de piedra de la capilla, escapó a la percepción de los eruditos durante varios años. En septiembre de 2005, el compositor escocés Stuart Mitchell logró resolver la clave escondida en símbolos místicos, que reveló una melodía medieval.

Otra teoría famosa destaca las tallas en piedra de plantas como el maíz, nativas del hemisferio occidental. El hecho es particularmente fascinante, dado que la capilla fue concluida seis años antes de que Colón zarpara. Combinada con otras evidencias, se conjeturó que los Caballeros Templarios y los masones estacionados en Rosslyn por la época quizá hubieran llegado a América antes que Colón.

Capítulo 18
Jack el Destripador

L a masonería y Jack el Destripador. Este parece un dúo improbable de fraternidad y psicopatía y, en verdad, es una conexión que jamás habría visto la luz del día si no hubiese sido por la BBC y un escritor de nombre Stephen Knight. La ahora infame conspiración real, que implica a los masones en los asesinatos de Jack el Destripador, produjo una verdadera agitación cuando fue revelada a principios de los años 70. A pesar de haber sido refutada, podría decirse que es la más popular de todas las teorías sobre el Destripador.

El crimen del siglo

Tan solo un puñado de crímenes de alto perfil continúa incitando al debate en la mente de los pensadores modernos. Quizá en primera fila de la lista esté el caso Jack el Destripador, el asesino del siglo XIX. Durante décadas, la cuestión de la identidad del Destripador ha intrigado a historiadores, eruditos, científicos, detectives y sabuesos "destriparólogos", tanto aficionados como profesionales.

Los brutales asesinatos, que tuvieron lugar en el distrito de Whitechapel de Londres en 1888, han servido como fondo para cientos de libros y películas. A pesar de todos los intentos hechos por la criminalística para resolver los asesinatos infames, y a pesar de tantas reseñas biográficas y tantos estudios, desde las conclusiones lógicas hasta las insinuaciones sensacionalistas, la verdadera identidad del Destripador y el móvil de sus horrendos crímenes siguen siendo un misterio.

¡Alerta!

La película de 1979, *Asesinato por decreto*, protagonizada por Christopher Plummer como Sherlock Holmes y James Mason como el Dr. Watson, se basa, sin excesivo rigor, en el libro de Stephen Knight.

La teoría de una conspiración real fue revelada inicialmente en un documental de la BBC, detallado posteriormente en el libro de Stephen Knight de 1976, *Jack el Destripador: la solución final*. Debe anotarse que esta teoría, en particular, es una de las muchas relacionadas con los asesinatos del Destripador, solo que ha sido altamente publicitada. También es importante indicar que así como la teoría de Knight suministra información en abundancia, también existe mucha evidencia que dice lo contrario. No obstante, independientemente de la opinión que uno tenga sobre el particular, el estudio del asunto resulta fascinante y, dado que en esta teoría los principales sospechosos son los masones, el asunto amerita discusión.

Los más horribles asesinatos

Entre el 31 de agosto y el 8 de noviembre de 1888, cinco prostitutas de Whitechapel fueron asesinadas y posteriormente mutiladas y evisceradas. Fue tal la brutalidad de los crímenes que aun hoy es difícil enfrentarse a las fotografías de las víctimas. Mary Ann "Polly" Nichols, Annie Chapman, Elizabeth Stride, Catherine Eddowes y Mary Jane Kelly fueron las infortunadas víctimas del bien conocido asesino en serie. Aunque una evaluación lógica de los asesinatos sugiere que estas mujeres, simplemente, estaban en el lugar equivocado y en el momento equivocado, cientos de teorías conspirativas sugieren que los asesinatos fueron premeditados.

En lo que concierne a Jack el Destripador, la mayor parte de la información va desde indignadas afirmaciones hasta hipótesis de toda clase. Hay muy pocos datos que puedan confirmarse, porque todos, desde los métodos del Destripador hasta los registros de la investigación están aún en disputa o se encuentran perdidos o han sido alterados o malinterpretados. Con respecto a la conexión masónica, igual que con una miríada de teorías, los "hechos" son pura especulación.

Un hombre llamado Sickert

En 1973, la BBC concibió un plan innovador para solucionar, de una vez por todas, el caso de Jack el Destripador. La vía para hacerlo era acopiar nueva información y poner en escena una presentación dramática que fuera en parte teatro y en parte documental. Orientados por un detective de Scotland Yard, los investigadores de la televisión se dieron a la tarea de entrevistar a un hombre llamado Joseph Sickert, hijo del renombrado artista inglés Walter Sickert. El padre de Sickert le había transmitido a su hijo una historia que resultaba increíble en su audacia abrumadora, y había llegado el momento de sacarla a la luz. Según el más joven de los Sickert, al parecer Walter Sickert sentía cierta culpabilidad por haber ocultado la información, y por ello, antes de morir, en 1942, decidió soltar los detalles del sórdido crimen.

Hecho

Walter Sickert era un pintor impresionista inglés nacido en Alemania, que gozó de cierto renombre durante la era victoriana. Cuando joven, su mentor fue el célebre artista James McNeill Whistler. Posteriormente estudió en Francia con Edgar Degas.

Al entrevistar a Joseph Sickert, la policía descubrió una singular cadena de acontecimientos que dejaban al descubierto un matrimonio secreto entre un heredero al trono británico y una plebeya, su hijo ilegítimo y una nana contratada. Comprometían además a la Reina, al primer ministro, al médico de la Reina, a un cuarteto de prostitutas y, en última instancia, a los masones, cuya supuesta participación fue relatada en detalle por Stephen Knight en su libro.

Un error garrafal de la realeza

Lo que Sickert le dijo a la BBC señalaba al príncipe Alberto Víctor Eduardo ("Eddy", como se le conocía), duque de Clarence y Avondale, nieto de la reina Victoria y segundo en línea al trono británico después de su padre, quien finalmente se convirtió en Eduardo VII. Walter Sickert era amigo del príncipe Eddy.

Según Sickert, una "plebeya" católica, de nombre Annie Elizabeth Crook, quien trabajaba en una tabaquería, cautivó al príncipe de 24 años. Se presumía que se habían casado. Agregado a lo impensable, estaba el hecho de que Annie concibió una niña, hija ilegítima del príncipe, de nombre Alice Margaret.

Información esencial

El príncipe Eddy es una figura controvertida. Muchas teorías conspirativas han escudriñado su orientación sexual, su intelecto y su muerte. Se dice que falleció de neumonía en 1892, pero algunos especulan que fue de sífilis o que fue asesinado mediante una sobredosis de morfina. Otra teoría asegura que permaneció en un asilo en la isla de Wight hasta bien entrados los años veinte.

Cuando esta información llegó a oídos de la reina Victoria, ella llamó al primer ministro y presunto masón, Lord Salisbury, para que manejara los detalles. Lo menos que se puede decir es que el clima político de la época era agitado. Si se hacía público un asunto escandaloso o el matrimonio entre un heredero al trono británico y una católica analfabeta, con un heredero ilegítimo, podía iniciarse una revolución que diera al traste con la monarquía.

En un esfuerzo por hacer desaparecer el sórdido asunto, las autoridades tomaron por asalto un apartamento en la calle Cleveland y sacaron de allí al príncipe y a Annie. Se dice que solo Alice Margaret escapó al caos. En ese punto entró en escena el médico personal de la Reina, el masón William Gull, que llevó a cabo "experimentos" con Annie Crook, hospitalizada, hasta hacerle perder la memoria, causarle epilepsia y precipitarla en la locura.

La nana y un confesor

Joseph Sickert reveló que había una mujer llamada Mary Kelly, a quien su padre había encontrado en el asilo. Dice que finalmente ella se convirtió en la nana de la hija de Annie y el príncipe Eddy, Alice Margaret. Según Sickert, se presumía que la pequeña se encontraba con Kelly cuando el apartamento en Cleveland fue asaltado. No sabiendo qué hacer con la niña, Kelly la dejó al cuidado de unas monjas y ella se convirtió en prostituta en el East End de Londres.

Mary Kelly estaba en peligro porque conocía los escarceos amorosos que incriminaban al príncipe. Incapaz de mantener en secreto tan dañina información, la antigua nana la reveló a otras tres prostitutas, Mary Ann "Polly" Nichols, Annie Chapman y Elizabeth Stride. Juntas amenazaron con chantajear al príncipe Eddy.

Al enterarse, Lord Salisbury llamó a William Gull para que actuara, y fue entonces cuando Gull solicitó ayuda del cochero del príncipe Eddy, John Netley, y de Sir Robert Anderson, quien debía mantener la vigilancia mientras se cometían los crímenes. Por supuesto, el siniestro plan de Gull era eliminar al cuarteto de las potenciales chantajistas. Fue él quien dio a luz el nombre de Jack el Destripador. Según se afirma, Gull no estaba en sus cabales.

¡Alerta!

Sickert sostiene que la cuarta víctima del Destripador, Catherine Eddowes, fue un caso de error de identidad. Al parecer, Catherine, por coincidencia, se hizo llamar en alguna oportunidad Mary Kelly, pues vivía con un hombre cuyo apellido era Kelly. La información errónea la hizo víctima de Gull y su cohorte.

Jack, sé ágil

Ya cometidos los horrendos crímenes, las cosas no iban tan sobre ruedas para quienes habían estado involucrados. Walter Sickert contó a su hijo que el abogado Montague Druitt se convirtió en el chivo expiatorio de los asesinatos del Destripador y fue por ello asesinado. Se rumoraba que el facultativo Sir William Gull terminó en un manicomio, y que, al parecer, murió poco después de los incidentes en Whitechapel. Se dice que Annie Crook, ya demente, habría muerto en 1920. Y se afirma que John Netley se ahogó, tras ser atacado por un grupo al intentar atropellar con su taxi a la hija de Crook, Alice Margaret.

Quizá la parte más extraña de la historia vuelta a contar por Joseph Sickert es la suerte de Alice Margaret. Fue criada por monjas, pero al llegar a la edad adulta se casó con Walter Sickert y tuvo un niño. El niño era Joseph Sickert.

Información esencial

Cuando la BBC investigó la historia de Joseph Sickert descubrió que, en efecto, hubo una mujer que vivió en la calle Cleveland, llamada Annie Crook. También confirmó las imputaciones de Sickert en el sentido de que ella había dado a luz a una hija por fuera del matrimonio.

Walter Sickert pintó muchos trabajos inusuales durante su vida adulta, incluido el críptico *Asesinato en la población de Camden* y *El dormitorio del Destripador*. Joseph Sickert pensaba que su padre se sentía culpable por haberle presentado a Annie Crook al príncipe Eddy. La culpa y la constante presión para mantener el silencio no le dejaron a Sickert otra alternativa que la de sembrar pistas en sus cuadros.

Un Knight en Whitechapel

Podría decirse que la conspiración real, basada en la historia contada a Joseph Sickert por su padre, Walter, es lo más sensacional de las hipótesis sobre el Destripador. No obstante, esta conspiración real y masónica solo alcanzó su pináculo de notoriedad en 1976, con la publicación del libro de Stephen Knight, que puso a la masonería bajo el escrutinio público.

Stephen Knight estaba fascinado con la historia de Joseph Sickert, y finalmente lo convenció de que le diera una entrevista para un periódico local. Fue durante las reuniones con Sickert, a quien Knight le creía a pie juntillas, cuando el autor decidió investigar la historia y, para gran desilusión de Joseph, llevarla hasta las últimas consecuencias. El libro concluye que el tercer conspirador de los asesinatos del Destripador no fue Sir Robert Anderson, sino el propio Walter Sickert.

La historia de Knight sigue básicamente la misma línea según fue presentada inicialmente por el documental de la BBC. Sin embargo, él se adentra por una serie de atajos en un esfuerzo por tejer la red que rodeaba al príncipe Eddy y a Annie Crook y a una amplia gama de individuos, cuya participación en los hechos se basa en supuestos y conjeturas. Así las cosas, no hay prueba alguna que vincule a ninguno de los principales actores en esta horrenda producción.

Hecho

En la película *Desde el infierno*, hecha en 2001, cuyo título fue tomado de una de las cartas del Destripador, Johnny Depp, en su papel de detective Abberline, lucha contra el formidable enemigo que encuentra en el masón William Gull y en su hermandad conspiradora.

Para que la historia de Sickert sea cierta, debe haber ocurrido por lógica una conspiración, como lo alega Knight, para quien los grandes intrigantes no son otros que los masones. Este es un ejemplo de la historia en que el término "sociedad secreta" trabajó en contra de la hermandad.

Un complot masónico

El enfoque que Knight hace de los masones como perpetradores de los asesinatos reposa ampliamente en suposiciones sobre el simbolismo y las prácticas rituales masónicas. Utilizándolas como base, saca una serie de conclusiones.

Por ejemplo, el cuerpo de Catherine Eddowes fue encontrado el 30 de septiembre de 1888, en Mitre Square (Plaza del inglete o escuadra). Tanto el inglete como la escuadra son herramientas utilizadas por los albañiles comerciantes. También se sabe que en esa época los masones se reunían en la Taberna Mitre.

Knight también afirma que, en realidad, el cochero John Netley murió atropellado por su propio taxi en Clarence Gate. Allí la conexión es que los masones hicieron esto intencionalmente porque el príncipe Eddy era el duque de Clarence.

También se asegura que, en esencia, los asesinos fueron encubiertos por Lord Salisbury y su hermandad masónica, quienes servían en el Gobierno o en los departamentos de policía.

Debido a sus lazos fraternales, tal vez ellos no hayan aprobado la decisión de Gull de asesinar a las mujeres en esa forma, pero tenían una obligación de callar para proteger al compañero hermano y a la masonería en general.

Información esencial

A la cuarta víctima, Catherine Eddowes, se le había retirado un colgajo triangular de piel en cada una de las mejillas, lo que Knight equipara a los "dos triángulos que representan la punta del altar del Santo Arco Real".

En esta conspiración real se afirma que Gull logró atraer a las víctimas, salvo a la tercera, Elizabeth Stride, a un carruaje, donde las asesinó. Después las mutiló y dispuso de los cuerpos en lugares muy específicos y masónicamente pertinentes. No es imposible para un loco, pero la lógica indica que sería improbable para un hombre de la edad y salud de Gull asesinar físicamente y reubicar los cuerpos de las cinco mujeres. En la época de los asesinatos, Gull contaba 72 años y, según se dice, acababa de sufrir un infarto. Matar a alguien de aquella forma tan cruel requería un buen grado de fortaleza. El fondo del asunto es que no hay pruebas sólidas que vinculen a William Gull a los crímenes.

¿Asesinato hirámico?

Otra de las afirmaciones de Knight recuerda la leyenda de Hiram Abiff, pues él afirma que el asesinato de Hiram se equipara en la forma al de las cinco mujeres. Aunque es cierto que los masones sí estudian esta leyenda, lo hacen simbólicamente y no en sentido literal. Pero sí sirve para ampliar la teoría de Knight. Los tres asesinos, Jubela, Jubelo y Jubelum, cuando lamentan su atroz acto, proclaman a gritos las diversas formas de muerte que desean para vengarlo.

Uno de los conspiradores deseaba que le cortaran la garganta y le arrancaran la lengua. Otro quería que le abrieran el pecho y le arrancaran el corazón y los intestinos y que los lanzaran sobre su hombro izquierdo. El tercero, el más horripilante, deseaba que su cuerpo fuera cortado y llevado al norte y al sur y que sus intestinos fueran quemados hasta convertirse en cenizas.

A las víctimas del Destripador les cortaron la garganta, fueron mutiladas y evisceradas en diversas y abominables formas. En el caso de la segunda, Annie Chapman, asesinada el 8 de septiembre, la lengua sobresalía entre los dientes y, al igual que la cuarta víctima, Catherine Eddowes, sus intestinos fueron colocados sobre el hombro derecho. El 9 de noviembre, las autoridades experimentaron un horror inimaginable cuando descubrieron a Mary Kelly: a duras penas era reconocible.

Hecho

Además de vincular la mutilación de Mary Kelly a la leyenda hirámica, Knight la conecta con los grabados de un reconocido artista y masón, William Hogarth. Él afirma que "La recompensa a la crueldad", la última de la serie *Cuatro etapas de la crueldad*, presenta un "parecido asombroso" con la mutilación de Kelly.

Es lógico que sin pruebas sólidas cualquiera pueda alegar que los hechos se ajustan a una teoría. Así el método de asesinar refleje un ritual masónico, a falta de pruebas, nuevamente solo puede tomarse como una mera conjetura.

La pistola humeante

En la época de los asesinatos, Sir Charles Warren era el jefe de la Policía Metropolitana de Londres. También sirvió como maestro venerable de la logia premier de investigación, la Logia Coronati Quatour 2076, que celebraba una reunión la noche del asesinato de Catherine Eddowes. En la escena del crimen se recuperó una sección del delantal manchado de sangre que pertenecía a Eddowes, junto a una curiosa aliteración. Sobre la pared, encima de donde se encontraba la tela ensangrentada, se encontró un mensaje infame garabateado con tiza: "Los *juwes* son los hombres a quienes no se les culpará por nada".

Cuando Sir Warren llegó a la escena tomó la decisión impopular de hacer borrar el mensaje, temiendo que las palabras incitaran levantamientos antijudíos. Si Warren no hubiese sido masón, tal vez su acción habría sido pasada por alto, pero, según las diversas teorías, el deletreo de *juwes* sería ni más ni menos que una conspiración.

Información esencial

Knight sugirió que el deletreo equivocado de la palabra *jews* ("judíos") hace referencia a la leyenda hirámica y al trío de conspiradores —Jubela, Jubelo y Jubelum—, responsables del asesinato del Maestro Masón Hiram Abiff.

Knight asegura que cada uno de los asesinos fue acometido por Gull de conformidad con el ritual masónico. No obstante, como lo puede atestiguar cualquier masón, los juramentos de sangre que se hacen en los rituales son alegóricos y puramente simbólicos. Además, ellos refutan la palabra *juwes*, puesto que jamás ha sido mencionada en ceremonia o ritual alguno del Culto. Igualmente, como bien lo señala un experto, la historia que involucra a los tres conspiradores ya no era parte de los rituales masónicos ingleses, pues había sido eliminada de ellos 70 años antes de los asesinatos del Destripador.

El asesinato como arte

La supuesta participación de Walter Sickert en los asesinatos del Destripador sigue siendo una fuente de mucha intriga, dependiendo de la teoría a la cual uno se aferre. Stephen Knight lleva a Sickert a su libro desde el mismo comienzo y, aunque se desconoce si realmente cometió los asesinatos, tiene un papel significativo en el libro. Es él quien le presenta a Annie Crook al príncipe Eddy, es él quien los lleva a Mary Kelly, él sirve como testigo en la supuesta boda, él ayuda a Gull a identificar a las mujeres y él deja las claves de los asesinatos en sus pinturas.

Pregunta

¿No fue acusado Walter Sickert de ser en realidad Jack el Destripador? Sí. Patricia Cornwell, en la novela *Retrato de un asesino: Jack el Destripador. Caso cerrado*, escrita en 2002, ofrece un argumento convincente en el sentido de que Sickert es el Destripador. Aun cuando la prueba del ADN que presentó no ha demostrado ser concluyente, ella detalla meticulosamente sus hallazgos y especulaciones.

En esencia, Knight tejió su teoría alrededor de Sickert basándose en el hecho de que este parecía conocer mucho sobre el caso. Sin embargo, quienes siguen mostrándose escépticos acerca de las polémicas afirmaciones de Knight han señalado unas cuantas contradicciones. Se dice que Alice Margaret nació el 18 de abril de 1885, lo cual, si fuera cierto, haría suponer que alguien distinto al príncipe fue el padre, puesto que Eddy se encontraba en Alemania en la época del parto. Knight también afirma que el príncipe conoció a Annie Crook en el estudio de Walter Sickert en 1888, el mismo año de los asesinatos del Destripador. Los expertos señalan que en 1886, la edificación fue demolida y que allí se erigió un hospital el año siguiente.

Al infierno y de regreso

Dos años después de que fuera publicado el libro de Knight, Joseph Sickert se retractó de su relato en un artículo publicado en el *Sunday Times* de Londres, con el argumento de que todo había sido un engaño y que él se había inventado todo el cuento. Knight, por supuesto, respondió en su defensa diciendo que el más joven de los Sickert simplemente estaba indignado porque Knight había señalado a Walter Sickert como uno de los asesinos.

El renombrado "destripadorólogo" Donald Rumbelow escribió en 1975 lo que muchos consideran como la Biblia de Jack el Destripador. Impreso originalmente como *Jack el Destripador completo*, posteriormente fue revisado bajo el título de *Jack el Destripador: el registro completo*. En este último, Rumbelow hizo algunas investigaciones sobre los antecedentes de Annie Crook. Descubrió que posteriormente ella estuvo en varios asilos para pobres. La acompañaban su hija Alice Margaret, su abuela y su madre, quien supuestamente sufría de epilepsia. Esto le dio un nuevo giro a la conspiración real que asegura que Annie se volvió epiléptica como resultado de los experimentos médicos de William Gull.

Hay otra potencial discrepancia que se hace evidente en la conspiración real de Knight, quien alega que un par de anillos de bronce fueron colocados a los pies de la segunda víctima, Annie Chapman, junto a sus joyas y sus monedas. Esto quizá guarde relación con el rito de la destitución, en que toma parte el Aprendiz Ingresado. No obstante, los informes oficiales muestran que tales baratijas no fueron halladas en la escena del crimen.

De una teoría a la siguiente

Donald Rumbelow refutó otras inconsistencias en la conspiración masónica de Knight. El edificio en la calle Cleveland, adonde fueron llevados el príncipe y Annie Crook, no existía en la época de los asesinatos, puesto que estaba siendo derribado con fines de renovación.

Rumbelow arroja otra perspectiva sobre el incidente de que habla Knight, según el cual Lord Salisbury compró una pintura de Sickert por una gran suma de dinero "para comprar el silencio". Sickert no utilizó su propio nombre al informarle de esta compra a su hijo Joseph, y, en lugar de ello, le dijo que se trataba de un artista de nombre Vallon. Rumbelow descubrió que la pintura había sido pintada por Vallon y no por Sickert.

Otros expertos en el tema han traído a colación una serie de hechos pertinentes. Con respecto al supuesto matrimonio entre el príncipe Eddy y Annie Crook, el monarca reinante, según la ley británica, puede dejar de lado cualquier matrimonio y establece que cualquier miembro de la familia real que se case con un católico o una católica no puede heredar la Corona. Recurriendo a una pizca de perspicacia, en realidad no hay razón alguna para que cualquiera de los asesinatos hubiera tenido lugar aun si el príncipe y la indigente se hubiesen casado. Más allá de eso, es dudoso que otro escándalo real en verdad pudiera haber hundido a la Corona británica.

Atrápame si puedes

Con el paso de los años, la conspiración real ha sido representada en diversas películas y documentales y, sin duda, continuará siendo parte del legado de Jack el Destripador hasta cuando aparezca en el panorama otra teoría sensacionalista. ¿Realmente fue Jack el Destripador un masón? Si uno se atiene a la conspiración real, entonces sí, el Destripador era un masón. También es posible que Walter Sickert fuera el Destripador o cualquiera de una docena o más de sospechosos implicados en los asesinatos.

Hecho

Los registros indican que Walter Sickert estuvo casado tres veces y que ninguna de sus esposas tenía el nombre de Alice Margaret. Se dice que tuvo muchas amantes y, si realmente Alice Margaret fue una de ellas, es bastante concebible que su encuentro resultara en el nacimiento de un hijo: Joseph Sickert.

El Londres victoriano de finales del siglo XIX era un lugar nefasto si usted era una persona desafortunada en cuanto a medios de subsistencia, especialmente si vivía en el East End, en Whitechapel. La mera aglomeración de humanidad, mugre y hambre permeaban el aire contaminado. Debe de haber sido un lugar espantoso, y, más de noche, cuando todo lo que se entreveía a través de la bruma eran los rostros mal iluminados por las lámparas de aceite.

Cinco mujeres sucumbieron en medio de la oscuridad profunda a manos de un loco. Que el hombre fue masón y que hubo encubrimiento por parte de los masones todavía está por probarse. Tal como están las cosas, no hay absolutamente nada que implique a la hermandad en los asesinatos de Whitechapel.

Capítulo 19
El fraternal árbol familiar

La masonería no es, simplemente, una fraternidad, sino una entidad que abarca una amplia variedad de organismos concordantes y concomitantes, tales como los Ritos Escocés y de York, los Santuarios, las Hijas de la Estrella de Oriente, la Masonería de Prince Hall y varios otros grupos de juventudes, para solo nombrar unos cuantos. Todas estas organizaciones se basan fundamentalmente en la caridad y muchas se dedican a diversas causas o empeños específicos. Es un enorme y admirable árbol familiar, con generaciones de retoños que se mantienen activos en el mundo entero.

Organismos concomitantes y concordantes

Suele creerse erróneamente que la masonería, como organización fraternal, es cerrada y exclusivista. De hecho, en la fraternidad hay organismos anexos y dependientes enfocados hacia las causas de caridad, cuyos miembros son hombres, mujeres y niños de todas las edades.

Hay una gran confusión sobre los organismos concordantes, los grupos concomitantes y el Culto mismo. Lo que sigue es, por tanto, un desglose de todo el árbol familiar fraternal y una visión general de cada división y organización. Los dos organismos concordantes principales de la masonería, los Ritos Escocés y de York, se describen con más profundidad en el capítulo 7.

El Culto de la Masonería

El Culto de la Masonería o masonería de la Logia Azul, tal como se refieren a él en Norteamérica, es el punto de partida para todas aquellas personas que se vinculan a la hermandad (véase el capítulo 6). El Culto incluye los tres grados básicos de la masonería: Aprendiz Ingresado, Compañero de Culto y Maestro Masón, otorgados por las grandes logias y por las logias bajo su jurisdicción. Una vez que la persona ha culminado los tres grados puede optar por pasarse a uno de los organismos concordantes, el Rito de York o el Escocés, con el fin de escalar nuevos grados. En el capítulo 7 se discuten en detalle, pero, en pocas palabras y a manera de referencia, son los siguientes.

El primer grado, Aprendiz Ingresado, marca el nacimiento del iniciado a la hermandad. Es un grado preliminar que sirve para introducir a un hermano en las enseñanzas que emprenderá en los grados más altos. Al Aprendiz Ingresado no se le enseña todavía la historia del Culto, sino que se le aclara más bien la estructura interna de la fraternidad.

¡Alerta!

Todas las logias o logias azules son respaldadas y gobernadas por las grandes logias. Únicamente estas últimas tienen jurisdicción para los tres grados principales sobre los iniciados masónicos.

El Compañero de Culto, segundo grado de la masonería, representa la edad adulta del iniciado, a quien se le imparte en esos momentos el conocimiento sobre la historia del Culto y se le prepara para los grados superiores.

El Compañero de Culto aprende más sobre los símbolos y alegorías, desde la leyenda de Hiram Abiff hasta los masones operativos de la Edad Media.

Los Compañeros de Culto han de utilizar estas lecciones con el fin de mejorar su razonamiento e intelecto y continuar, con este conocimiento, su viaje espiritual y educativo.

El tercer grado del Culto de la Masonería es el de Maestro Masón, requisito indispensable si una persona busca pasar a otros organismos de la masonería o servir como funcionario de una gran logia. El tercer grado es la culminación de sus enseñanzas en los grados inferiores, marca el inicio de su viaje a través de la edad adulta y simboliza su crecimiento físico y espiritual.

Convertirse en Maestro Masón es algo que se toma muy en serio en la hermandad, y por ello los rituales están fuertemente cargados de alegorías que simbolizan el logro máximo, la coronación en el Culto de la Masonería.

El Rito Escocés Antiguo y Aceptado

Muchos masones que desean escalar otros grados ingresan al Rito Escocés Antiguo y Aceptado, o Rito Escocés, como se le conoce comúnmente, una evolución del Rito Francés de la Perfección. Este organismo masónico confiere hasta 32 grados simbólicos, y tiene un grado 33, que es honorario. A quienes los alcanzan, simplemente se les conoce como masones del Rito Escocés.

Los grados varían de una jurisdicción a otra, pero, básicamente, se dividen en cuatro secciones. Los ritos que se citan más adelante corresponden a la Jurisdicción Norteamericana del Sur.

Logia de la Perfección

La Logia de la Perfección ofrece desde el cuarto hasta el decimotercer grado, los conocidos como no inefables, o sea, aquellos que uno puede expresar con palabras. Los rituales se enfocan en el Templo de Salomón y en el Maestro Masón Hiram Abiff.

Los grados son maestro secreto, maestro perfecto, secretario íntimo, rector y juez, intendente del edificio, maestro electo de los 9, maestro electo de los 15, maestro electo de los 12, gran maestro arquitecto, Arco Real de Salomón (maestro del noveno arco) y gran masón sublime electo.

Hecho

En Norteamérica, la primera Logia de la Perfección se creó en Albania, Nueva York, alrededor de 1767. Los primeros príncipes de Jerusalén aparecieron alrededor de 1788 en Charleston, Carolina del Sur. También se estableció inicialmente en esa ciudad el Consejo Sublime de Príncipes del Secreto Real, en 1797.

Capítulo de la Cruz Rosada

El segundo nivel del Rito Escocés es el Capítulo de la Cruz Rosada. Aquí el individuo progresa desde el grado decimoquinto hasta el decimoctavo. La enseñanza se enfoca en valores como la convicción y la dedicación, la verdad y la fidelidad, la lealtad a Dios, la fe y la tolerancia. Los grados son el de Caballero de oriente o de la espada, Príncipe de Jerusalén, Caballero del este y del oeste, y Caballero de la Cruz Rosada.

Consejo de Kadosh

Tras completar dos niveles, un masón puede ascender al tercer nivel, el Consejo de Kadosh, y escalar desde el grado decimonoveno hasta el trigésimo tercero.

Las lecciones siguen siendo altamente simbólicas y alegóricas y favorecen las virtudes del hombre y su sistema de creencias. Los grados son Gran pontífice, Maestro de la Logia Simbólica (*maestro ad Vitam*), Patriarca noachita (caballero prusiano), Caballero del hacha real (príncipe de Libanus), Jefe del Tabernáculo, Príncipe del Tabernáculo, Caballero de la serpiente de bronce, Príncipe de la misericordia, Comandante del templo, Caballero del Sol, Caballero de San Andrés y Caballero Kadosh.

Consistorio

El último nivel del Rito Escocés es el Consistorio, que va del grado 31 al 32. El comandante inquisidor inspector, grado 31, enfoca su rol en la justicia y la pureza de intención, mientras que el príncipe sublime del secreto real, grado 32, se concentra en la elevación de la moral y la razón. El grado 33, inspector general, es honorario. El honor es conferido al masón digno de él por un consistorio o grupo de funcionarios elegidos, y se otorga durante la reunión anual del Consejo Supremo. El sistema del Rito Escocés se rige por un consejo supremo, establecido en cada jurisdicción o país.

Qué cubre la cabeza en el Rito Escocés

En el Rito Escocés, los masones de los grados más altos suelen identificarse por el color de los birretes que usan. El Consejo Supremo tiene reglas específicas sobre cómo y dónde debe usarse un birrete. En tales ocasiones, el masón no se lo puede quitar, pues se considera parte de su atavío. Los birretes deben usarse durante las presentaciones y en las reuniones, mas no en otros lugares públicos. Cuando los masones oran y cruzan los brazos haciendo un ángulo de 18 grados, los birretes se colocan al lado, en el lugar prescrito por las reglas.

Los birretes son de distintos colores, según el grado:

- El birrete negro, que usan los masones del grado 32.
- El birrete rojo, que usa el comandante caballero de la corte de honor, grado 32.
- El birrete blanco, que usa el inspector general honorario, grado 33.
- El birrete púrpura, que usa el inspector general gran soberano y miembro activo del Consejo Supremo, grado 33.
- El birrete azul pálido, que significa que quien lo lleva puesto tiene 50 años o más de ser masón del Rito Escocés.

Apéndices del Rito Escocés

Los Caballeros de San Andrés, unidad masónica de élite, son un organismo apéndice del Rito Escocés. Los caballeros conforman una organización que ayuda al Consistorio a prestar diversos servicios, entre otros, a actuar como relacionistas, o ayudando en la Logia de Tylers, o escoltando a dignatarios y mujeres en eventos especiales, u ofreciendo asistencia al trabajo de grado en el Rito Escocés.

Fundado por Pierre De Mets en 1966, los Caballeros se encargan también de convocar a los comités, y suelen participar en los desfiles. Únicamente los masones de grado 32 del Rito Escocés pueden solicitar ser Caballeros de San Andrés. A menudo, son identificables por su atavío escocés y porque a veces sus eventos están acompañados de un gaitero.

El Rito de York

Enraizado en la historia europea, el Rito de York recibe literalmente su nombre de la ciudad de York, Inglaterra, y evoca la leyenda del rey Athelstan, que se remonta al año 926 (ver capítulo 7). Lleno de enseñanzas altamente simbólicas, muchas de las cuales guardan también relación con los Caballeros

Templarios y los cruzados, el Rito de York contiene tres ramas principales, el Capítulo del Arco Real, el Consejo de la Masonería Críptica y las Comandancias de los Caballeros Templarios, cada una de las cuales ofrece grados adicionales, y dos de ellas —el Arco Real y los Caballeros Templarios— tienen otros organismos apéndices.

El Capítulo del Arco Real

Comúnmente llamado masonería del Arco Real, este capítulo ofrece a los masones cuatro grados adicionales, el Maestro Marco, el Maestro Pasado, el Maestro Excelso y el Arco Real. Estos grados y algunos de sus títulos varían según el país, pero, en general, el grado de Santo Arco Real es el más venerado. Las enseñanzas de los primeros tres grados preparan al masón para el grado del Arco Real. El Capítulo del Arco Real se rige por los grandes capítulos. El Consejo Críptico por los llamados grandes consejos. Los Caballeros Templarios por las grandes comandancias.

Información esencial

Los tres primeros rituales de iniciación de los grados del Arco Real continúan la educación espiritual del masón profundizando en la leyenda alegórica de Hiram Abiff y en los simbolismos del Templo de Salomón. El cuarto grado se enfoca en la historia posterior de los judíos.

El primer grado de Maestro Marco es considerado el más antiguo y podría decirse que el más respetado, pues enseña el orden, la disciplina, la regularidad, la precisión y la puntualidad requeridas para un trabajo exitoso. De allí la persona pasa a ser Maestro Pasado, a menudo llamado Maestro Virtual Pasado, y aprende el valor de la obediencia y de los principios que a uno lo gobiernan. El grado de Arco Real es el pináculo del simbolismo masónico y la culminación del conocimiento adquirido en los grados precedentes.

El Consejo de la Masonería Críptica

La Masonería Críptica, según se conoce actualmente, era antes llamada Consejo del Maestro Real y Selecto. Como segundo organismo del Rito de York, ofrece los tres grados de Maestro Real, Maestro Selecto y Maestro Súper Excelso. Las personas que eligen involucrarse en ellos deben haber ganado los tres grados del Culto de la Masonería y del Arco Real.

El ritual de los tres estudia las leyendas existentes sobre una cripta que existía bajo el Templo de Salomón. Los grados de Maestro Real y de Maestro Selecto amplían las lecciones a las que fue introducido el iniciado durante sus rituales de Compañero de Culto.

El Maestro Súper Excelso es, en realidad, un grado honorario más que uno críptico y se explora como preparación para el primer grado de los Caballeros Templarios, u Orden de la Cruz Roja.

Comandancias de los Caballeros Templarios

El tercer organismo del Rito de York, las Comandancias de los Caballeros Templarios, es único en la masonería, por cuanto es estrictamente una orden cristiana. Llamado masonería caballeresca, engloba un trío de órdenes que incluye la Ilustre Orden de la Cruz Roja, la Orden de Malta y la Orden del Templo.

Las lecciones que se enseñan al iniciado en la Ilustre Orden de la Cruz Roja se enfocan en la virtud de la verdad como acto liberador. La Orden de Malta, también llamada de los Caballeros de Malta, cuenta con membrecía católica y es la organización de caridad más antigua. El ritual presenta un paralelo con la historia de Jesucristo. El pináculo de la masonería del Rito de York es la Orden del Templo, cuyos rituales y lecciones rememoran la muerte de Cristo y su ascensión a los cielos.

Apéndices del Arco Real

Hay varios organismos apéndices asociados al Rito de York, en especial el Capítulo del Arco Real. Los Grados Masónicos Aliados, los Caballeros Masones y los Rosacrucistas Masónicos son organizaciones a las que las personas solo pueden asistir por invitación y recomendadas por un miembro.

Los Grados Masónicos Aliados

En 1880, se formó en Inglaterra una organización para supervisar diversos grados y órdenes no sujetos a una autoridad central. Como resultado, se creó el Gran Consejo de los Grados Masónicos Aliados, AMD (por su sigla en inglés), grupos de invitados compuestos por 27 miembros interesados en la búsqueda y erudición masónica. Cada miembro debía haber completado los tres grados de Culto de la Masonería y los grados del Arco Real.

Hecho

En 1892, en los Estados Unidos, se formó un grupo similar al Gran Consejo de los Grados Masónicos Aliados, que se autodenominó Colegio Soberano de los Grados Masónicos Aliados.

Los masones aliados luchan por darle realce a la hermandad enfocando sus esfuerzos en el estudio y la investigación. Cada consejo es dirigido por un maestro soberano y sus funcionarios, en una estructura similar a la de la Logia Azul de la masonería. Son diez los grados controlados por la AMD: el Martirio de San Lorenzo, el Monitor secreto, el Navegante del Arco Real, el Caballero de Constantinopla, el Gran Tyler de Salomón, el Maestro Excelso, los Maestros de tiro, el Arquitecto, el Gran Arquitecto y el Superintendente.

Rosacrucismo masónico

La Sociedad Rosacrucista de los Estados Unidos, o *Societas Rosicruciana in Civitatibus Foederatis*, fue establecida en 1880 por tres institutos vocacionales aprobados por la sociedad en Escocia. En su condición de entidad autónoma, conserva amistad con otras sociedades similares alrededor del mundo, incluidas las británicas *Societas Rosicruciana in Anglia y Scottish Rosicruciana in Scotia*. Los individuos invitados a la sociedad son maestros masones y cristianos, y los grados o categorías por los que avanzan los miembros son de base cristiana. La sociedad es diferente por cuanto sus grados no conforman una extensión de las categorías normales de la masonería. El organismo gobernante de la Sociedad Rosacrucista se denomina Alto Consejo y está supervisado por un mago supremo.

Pregunta

¿Qué es el Rosacrucismo? El Rosacrucismo es una sociedad secreta del siglo XVII cuyos miembros eran filósofos, eruditos y librepensadores. Muchos eran estudiantes de alquimia y metafísica. Usualmente, son asociados a la Cruz Rosada.

Los miembros a quienes se invita a unirse a la Sociedad Rosacrucista son altamente respetados por sus habilidades académicas, investigativas y educacionales. También son invitados ocasionales quienes prestan algún tipo inicial de servicio a la hermandad.

Los Caballeros Masones

El Gran Consejo de Caballeros Masones se formó en Irlanda en 1923, y sus orígenes se remontan a la antigüedad de la masonería. Los Caballeros Masones es un organismo honorario de los masones del Arco Real. En él, la membrecía se ofrece únicamente por invitación. La masonería de los caballeros fue introducida a los Estados Unidos en 1936 y se ha expandido a más de 70 consejos, con casi 7000 miembros.

Apéndices de los Caballeros Templarios

Hay varios organismos apéndices honorarios y únicos, asociados a los Caballeros Templarios. Como sucede con los organismos apéndices del Arco Real, a estas órdenes, la Cruz Roja de Constantino, los Caballeros de la Cruz de York de Honor, los Sacerdotes del Santo Arco Real de los Caballeros Templarios y el Colegio del Rito de York, se llega fundamentalmente por invitación y constan de varios grados.

La Cruz Roja de Constantino

Se dice que el más alto honor que puede recibir un masón del Rito de York es la Cruz Roja de Constantino, establecida en Inglaterra en 1865. Cada uno de los organismos de la Cruz Roja de Constantino se denomina cónclave, cuyos números son estrictamente monitoreados por el Gran Consejo Imperial Unido y Soberano, su organismo gobernante. Quienes deseen unirse a la orden deben llenar dos requisitos, el primero, ser cristiano, y el segundo, masón en buena posición. Es solo a quienes han estado dedicados a actividades masónicas de alto nivel a los que se invita a unirse. Hay otras dos condiciones: deben ser invitados por un caballero de la orden y recibir votación unánime.

Tradicionalmente, los grados de la Cruz Roja siguen la conversión al cristianismo de Constantino el Grande y la supuesta visión que tuvo de una cruz celestial. Caballero, soldado y príncipe soberano son los tres grados fundamentales de la orden. Los grados de caballero ofrecen tres órdenes adicionales: Compañero Caballero de la Cruz Roja de Constantino, Caballero del Santo Sepulcro y Caballero de San Juan el Evangelista.

Caballeros de la Cruz de York de Honor

Quienes pertenecen a los Caballeros de la Cruz de York de Honor son masones del Rito de York que han supervisado las logias azules, los capítulos, los consejos y las comandancias. Como muchos de los organismos apéndices de la masonería, los iniciados deben ser nominados por un miembro vigente y someterse a la votación del organismo que gobierna la organización, llamado Priorato.

Sacerdotes del Santo Arco Real de los Caballeros Templarios

La Orden de los Sacerdotes del Santo Arco Real de los Caballeros Templarios se remonta al año de 1786, y fue fundada en Inglaterra, posiblemente hacia 1600.

La membrecía en la organización honoraria se obtiene por invitación, y para ser admitido se debe haber sido jefe de una comandancia de los Caballeros Templarios, Maestro Pasado o miembro del Arco Real. En los Estados Unidos, el Gran Colegio de América, o los Sacerdotes del Sacro Arco Real de los Caballeros Templarios, se inició en 1931.

Hecho

Únicamente se permiten dentro de cada grupo 33 sacerdotes caballeros activos. El grupo se denomina Tabernáculo y es presidido por un preceptor muy eminente. La organización consta de 33 grados.

El Colegio del Rito de York

El Colegio Soberano del Rito de York de Norteamérica fue fundado en 1957 en Detroit, Michigan, en un esfuerzo por crear una nueva organización. Cinco meses después se formó el primer Colegio del Rito de York, y hacia 1970 se habían establecido colegios en catorce estados y en una provincia canadiense.

Hacia 2002, ciento setenta y siete colegios estaban en pleno auge en los Estados Unidos, Canadá y Filipinas.

Se invita a vincularse al Colegio del Rito de York a quienes sean miembros de todos los organismos del Rito de York —logias, capítulos, consejos y comandancias.

La meta de cada colegio y de su membrecía es ofrecer respaldo al Rito de York. Los colegiales, a menudo son activos en festivales, ceremonias de premiación, funciones masónicas de caridad y muchos otros eventos que promueven la educación en el Rito de York.

Grupos sociales

La familia masónica abarca una amplia variedad de grupos sociales, cuyo enfoque recorre toda la gama, desde el trabajo de caridad hasta la investigación y promoción del compañerismo masónico. Se dice que los más célebres de estos grupos son los Santuarios, bien conocidos por su filantropía y por sus hospitales para la niñez.

Antigua Orden Árabe de Nobles del Santuario Místico

Los Santuarios son, probablemente, los organismos más visibles y más populares de la masonería. Fueron fundados en 1872 por Walter Fleming y William Florence, y se iniciaron como un grupo social de Nueva York, al principio como la contraparte bulliciosa de las logias masónicas de la época. A pesar de su reputación de fiesteros y por presentarse siempre tocados con el fez (gorro de fieltro rojo y borla negra) de marca, los Santuarios son altamente respetados por su notable filantropía. Hoy en día hay 22 hospitales santuarios dedicados enteramente al cuidado de los niños.

¡Alerta!

El acrónimo para la Antigua Orden Árabe de Nobles del Santuario Místico, en inglés es un anagrama de la palabra "masón", en el mismo idioma.

Los Santuarios son fáciles de detectar en los Estados Unidos. Sus miembros se ven a menudo en desfiles, fiestas, eventos deportivos y todo tipo de actividades sociales y extravagancias. La organización tiene casi 200 capítulos o templos a lo largo y ancho de los Estados Unidos, Canadá, México y Panamá, con un número de miembros que sobrepasa el medio millón. En el pasado, la membrecía se limitaba a masones del grado 32 del Rito Escocés o de los Caballeros Templarios, pero la situación ha ido cambiando. Hoy, cualquier Maestro Masón puede unirse a los Santuarios.

Orden Mística de los Profetas Velados del Reino Encantado

Establecido como club social en Nueva York, en 1889, el primer título del grupo era Comité Fairchild para la Diversión. Un año más tarde se convirtió en la Orden Mística de los Profetas Velados del Reino Encantado. Con el sobrenombre de "Grotto", el club está abierto a los masones maestros con el fin de ofrecer un marco fraternal apartado de la solemnidad de la logia masónica. La orden afirma haber tenido cuatro presidentes de los Estados Unidos entre sus antiguos miembros. Junto con su propuesta alegre, la misión encargada del grupo también enfoca sus actividades en la caridad.

Los Altos Cedros del Líbano

Los Altos Cedros del Líbano se fundó en 1902 en Trenton, Nueva Jersey, como orden relacionada con la masonería. Con "diversión, retozo y hermandad" como credo, la orden participa en proyectos cívicos y eventos de caridad. La Fundación Altos Cedros se estableció en 1951 y tuvo un papel decisivo en la ayuda a la Asociación por la Distrofia Muscular. Continúa respaldando la Teletón del Día del Trabajo Jerry Lewis con fondos y voluntarios, y patrocina becas para profundizar en el diagnóstico y tratamiento de los trastornos neuromusculares.

Antigua Orden Egipcia de los Sciots

La Antigua Orden Egipcia de los Sciots se formó en San Francisco, en 1905, como alternativa de la costa oeste a los clubes sociales masónicos del este de los Estados Unidos. El eslogan de la orden es "estimulémonos mutuamente". De acuerdo con el espíritu de la masonería y siguiendo la tradición de los diversos grupos sociales masónicos, los Sciots respaldan ampliamente las organizaciones de caridad.

Los Doce de lo Alto

Fundada en Sioux City, Iowa, en 1921, la sociedad de los Doce de lo Alto está compuesta por grupos de masones de gran dedicación, que se reúnen informalmente por fuera de la logia a la hora del almuerzo (la razón de su apodo "Doce de lo Alto". Todos los maestros masones son elegibles para la membrecía en más de 300 clubes alrededor del mundo. Aunque los Doce de lo Alto son considerados un club social bajo el lema de "convocar del trabajo al refrigerio", también respalda las actividades de la logia masónica a la que están afiliados y participan activamente en actos de caridad.

Moradores Temporales Nacionales

Moradores Temporales Nacionales es una organización fraternal de masones, cuyos esfuerzos están dirigidos a atender a las necesidades de los masones militares y a impulsar los programas patrióticos. La membrecía está abierta a los maestros masones que han servido o están sirviendo actualmente en las fuerzas militares de los Estados Unidos como oficiales o suboficiales.

La membrecía también está abierta a oficiales de rango equivalente que han servido en tiempos de guerra con aliados extranjeros de los Estados Unidos.

Moradores Temporales Nacionales fue concebida en respuesta a las necesidades de los masones retirados de las logias locales por estar prestando el servicio militar.

Provenientes de diversas partes del país y reunidos en guarniciones militares alrededor del mundo, Moradores Temporales Nacionales les ofrece a aquellos masones una opción de soporte fraternal.

Otros Grupos Sociales

Además de la lista anterior, hay muchos otros grupos sociales que forman parte de la familia masónica. Algunos se enfocan en la caridad y en la asistencia para aliviar las necesidades, otros en la investigación masónica y otros en ayudar a las organizaciones fraternales más grandes. Se enumeran algunos a continuación:

- Logia Americana de Investigación. Grupo compuesto por maestros masónicos, cuyo enfoque está dirigido al estudio de la historia masónica.

- Antigua Orden Egipcia de las Princesas de Sharemkhu. Organización de mujeres dedicada a actividades sociales y de caridad. Está relacionada con los Santuarios.

- Hijas de Mokanna. Organización fraternal de mujeres que tienen vínculos con miembros de los Profetas del Reino Encantado.

- Asociación del Servicio Masónico de los Estados Unidos. Federación de las grandes logias. Fundada en 1919, conduce programas de educación y bienestar. Los miembros visitan a veteranos hospitalizados y ayudan a aliviar los problemas causados por desastres.

- Sociedad Philalethes. Grupo de investigación compuesto por maestros masones dedicados a la filosofía masónica y al intercambio de información a escala mundial.

- Orden Real de los Bufones. Organización a la que únicamente puede asistirse por invitación. Está integrada por Santuarios y funcionan bajo el lema "el regocijo es rey".

Órdenes de mujeres

La masonería no es solo para hombres. Hay diversas órdenes sociales para mujeres, igualmente dedicadas a las diversas organizaciones y a las causas de caridad que ellas respaldan.

La membrecía suele requerir que las mujeres estén relacionadas con masones o casadas con alguno de ellos. Varios de los grupos incluyen tanto hombres como mujeres.

Orden de la Estrella de Oriente

Considerada como la organización más grande del mundo, la Orden de la Estrella de Oriente presume de tener una membrecía de más de un millón de personas, hombres y mujeres, alrededor del mundo. Se dice que tuvo su origen en Francia en 1703, en una época en que se conferían los llamados "grados andróginos". En los Estados Unidos, la orden fue fundada en 1850 por el laureado poeta de la masonería, el Dr. Robert Morris.

Hecho

Cuando el Dr. Morris creó la Orden de la Estrella de Oriente, sus primeros iniciados fueron su esposa, sus hijas y algunas vecinas, a quienes enseñó diversos modos de reconocimiento para que los masones pudiesen, a su vez, reconocerlas.

Igual que la masonería, la Orden de la Estrella de Oriente no es sectaria ni confesional. La organización está involucrada en diversas obras de caridad y ofrece respaldo a tres organizaciones juveniles, Niñas del Arco Iris, Hijas de Job y Orden De Molay.

Orden del Amaranto

En el siglo XVII, la reina Cristina de Suecia creó la Orden del Amaranto para su corte real de damas y honrados caballeros. Se dice que el nombre viene de la flor roja del amaranto que se cultiva en Portugal y España. La Orden Real y Social del Amaranto todavía incluye a miembros de la familia real de Suecia.

Aunque la Orden del Amaranto toma su inspiración de la Orden Sueca, fundada en 1873, es totalmente independiente de ella. La membrecía de Amaranto está compuesta de masones maestros y sus parientes mujeres. El trabajo filantrópico fundamental de la orden es la Fundación Amaranto para Diabéticos, fundada en 1979. Desde entonces, la Amaranto ha donado más de siete millones de dólares a la Asociación Norteamericana de Diabetes.

La orden tiene más de 40 grandes tribunales en los Estados Unidos, Canadá, Australia, Inglaterra, Filipinas y Escocia, con tribunales subordinados en Hawái, Irlanda y Nueva Zelanda. Todos están regidos por el Consejo Supremo.

El Santuario Blanco de Jerusalén

La Orden del Santuario Blanco de Jerusalén es una organización cuya membrecía incluye tanto a maestros masones de prestigio como a sus esposas y familiares. Fundada por Charles D. Magee en 1894, el Santuario Blanco exige cumplir varios requisitos espirituales. Como en la masonería, sus miembros deben profesar la creencia en un Ser Supremo, y, además, defender el cristianismo como religión. Los rituales del Santuario Blanco se basan en el nacimiento, la vida, la muerte y la resurrección de Jesús.

El "objetivo material" de los miembros del Santuario Blanco en su trabajo de caridad es atender a los necesitados. Hay varios cientos de Santuarios en los Estados Unidos y Canadá. Los miembros, o moradores temporales nacionales, superan los 30 000.

Orden Social de Beauceant

En 1892, se llevó a cabo en Denver, Colorado, el XXV Cónclave Trienal para el Gran Campamento de los Caballeros Templarios. El caballero de la comandancia local se vio en un apuro cuando se le pidió que Denver fuera sede del evento, así que pidió apoyo a las esposas. Reunidas en forma oficial, las esposas redoblaron esfuerzos para estar a la altura y decidieron cuál sería en adelante su nombre: SOOB, sigla correspondiente, en inglés, a "algunos de los negocios de nuestra sociedad". Tan decisivas fueron para el éxito del Cónclave Trienal que decidieron continuar existiendo como grupo.

Información esencial

La Orden Social de Beauceant está dedicada a cultivar la lealtad entre ella y los Caballeros Templarios. Como tal, adoptaron en 1957 a la Fundación Ojo de la Comandancia de los Caballeros Templarios, a la que le han donado más de USD 1.5 millones.

Cuando llegó el Cónclave Trienal de 1913, y tras años de dar soporte a los Caballeros, los miembros de la SOOB decidieron ampliarse y cambiar su nombre por el de Orden Social de Beauceant. Hoy, la organización tiene más de 7000 miembros y más de 100 asambleas en 35 estados de los Estados Unidos. Miembros de la orden, como esposas y viudas de los Caballeros Templarios, son el único grupo fraternal femenino elegible como resultado de su membrecía como esposas de la comandancia.

Hijas del Nilo

Fundada en 1913, Hijas del Nilo es una organización femenina, filantrópica e internacional, sin ánimo de lucro. Únicamente en Norteamérica incluye a más de 50 000, con 149 templos ubicados en los Estados Unidos y Canadá. Las mujeres que pertenecen a la organización están relacionadas o casadas con un Santuario o un Maestro Masón o son Hijas del Nilo.

Las Hijas trabajan estrechamente con el Santuario de Norteamérica, ayudando a los enfermas en más de 20 hospitales de los Santuarios para niños en los Estados Unidos. Gracias a su Fondo Supremo de Donaciones para Convalecientes y al Fondo para el Alivio de los Convalecientes, la organización contribuye anualmente con más de USD 1.5 millones con hospitales que atienden a niños necesitados. Desde 1924, en los hospitales santuarios para niños, las Hijas han contribuido con regalos monetarios por casi USD 40 millones.

Las Damas del Santuario Oriental

Fundada en 1903 en Wheeling, West Virginia, las Damas del Santuario Oriental es una organización de mujeres dedicada a brindar respaldo financiero y asistencia a los hospitales de los Santuarios para niños, enfocándose en buscar fondos, coser y adelantar diversos proyectos. Las integrantes del Santuario están relacionadas o casadas con maestros masones.

El Gran Consejo de los Santuarios se estableció en 1914 y se incorporó en 1954. La gran alta sacerdotisa preside el Gran Consejo y supervisa los tribunales locales. La orden cuenta con casi 100 tribunales en Norteamérica, en Hawái y en Okinawa, Japón.

Grupos juveniles

Hay varios grupos de juventudes consagrados a ampliar la educación y el potencial de hombres y mujeres del pueblo. Órdenes como las Niñas del

Arco Iris, las Hijas de Job y la Orden De Molay, vinculadas a la hermandad, han nutrido espiritualmente a miles de personas durante muchas décadas.

Pregunta

¿Qué significa el arco iris? Los siete colores del arco iris simbolizan el viaje del masón por la escala de la perfección. Al final lo espera la maceta de oro. El rojo significa el amor, el naranja la religión, el amarillo la naturaleza, el verde la inmortalidad, el azul la fidelidad, el añil el patriotismo y el violeta el servicio.

Orden de las Niñas del Arco Iris

Fundada en 1922 por el ministro cristiano y masón William Mark Sexson, la Orden de las Niñas del Arco Iris es una organización de servicio sin ánimo de lucro para niñas entre 11 y 20 años. Las integrantes no necesariamente tienen que ser cristianas. Son mujeres jóvenes cuyas familias pertenecen a la masonería o a las Hijas de la Estrella de Oriente. También está abierta a las amigas.

La Orden de las Niñas del Arco Iris es una organización fraternal independiente gobernada por una asamblea suprema. Su meta es enseñar a las jóvenes las virtudes de la fe, la esperanza y la caridad. Está activa en los Estados Unidos, Canadá, Australia, Nueva Zelanda, Arabia, Alemania, Bolivia, Brasil, Italia, Japón y Filipinas.

Las Hijas de Job

La Orden de las Hijas de Job fue fundada en 1920 por Ethel Wead Mick en Omaha, Nebraska. Las integrantes deben estar relacionadas con un Maestro Masón, tener entre 10 y 20 años y profesar la creencia en un Ser Supremo. Sus grupos, entre los cuales se destacan las No Conformistas, están diseminados por los Estados Unidos, Canadá, Brasil, Australia y Filipinas. A las jóvenes se les dan lecciones morales y espirituales y se les inculca el patriotismo y el respeto, en un esfuerzo por cultivar en ellas habilidades de negocios y sociales. Las Hijas de Job practican también la caridad y dedican su tiempo al Fondo de Donaciones para los Niños con Discapacidad Auditiva.

La Orden De Molay

El masón Frank Land fundó la Orden De Molay en Kansas City, Misuri, en 1919. La perseverancia de Land dio como resultado más de 1000 capítulos alrededor del mundo. La orden está abierta a jóvenes entre 12 y 21 años, a quienes se les exige como requisito creer en un Ser Supremo. La Orden De Molay lucha por inculcarles conciencia cívica, liderazgo y responsabilidad personal. El nombre paga tributo al legendario Jacques de Molay, gran maestro de los Caballeros Templarios durante las Cruzadas (ver el capítulo 2).

Capítulo 20

Masones en la cultura

Los masones han ejercido un fuerte influjo en la cultura. No solo por las obras de caridad que llevan a cabo y por sus contribuciones a la sociedad, reconocidas por el gran número de personas a quienes han ayudado, sino también por su legado cultural, mezcla de lo antiguo y lo nuevo. Figuras legendarias en la masonería norteamericana conforman lo antiguo. Lo nuevo es el impacto que los masones han tenido sobre el cine, la televisión y la literatura.

La Masonería de Prince Hall

Hoy, la mayoría de las sociedades condenan la segregación racial y la discriminación, pero es un hecho histórico que, desde el nacimiento como país, los Estados Unidos las aceptó legalmente. Solo fueron abolidas en 1964 por la ley de los Derechos Civiles. Culturalmente, la Masonería de Prince Hall se yergue como testimonio único de los conceptos fundamentales y universales de la masonería. También es un tributo perdurable a la perseverancia, integridad y conciencia social de un solo hombre.

Nacimiento de un príncipe

Una historia absorbente y sorprendente cuenta que un esclavo liberado en la Norteamérica del siglo XVIII, Prince Hall (Príncipe Hall), se afilió a la masonería. El nacimiento y la infancia de Prince Hall siguen siendo tema de controversia, y existe poca documentación que respalde las diversas teorías. La estimación más aproximada de la fecha de nacimiento se sitúa entre 1735 y 1738. No se conoce exactamente el sitio. Las fuentes más confiables indican que Prince Hall era un esclavo perteneciente a William Hall, trabajador del cuero de la época.

El 9 de abril de 1770, contando aproximadamente 35 años y tras 21 de estar al servicio de William Hall, Prince obtuvo la libertad. Para ponerlo en su perspectiva histórica, el hecho ocurrió casi un mes después de la infame masacre de Boston. Una vez libre, Prince Hall se casó y se sostuvo con la artesanía del cuero, hasta que al fin abrió en Boston su propio almacén.

Se cree que allí mismo, Prince Hall se aproximó a la Logia Masónica de San Juan a principios de 1775, pero fue rechazado. Él y otros 14 hombres negros solicitaron después ser admitidos por la Logia del Ejército Británico o Logia Irlandesa N° 441, anexa al Regimiento de Infantería N° 38, acantonado en los alrededores.

Prince Hall y sus 14 camaradas se iniciaron en la logia el 6 de marzo de 1775. Poco después, el 19 de abril, se disparó cerca de Lexington, a solo una decena de millas de Boston, el primer tiro de la guerra revolucionaria. Por razones estratégicas, el regimiento británico se retiró del área, pero, antes de hacerlo, el sargento John Batt, que había supervisado la iniciación masónica de Hall y su grupo, expidió un permiso que les permitía a los recién inducidos masones llevar a cabo sus reuniones. El 3 de julio de 1775, el grupo de Prince Hall formó oficialmente la Logia Africana N° 1, la primera logia afroamericana en la historia.

Hecho

Los registros indican que hacia 1775 había 14 logias masónicas anexas a las unidades militares británicas en las vecindades de Boston. Nueve de ellas aprobadas como logias irlandesas, cuatro escocesas y una inglesa.

Conciencia cultural

Algunos historiadores sostienen que la inducción masónica de Prince Hall y sus 14 camaradas podría haber sido irregular y que los permisos expedidos por John Batt no tenían valor alguno de autoridad. No obstante, no hay duda de que este grupo de afroamericanos luchó activamente por la masonería y trató a sus iniciados con absoluta sinceridad y gran respeto.

Es creencia general que Prince Hall respaldó la revolución norteamericana, pero no existe registro alguno de que haya empuñado las armas. Sin embargo, según un recibo de venta manuscrito por Prince Hall el 24 de abril de 1777, él le suministró cinco parches de tambor al Regimiento de Artillería de Boston del Ejército revolucionario.

Se sabe que respaldó activamente las causas afroamericanas y que tocó a las puertas de las autoridades bostonianas y la legislatura estatal pidiéndoles abrir escuelas para niños de color. Hall fue uno de los ocho que en 1777 solicitaron ante la legislatura de Massachusetts abolir la esclavitud. Aunque esta petición cayó en oídos sordos del entonces oportunismo político, los efectos acumulativos del creciente sentimiento antiesclavista tendrían un profundo impacto sobre el estado y, finalmente, sobre todo el país.

En 1783, la Corte Suprema del Estado de Massachusetts expidió una resolución en la que, tras citar el artículo primero de la Constitución del estado, de 1780 —"Todos los hombres son creados libres e iguales"—, reconocía que, en efecto, la carta magna prohibía la esclavitud. Prince desempeñó un papel nada secundario en hacer de Massachusetts el primer estado del país en abolir la esclavitud.

Rumbo trazado

No se conoce cuáles fueron las actividades de la Logia Africana N° 1 en medio de las condiciones caóticas creadas por la guerra revolucionaria. La logia existía, pero sin estatutos. En junio de 1784, Prince Hall trató de remediar la anomalía escribiéndole a William Moody, el maestro más venerado, de la Logia del Amor Fraternal N° 55 de Londres, en busca de ayuda para legitimar los estatutos de constitución en la Gran Logia de Londres (los "Modernos").

En su segunda carta a Moody, Prince Hall indicaba que la Logia Africana Nº 1 había estado operando bajo un "permiso" expedido por John Rowe, el gran maestro provincial de Norteamérica, lo que permitió a la fraternidad marchar el día de san Juan y enterrar a sus muertos en la tradición masónica. Las pruebas de este "permiso" son extremadamente dudosas, puesto que John Rowe solo fue nombrado gran maestro provincial de Norteamérica tres años después de que se formara la Logia Africana Nº 1. Que la logia estuviese operando bajo el permiso original de John Batt o con un nuevo permiso de John Rowe es algo que no está claro.

Prince Hall también indicaba en la carta que había sido presionado para solicitar los estatutos a la Gran Logia de Francia, pero que optó por no perseverar en el empeño. No revela por qué ni quiénes lo presionaron. Esto coincide con la escisión que tuvo lugar en la masonería entre la Gran Logia de Francia y las dos grandes logias que operaban independientemente en Gran Bretaña (véase el capítulo 4). Se cree que Prince Hall, según su propia afirmación, tomó partido en contra de la Gran Logia de Francia.

La petición de Prince Hall a William Moody fue bien acogida y tres meses más tarde, en septiembre de 1784, la Gran Logia de Londres le expidió los estatutos de constitución a la Logia Africana Nº 459. Prince Hall fue designado gran maestro.

Una gran solución

En perspectiva histórica, es interesante hacer notar que el Congreso de los Estados Unidos ratificó, el 14 de enero de 1784, el tratado de paz con Gran Bretaña, cinco meses antes de la solicitud de Prince Hall para que se le expidieran a la Logia Africana los estatutos de constitución. Había dos logias provinciales que operaban en lo que en ese momento era el estado de Massachusetts, dos grandes logias que actuaban en Gran Bretaña, y la Gran Logia de Francia. Se puede conjeturar que, a pesar de las afiliaciones políticas contrapuestas y de las disputas entre los masones, Prince Hall consideraba que la Gran Logia de Londres seguía detentando la autoridad y era la que otorgaba los estatutos a las logias masónicas de los Estados Unidos.

Mientras fue gran maestro, Hall continuó respaldando ardientemente las causas afroamericanas en Massachusetts, en especial la batalla contra la esclavitud.

Información esencial

Prince Hall solicitó en numerosas ocasiones que se diera educación a los niños afroamericanos. Aunque se tropezó con una terca resistencia en la legislatura del estado, jamás se echó atrás en su implacable campaña.

Aunque Massachusetts, técnicamente, había abolido la esclavitud, continuó participando en el comercio de esclavos. Prince Hall desempeñó un papel fundamental en la prohibición de dicha práctica tras al secuestro de tres afroamericanos residentes en Boston, embarcados hacia la isla de Martinica, donde fueron vendidos como esclavos. El incidente se hizo de conocimiento público y Prince Hall, junto a 21 compañeros masones, el 27 de febrero de 1788 elevó una petición a la legislatura, en la que expresaba su indignación y exigía dar cumplimiento a la ley. Al mes siguiente, la legislatura estatal declaró ilegal el comercio de esclavos y llegó a proporcionar recompensa económica a las víctimas del secuestro.

Legado para toda la vida

La Logia Africana N° 459 continuó operando bajo autorización de la Gran Logia de Inglaterra, y pagó cuotas al Fondo de Caridad de la Gran Logia hasta 1797, cuando las comunicaciones entre los dos continentes se perdieron. Asimismo, en 1797, la Logia N° 459 aprobó los estatutos a un grupo de afroamericanos en Rhode Island, rechazados por la Gran Logia Provincial, fundamentalmente por motivos segregacionistas. Un año después, Hall concedió otra autorización a una logia de Filadelfia y la familia de logias de Prince Hall comenzó a extenderse. Prince continuó siendo gran maestro, hasta su muerte el 4 de diciembre de 1807.

Aunque las logias de Prince Hall continuaron operando como logias masónicas "regulares" en todo sentido, los malentendidos jurisdiccionales y las pobres comunicaciones a lo largo de las dos décadas siguientes resultaron en el anuncio hecho por la Logia N° 459 en 1827, en que declaraba su independencia "de cualquier otra logia a partir de este día".

Hecho

En 1994, la Gran Logia Unida de Inglaterra adoptó una resolución para reconocer formalmente a la Gran Logia Prince Hall de Massachusetts. Actualmente la Gran Logia Prince Hall tiene más de 300 000 miembros en 4500 logias a escala mundial.

La importancia cultural de la Masonería de Prince Hall es única en los anales de la historia masónica. Prince Hall se elevó de la degradación de la esclavitud hasta abrazar los pilares mismos que sostienen la conducta ética de la masonería. Sus esfuerzos en contra de la segregación racial y su persistencia en propagar la idea de la igualdad frente a una intensa oposición social brindan una de las lecciones más inspiradoras de la historia norteamericana.

Masones en la literatura

Se podría mencionar un sinnúmero de libros que a lo largo de los siglos han hecho referencias tanto sutiles como ostensibles a la masonería. Autores como John LeCarré, Ernest Hemingway, Arthur Conan Doyle y Rudyard Kipling se cuentan entre los cientos de escritores que han llevado el tema a sus escritos. Kipling, en particular, hizo numerosas referencias al Culto en sus escritos y poemas.

En 1976, el libro de Stephen Knight, *Jack el Destripador: la solución final*, causó agitación con la supuesta teoría de la "conspiración real". Su segundo libro, *La hermandad: el mundo secreto de los masones*, continuó por el mismo camino de la especulación. Ambos están entre los muchos libros que han sido rebatidos por numerosos textos objetivos.

Información esencial

Una de las instituciones más documentadas en información masónica es la Biblioteca Masónica Livingston, de Nueva York, que alberga la colección más grande del mundo de literatura masónica, además de un museo de artefactos, archivos y objetos de interés. La biblioteca está abierta al público.

Varios *best seller* contemporáneos han puesto a la masonería, una vez más, bajo el ojo crítico. Los masones Christopher Knight y Robert Lomas han escrito varios libros, entre ellos, *La clave Hiram: faraones, masones y descubrimiento de los pergaminos de Jesús*, en los que exploran el origen de la masonería desde los tiempos egipcios.

El libro más vendido de Dan Brown, en 2003, *El código Da Vinci*, enfoca la mirada sobre el Priorato de Sion y la supuesta María Magdalena del Santo Grial. La historia gira alrededor de un profesor de Harvard, criptólogo, y del asesinado curador del Louvre. Se ha especulado que su continuación, *La clave de Salomón*, se concentrará en la masonería norteamericana.

La masonería en el cine

Hay también innumerables películas, desde las que solo incluyen tomas sutiles de la escuadra y el compás hasta las que lanzan teorías conspirativas con todas las de la ley. Muchas presentan a los Iluminados y a otras sociedades secretas como los tipos malos. Películas como *Desde el infierno, Asesinato por decreto, El sepulcro del asaltante, Tesoro nacional* y *El Padrino parte III* han basado la mayoría de sus argumentos en supuestas conexiones masónicas.

Hecho

En la película de 1986, *Se casó Peggy Sue*, que tuvo como protagonistas a Kathleen Turner y a Nicolas Cage, el personaje femenino es transportado a la Norteamérica de los años 60. Afortunadamente para ella, un grupo de pintorescos hermanos de una logia fundada por un viajero a través del tiempo llevan a cabo un ritual que finalmente la devuelve. Las escenas fueron filmadas en la logia masónica en Petaluma, California.

Tanto *Desde el infierno* como *Muerte por decreto* se basaron en el libro de Stephen Knight, *Jack el Destripador: la solución final*, que destacaba la llamada conspiración real que implicaba a unos masones en los legendarios asesinatos (véase el capítulo 18). Se dice que el tercer episodio se basa, sin excesivo rigor, en el escándalo que convulsionó al Vaticano alrededor de la Logia Italiana P2 (véase el capítulo 12).

La película más reciente, *Tesoro nacional*, muestra al personaje de Nicolas Cage, Benjamin Franklin Gates, que busca un tesoro —incluidos rollos de pergaminos de la Biblioteca de Alejandría— conseguido por los Caballeros Templarios y escondido secretamente por los masones, entre ellos los padres fundadores de los Estados Unidos. Agregado al misterio están las claves, ocultas por casualidad en la propia Declaración de independencia y en otros lugares.

Hermandades en la pantalla chica

La televisión ha tenido su parte en las fraternidades de ficción, al atraer la mirada del público hacia organizaciones fraternales reales, como masones, Santuarios, Alces y demás. Muchas de las situaciones clásicas de comedia tuvieron, para bien o para mal, vínculos fraternales ficticios. *Dallas* tuvo a las Hijas del Álamo, *Dobie Gillis* a la Benevolente Orden del Bisonte, y *Exposición del norte* a los Hijos de la Tundra.

En *La familia de mamá*, protagonizada por Vicki Lawrence, el personaje de Ken Berry, Vinton Harper, se unió a la Logia de la Cobra, que estaba bajo la orientación de la gran víbora. Tenían un saludo de mano de cobra sibilante, y cualquier violación a sus juramentos implicaba ser abucheado.

Se enumeran enseguida otras fraternidades de la pantalla chica:

- *Casados y con niños*. Al Bundy era miembro de la Organización Nacional Misógina de Hombres contra la Maestría Amazónica.
- *Las parejas en luna de miel*. Ralph Kramden y su mejor amigo Ed Norton fueron miembros de los Mapaches. .
- *Laverne y Shirley*. Jenny y Spiggy fueron iniciadas en la Orden Fraternal del Bajo.
- *El show de Drew Cary*. El padre de Drew era miembro de los Ñus.
- *Cheers*. Clif Clavin pertenecía a una logia libre de alcohol, denominada Caballeros de la Cimitarra.
- *El show de Andy Griffith*. Andy y Barney eran miembros de la Orden Real de la Puerta Dorada al Buen Compañerismo. La contraseña de la orden era ¡"Gerónimo"!

Información esencial

El espectáculo *Newhart* tenía a los Castores de ficción, que no ayudó para nada al personaje de Newhart, Dick Loudon, ¡pues resultó que los iniciados tenían que lucir una cola de castor pegada a la parte trasera de sus pantalones!

Reminiscencia de un santuario fue Howard Cunningham, personaje de *Días felices*, de Tom Bosley. Cunningham, como el gran potentado de la Logia Leopardo Nº 462, a menudo lucía un fez, que llevaba impreso un leopardo.

Fraternidades en los dibujos animados

Como lo pueden atestiguar la mayoría de los aficionados, ha habido un buen número de representaciones animadas de la fraternidad, dos de las cuales hacen ya parte de la historia de la televisión, *Los Simpsons* y *Los Picapiedra*.

Homero el Picapedrero

En 1995, en el episodio de *Los Simpsons* titulado "Homero el Grande", la masonería hace su aparición cuando Homero se convierte en miembro del capítulo de la Sagrada Orden de los Picapedreros. Su ceremonia de iniciación está repleta de símbolos de la masonería, incluidos una escuadra, un compás y un ojo dentro de un triángulo. En el verdadero estilo de *Los Simpsons*, la iniciación cierra con la siguiente declaración: "Desde la Antigüedad, la Sagrada Orden de los Picapedreros ha partido las piedras de la ignorancia que oscurece la luz del conocimiento y de la verdad. Ahora, emborrachémonos todos y juguemos pimpón".

Durante el curso de su iniciación, la hermandad descubre que Homero tiene la marca de nacimiento del "elegido", un par de martillos. Es entonces designado gran líder exaltado.

En una fraternidad de un milenio de existencia, el miembro tenía que ser el hijo de un picapedrero o haber salvado la vida de uno. Parte del ritual de iniciación simbólico de Homero era un "salto de fe" desde un edificio de cinco pisos, que, en realidad, fue un salto de un escenario. El trío de rituales que sigue son "cruzando el desierto", el "ojo que no pestañea", y "chapoteo de la cola hinchada". Y luego viene la infame canción de los picapedreros, que hace chiste sobre teorías de conspiraciones en que se culpa a los masones.

¿Quién controla a la Corona británica?
¿Quién mantiene prohibido el sistema métrico?
Nosotros lo hacemos. Nosotros lo hacemos.
¿Quién mantiene a la Atlántida por fuera de los mapas?
¿Quién mantiene a los marcianos a buen cubierto?
Lo hacemos, lo hacemos.
¿Quién frena el carro?
¿Quién convierte en estrella a Steve Guttenberg?
Nosotros, nosotros.
¿Quién le roba la vista de la pecera?
¿Quién se atavía cada noche del Oscar?
Nosotros, nosotros.

La Orden Leal de los Búfalos de Agua

Pedro Picapiedra y Pablo Mármol no eran ajenos al caos, a la argucia, a la hilaridad. Gran parte de ello obedecía a que ambos formaban en lo que originalmente se denominó la Orden Leal de Dinosaurios, posteriormente convertida en la Logia de la Orden Leal de los Búfalos de Agua N° 26. Entre 1960 y 1966, *Los Picapiedra* se divirtieron con la logia más de lo que podían soportar. Recuérdese el gran potentado, los saludos secretos de mano, un gorro de peluche exageradamente grande y con cuernos, contraseñas secretas.

Hecho

Los cuatro personajes más importantes de *Los Picapiedra* fueron inspirados por los dúos de Kramden y Norton en *Parejas en luna de miel*. No es coincidencia que Pedro y Pablo fueran miembros de logia: Ralph y Ed eran miembros de los Mapaches.

Durante el espectáculo, Pedro y Pablo se involucran en todo tipo de actividades masónicas. Llegan incluso a ser jueces en el concurso anual de belleza de Búfalos de Agua, participan en una reunión de logia ordenada por un gran potentado durante el aniversario de Pedro y Vilma, y Pedro y Pablo se meten en una pelea como la de los Hatfields y los McCoys por el búfalo de agua durante la campaña del año. Incluso, hay un episodio donde Vilma y Betty se introducen a hurtadillas en la logia, ¡después de que los hombres vetan una moción para permitir mujeres en ella! Uno de los líos más graciosos es la fiesta de cumpleaños de Pebbles, cuando la firma encargada del servicio de entretenimiento confunde su fiesta con una reunión de los Búfalos de Agua.

Legado de una hermandad

Si la hermandad tiene un legado propio, que incluye hasta representaciones cómicas de su historia, es por los fuertes lazos que los miembros mantienen entre sí. Nunca una organización fraternal ha resistido tanto a través de los siglos y se ha mantenido tan fiel a sus metas y objetivos. En verdad, como cualquier otra organización, ha padecido tiempos tumultuosos, eras de persecución, escándalos y unas cuantas semillas podridas, pero los masones continúan siendo leales a sí mismos en la búsqueda de ilustración espiritual y cultural para sí mismos y en beneficio de la sociedad.

Envuelta en la historia, el misterio, los simbolismos y la controversia, la hermandad prosigue su camino. Por supuesto, ninguna discusión sobre los masones sería completa sin lo bueno, lo malo y lo feo, pero cuando uno estudia a fondo esta sociedad, supuestamente secreta, encuentra que cuando los acontecimientos y acciones se comprenden en su contexto hay mucho que aprender y admirar sobre una organización que ha sobrevivido a través de los siglos.

Apéndice A

Lectura recomendada

Baigent, Michael, Henry Lincoln y Richard Leight. *Holy Blood, Holy Grail.* Nueva York: BantamDell, reimpreso, 1983. (Traducción al español: *El enigma sagrado.* Barcelona: Martínez Roca, 2001).

Brown, Dan. *The Da Vinci Code.* Nueva York: Random House, 2003. (Traducción al español: *El código Da Vinci.* Barcelona: Urano, 2003).

Bullock, Stephen C. "The Revolutionary Transformation of American Freemasonry, 17521792". En: *William y Mary Quarterly,* 37, 1990.

Claudy, Carl H. *Introduction to Freemasonry I: Entered Apprentice.* Washington: The Temple Publishers, 1931.

——. *Introduction to Freemasonry II: Fellowcraft.* Washington: The Temple Publishers, 1931.

——. *Introduction to Freemasonry III: Master Mason.* Washington: The Temple Publishers, 1931.

Clausen, Henry C. 33°, Gran Comandante Soberano. *Clausen's Commentaries on Morals and Dogma. Supreme Council, 33rd Degree, Ancient and Accepted Scottish Rite of Freemasonry, Southern Jurisdiction.* Washington, 1974, 1976.

Coil, Henry Wilson. *Coil's Masonic Encyclopedia.* Macoy Publishing & Masonic Supply Co., Inc. 1996.

Cornwell, Patricia. *Portrait of a Killer: Jack The RipperCase Closed.* Berkeley: True Crime, 2003. (Traducción al español: *Retrato de un asesino: Jack el Destripador Caso cerrado,* Barcelona: Ediciones B, 2003).

De Hoyos, Arturo y S. Brent Morris. *Is it True What they Say about Freemasonery?* Nueva York: M. Evans & Company, 2004.

Hunter, Frederick M. *The Regius Manuscript.* Research Lodge of Oregon, No. 198, Portland Oregon, 1952.

Jacob, Margaret C. *Living the Enlightenment: Freemasonry and Politics in EighteenthCentury Europe.* Nueva York: Oxford University Press, 1991.

Jeffers, Paul. *Freemasons: Inside the World's Oldest Secret Society*. Nueva York: Kensington Publishing Corp., 2005.

Knight, Christopher y Robert Lomas. *The Hiram Key*. Gloucester Massachusetts: Fair Winds Press, 1996.

——. *The Book of Hiram: Freemasonry, Venus and the Secret Key to the Life of Jesus*. Hammersmith, Londres: HarperCollins Publishers, 2003.

——. *Uriel's Machine* Gloucester, Massachusetts: Fair Winds Press, 2001.

Knight, Stephen. *Jack the Ripper: The Final Solution*. Filadelfia: David McKay, Co., 1976.

——. *The Brotherhood: The Secret World of the Freemasons*. Nueva York: Dorset Press, 1986.

Lomas Robert. *Freemasonry and the Birth of Modern Science*. Vancouver: Fairwinds Press, 2003.

Mackey, Albert Gallatin. *The History of Freemasonry; its Lengendary* Origins. Nueva York: Random House Value Publishing, 1966.

Mackey's Revised Encyclopedia of Freemasonry. The Masonic History Company, 1912.

MacNulty, Kirk. *Freemasonry: A Journey Through Ritual and Symbol*. Londres: Thames & Hudson, 1991.

Macoy, Robert. *A Dictionary of Freemasonry*. Nueva York: Gramery Books. Random House Value Publishing, 2000.

Naudon, Paul. *The Secret History of Freemasonry: Its Origins and Connection to the Knights Templar*. Rochester, Vermont: Inner Traditions, 1991.

Newton, Joseph F. *The Builders*. Lexington, Massachusetts: The Supreme Council, 33rd Degree, A.A.S.R., 1973.

Pike, Albert. *Morals and Dogma*. Montana: Kessinger Publishing, 2004.

Ridley, Jasper. *The Freemasons: A History of the World's Moral Powerful Secret Society*. Nueva York: Arcade Publishing, Inc., 1999, 2001.

Roberts, Allen E. *Freemasonry in American History*. Richmond, Virginia: Macoy Publishing & Masonic Supply Co., Inc., 1985.

Robinson, John J. *Born in Blood: The Secrets of Freemasonry*. Nueva York: M. Evans & Company, Inc., 1989.

Rumbelow, Donald. *The Complete Jack the Ripper*. Boston: Little Brown & Co.,1975.

Short, Martin. *Inside the Brotherhood: Further Secrets of the Freemasons*. Nueva York: Dorset Press, 1990.

Young, John K. *Sacred Sites of the Knights Templar*. Gloucester, Massachusetts: Fair Winds Press, 2003.

Apéndice B
Glosario

Albert Pike: Gran Comandante Soberano de la Jurisdicción del Rito Escocés del Sur, entre 1859 y 1891.

Andar en círculo: En una logia hay un objeto o punto central (un altar), alrededor del cual el iniciado debe caminar. Esta antigua práctica apunta a significar que el iniciado está preparado para embarcarse en su viaje fraternal.

Antiguos Nobles Árabes del Santuario Místico: El organismo más visible de la masonería, al que comúnmente se hace referencia como a Santuarios.

Aprendiz Ingresado: El primer grado del Culto de la Masonería en el que el iniciado es introducido al Culto. Simboliza el nacimiento espiritual de un individuo a la Fraternidad, cuando comienza su búsqueda de la luz o conocimiento.

Arca de la Alianza: Leyenda asociada a los Caballeros Templarios.

Caballeros Templarios: Orden militar y religiosa de monjes guerreros fundada en 1118 por el Caballero francés Hughes de Payens. Los Templarios lucharon durante las Cruzadas.

Capítulo del Arco Real: Parte del Rito de York, el Arco Real de la masonería consta de cuatro grados, incluidos el Maestro Mark, el Maestro Pasado, el Maestro Súper Excelso y el Arco Real.

Capítulo de la Cruz Rosada: Segunda división del sistema del Rito Escocés, que incluye del grado 15 al 18.

Capuchones y sogas: Parte de los ritos de iniciación en los diversos grados comprenden un hacer creer, de ahí los ojos vendados o el capuchón, y un cable de remolque, una cuerda utilizada para arrastrar o remolcar.

Comandancias de los Caballeros Templarios: También llamada masonería caballeresca, incluye tres órdenes, entre ellas, la Ilustre Orden de la Cruz Roja, la Orden de Malta y la Orden del Templo.

Compañero de Culto: El segundo grado del Culto de la Masonería. Es la edad adulta del iniciado al Culto, cuando él busca adquirir el conocimiento y las herramientas espirituales necesarias para desarrollar su carácter y mejorar la sociedad.

Compás: Uno de los símbolos más importantes de la masonería, representa la virtud como la medida de la vida que uno lleva. También significa compostura, habilidad y conocimiento.

Con los ojos vendados: Los iniciados al Culto son vendados, lo que representa el velo del silencio y el secreto que rodean los misterios de la masonería.

Consejo de Kadosh: La tercera división del sistema del Rito Escocés, que incluye desde el grado 19 hasta el 30.

Consejo de la Masonería Críptica: A menudo llamada Masonería Críptica, es el segundo organismo del Rito de York y confiere tres grados; Maestro Real, Maestro Selecto y Maestro Súper Excelso.

Cuatro virtudes cardinales: Templanza, fortaleza, prudencia y justicia.

Direcciones simbólicas: Para los masones, la dirección de una logia y su ornamentación y mobiliario dentro de ella son de gran importancia simbólica. En general, se hace referencia a las directrices como a los cuatro puntos cardinales. Cada punto guarda un significado simbólico y místico, donde el oriente representa la sabiduría, el occidente la fortaleza, el sur la belleza y el norte la oscuridad.

Elías Ashmole: Político, coleccionista y anticuario, fue admitido en la logia en 1646 como masón especulativo, práctica que se inició, según algunos, mucho antes de esa época.

Escuadra: Uno de los símbolos más prominentes de la masonería, simboliza la Tierra. Se usa para probar ángulos, es plana y sus lados tienen medidas iguales. Quiere decir honestidad, moral y sinceridad.

Estatutos de Schaw: Con estos estatutos se hizo un intento de organizar la estructura de la masonería. En 1583, el rey Jaime VI de Escocia, designó a William Schaw como maestro del trabajo y guardián general. Schaw expidió en 1598 el primero de sus estatutos, que trazaba los deberes de todos los miembros masónicos.

G, la letra: Simbólicamente representa la "geometría" o "Dios" (por *God*, en inglés). Suele hacer también referencia al Gran Arquitecto del Universo o Gran Maestro del Universo.

Grado: Nivel de masonería al cual pueden ascender los individuos.

Grados Consistorios: La cuarta y última división del sistema del Rito Escocés, que incluye los grados 31 y 32.

Grado 33 de los masones: Lo tiene quien ha culminado los tres primeros grados del Culto de la Masonería y el 32 del Rito Escocés. El grado 33 es honorario y el candidato debe recibirlo por votación.

Gran Logia: El organismo gobernante que supervisa todas las logias regulares bajo su jurisdicción.

Gran Logia de Inglaterra: La primera Gran Logia formada en 1717, cuando cuatro logias se unieron en Inglaterra. Generalmente se acepta que este hecho marca el comienzo de la masonería organizada.

Gran Logia Unida de Inglaterra: La unión de las dos Grandes Logias en Gran Bretaña en 1813. Hoy la Logia es conocida formalmente como la Gran Logia Unida de Masones Libres y Aceptados de Inglaterra, informalmente llamada la Gran Logia unida de Inglaterra.

Gran maestro: La más alta clasificación individual de una Gran Logia. Es un cargo de elección, de gran prestigio dentro del Culto.

Herramientas de trabajo: Cada grado de la masonería tiene determinado simbolismo asociado con su nivel, el cual representa la moral y fuerzas necesarias para construir y reconstruir la naturaleza de la humanidad.

Hiram Abiff: El arquitecto y Maestro Masón que supervisó la construcción del Templo de Salomón, alrededor del año 988 a. C. En toda la masonería se hace referencia a su leyenda.

Jacques de Molay: A los 21 años de edad, se había convertido en Caballero Templario. Francés ambicioso, fue ascendiendo en los rangos hasta llegar a ser gran maestro de la Orden.

James Anderson: Se le conoce por haber escrito el *Libro de las constituciones de la honorable fraternidad Antient de Masones Libres y Aceptados*, que escribió en 1723 para la Gran Logia de Inglaterra. Trabajó, asimismo, en una segunda edición, más elaborada, que se publicó en 1738.

Joyas fraternales: Son las seis joyas que se entregan a cada logia, tres móviles y tres inamovibles, son literalmente tales y simbolizan la moral y la virtud.

Logia: Término de dos significados que hace referencia tanto a un grupo de masones como al edificio donde se reúnen. A menudo los edificios masónicos son llamados templos.

Logia Azul: Uno de los términos más comúnmente utilizados en la masonería en relación con las logias que confieren los tres primeros grados. Se utiliza fundamentalmente en Estados Unidos y Canadá.

Logia de la Perfección: La primera división del sistema del Rito Escocés, que incluye desde el cuarto grado hasta el decimocuarto. Usualmente se hace referencia a ellas como a los grados "inefables".

Maestro Excelso: El grado de Maestro Excelso gira simbólicamente alrededor de la culminación y dedicación del Templo de Salomón. Se dice que es un grado hermoso, vistoso y dramático, que se remonta a 1783 y tiene sus orígenes en la masonería americana.

Maestro Honorable: El miembro de más alto rango de una logia o Logia Azul. Llamado también Maestro Correcto Venerable. Es elegido y sirve por el término de un año.

Maestro Masón: Tercer grado del Culto de la Masonería que simbólicamente vincula el alma de un masón a su propia naturaleza interna y a su sistema de creencia.

Maestro Mark: Primer grado del Arco Real. En este grado las lecciones que un miembro aprendió en los tres primeros grados, particularmente en el de Compañero de Culto, se promueven ahora con respecto al trabajo que deben hacer con el fin de continuar construyendo su propio templo interior.

Maestro Pasado: Tras obtener el grado de Maestro Mark, un individuo puede avanzar hacia el segundo grado de Maestro Pasado, que en ocasiones se denomina Maestro Virtual Pasado, y se enfoca en la obediencia y en aprender cómo gobernarse a sí mismo antes de tratar de gobernar a los demás.

Maestro Real: Es el primer grado de masonería críptica que alegóricamente extiende el conocimiento logrado por el iniciado al obtener su grado de Compañero de Culto.

Maestro Selecto: Es el ritual del segundo grado, continúa la leyenda del Maestro Real, solo que en esta oportunidad el iniciado está dentro de la bóveda secreta, donde descubre los arcos que contienen diversos misterios.

Maestro Súper Excelso: Técnicamente hablando, el grado de Maestro Súper Excelso no es un grado críptico, sino, más bien, uno honorario. Significa preparar al iniciado para la Orden de la Cruz Roja, primer grado de los Caballeros Templarios.

Manuscrito de Cooke: En 1851, Matthew Cooke transcribió un documento que, según se cree, tuvo su origen alrededor de 1450. Este documento fue escrito, supuestamente, por un masón especulativo, y se dice que contiene la Constitución de los Picapedreros Alemanes.

Manuscrito de Halliwell: También conocido como *Poema Regio* es considerado como uno de los más antiguos y, quizá, el más importante documento de la masonería. Descubierto en 1839, en la Biblioteca del Rey del Museo Británico, el poema contiene 794 líneas de versos en inglés, y fue publicado por James O. Halliwell en 1840.

Masones Antiguos o Antient: La Gran Logia que se estableció para competir con la Primera Gran Logia de Inglaterra fue denominada formalmente "Gran Logia de Masones Libres y Aceptados de Inglaterra según las Antiguas Instituciones". A esta gran logia se le conoce como: los Antients.

Masonería especulativa: La palabra especulativa hace referencia a los masones que no eran parte del comercio actual de la masonería.

Masonería operativa: La palabra operativa hace referencia a los picapedreros, que son parte del comercio actual.

Nivel: Simboliza el equilibrio espiritual y la igualdad. Con él se busca demostrar que, aunque todos los hombres no pisen el mismo terreno, cada uno tiene la oportunidad de alcanzar la grandeza.

Orden de la Estrella de Oriente: La organización social más grande de la masonería en el mundo, cuyos miembros incluyen tanto hombres como mujeres. Suman más de un millón de personas.

Orden de Malta: Conocida también como los Caballeros de Malta, esta es la primera orden cristiana de la masonería caballeresca y la organización de caridad más antigua. También es una organización católica.

Orden del Templo: Es el logro máximo de la masonería del Rito de York, admirada por su experiencia solemne e inspiradora. La ceremonia se divide en tres partes: noviciado, investidura y consagración.

Orden Ilustre de la Cruz Roja: El atributo divino de la verdad es el centro de las lecciones que los iniciados aprenden al ingresar a la Orden Ilustre de la Cruz Roja.

Pilares a la entrada: Simbólicamente vinculados al Templo de Salomón, se yerguen a la entrada del Templo. El pilar de la izquierda ha sido llamado Boaz y el de la derecha Jachin.

Plomada: Representa rectitud o verticalidad de conducta. Guarda relación con la justicia y hace alusión a que ninguna persona debería ser juzgada según los estándares de otros, sino solo por su sentido de lo que es correcto o equivocado.

Primera piedra: Simbólicamente, el Aprendiz Ingresado toma su lugar durante la ceremonia en la esquina nororiental del recinto, para significar que desde ese punto construirá su propio templo, según los principios de la hermandad.

Principios de la masonería: Amor fraternal, ayuda y verdad. La fraternidad abarca el concepto de la igualdad entre los seres humanos, especialmente en una organización en la cual hombres de todas las clases profesiones y creencias religiosas se unen alrededor de la tolerancia y el respeto por el prójimo.

Remolque de cable: También una medida de distancia, liga simbólicamente a cada masón con la Hermandad. El vínculo es tan fuerte y prolongado como lo decida el iniciado y lo ratifiquen sus habilidades.

Rito Escocés: Organismo concordante de la masonería, ofrece 33 grados adicionales. Llamado también el Rito Escocés Antiguo y Aceptado.

Rito de York: Organismo concordante de la masonería que se originó en la ciudad inglesa de York. Ofrece grados adicionales dentro de sus tres organismos –el Capítulo del Arco Real.

Ser Supremo: Referencia masónica a la Deidad. Dado que la masonería no es sectaria, el Ser Supremo de cada masón puede ser diferente. El término más comúnmente utilizado entre la Hermandad es el Gran Arquitecto del Universo.

Tres Grandes Luces de la Masonería: La escuadra, el compás y el volumen de la Ley Sagrada.

Virtudes: Los masones se rigen por todas las virtudes, en especial, por las tres más importantes: la fe, la esperanza y la caridad. Las enseñanzas masónicas de estas virtudes comienzan desde la ceremonia de iniciación del candidato, con el "rito de la destitución".

Volumen de la Ley Sagrada: La más prominente de las Tres Grandes Luces. Miembros del Culto practican muchas religiones diferentes y por tanto el texto sagrado de elección varía. En general, es la Santa Biblia.

Índice